创造性破坏及其动态效应研究

Creative Destruction and Its
Dynamic Effects

钟春平 著

图书在版编目(CIP)数据

创造性破坏及其动态效应研究/钟春平著. —北京:北京大学出版社,2016.3
(国家社科基金后期资助项目)
ISBN 978-7-301-23719-9

Ⅰ.①创… Ⅱ.①钟… Ⅲ.①中国经济—经济增长—研究 Ⅳ.①F124

中国版本图书馆 CIP 数据核字(2014)第 004403 号

书　　　名	创造性破坏及其动态效应研究
	CHUANGZAOXING POHUAI JIQI DONGTAI XIAOYING YANJIU
著作责任者	钟春平　著
责任编辑	刘　京
标准书号	ISBN 978-7-301-23719-9
出版发行	北京大学出版社
地　　　址	北京市海淀区成府路 205 号　100871
网　　　址	http://www.pup.cn
电子信箱	em@pup.cn　　　　QQ:552063295
新浪微博	@北京大学出版社　@北京大学出版社经管图书
电　　　话	邮购部 62752015　发行部 62750672　编辑部 62752926
印　刷　者	北京宏伟双华印刷有限公司
经　销　者	新华书店
	730 毫米×1020 毫米　16 开本　18.5 印张　312 千字
	2016 年 3 月第 1 版　2016 年 3 月第 1 次印刷
定　　　价	52.00 元

未经许可,不得以任何方式复制或抄袭本书之部分或全部内容。
版权所有,侵权必究
举报电话:010-62752024　电子信箱:fd@pup.pku.edu.cn
图书如有印装质量问题,请与出版部联系,电话:010-62756370

谨以此书缅怀张培刚先生

国家社科基金后期资助项目
出版说明

后期资助项目是国家社科基金设立的一类重要项目,旨在鼓励广大社科研究者潜心治学,支持基础研究多出优秀成果。它是经过严格评审,从接近完成的科研成果中遴选立项的。为扩大后期资助项目的影响,更好地推动学术发展,促进成果转化,全国哲学社会科学规划办公室按照"统一设计、统一标识、统一版式、形成系列"的总体要求,组织出版国家社科基金后期资助项目成果。

全国哲学社会科学规划办公室

目　录

第 1 篇　引　言

第 1 章　创造性破坏的本质特征及表现形式
　　——竞争替代与资源的再配置 …………………………（ 3 ）
1　研究起源及意义 ……………………………………………（ 3 ）
2　创造性破坏：根源、机制及效应 …………………………（ 5 ）
3　文献回顾及创造性破坏思路的价值 ………………………（ 13 ）
4　研究思路与安排 ……………………………………………（ 22 ）

第 2 篇　创造性破坏与动态增长

第 2 章　创造性破坏及其动态变化过程
　　——产品种类扩大和质量提升的创新与经济增长 ………（ 29 ）
1　引言：创造性破坏与动态经济增长 ………………………（ 29 ）
2　文献述评 ……………………………………………………（ 31 ）
3　产品种类扩大为形式的多样性和质量提升之间的替代选择：
　　一个简单的说明 …………………………………………（ 35 ）
4　多样性与最终产品的创造性破坏 …………………………（ 39 ）
5　中间产品的质量提升、创造性破坏与经济增长 …………（ 44 ）
6　结论 …………………………………………………………（ 50 ）

第 3 章　产品更替、创造性破坏与行业的发展
　　——信息产业的案例 ………………………………………（ 52 ）
1　引言：创造性破坏过程的经典案例——中国邮电行业的
　　例证 ………………………………………………………（ 52 ）
2　时间序列数据及经验证据 …………………………………（ 52 ）
3　城市层面数据与经验证据 …………………………………（ 58 ）
4　结论 …………………………………………………………（ 60 ）

第4章　破产、创造性破坏、效率及增长
——美国银行业的证据 …………………………………（61）
1　破产与创造性破坏的正向效应 ………………………………（61）
2　数据：新创立、破产的银行数目与银行的扩张——美国
　　银行业的历史回顾 ……………………………………………（62）
3　经验证据 ………………………………………………………（66）
4　结论 ……………………………………………………………（67）

第3篇　创造性破坏过程与增长的差异：
　　　　国家与个体层面的研究

第5章　创造性破坏与大国变迁的历史分析
——领先者是否具有持久的领先优势？ …………………（71）
1　国别差异 ………………………………………………………（71）
2　技术的创造性破坏过程与占据历史领先地位国家的更替
　　过程 ……………………………………………………………（73）
3　中国历史上的辉煌到衰退的变迁过程及当前的创造性破坏
　　能力 ……………………………………………………………（81）
4　技术竞争能力的比较分析 ……………………………………（84）
5　结论：历史比较中的创造性破坏——大国能否保持领先
　　优势？ …………………………………………………………（91）

第6章　创造性破坏与微观层面的收入差距的振荡式扩大
——内在机制 ………………………………………………（93）
1　引言：收入差距 ………………………………………………（93）
2　收入差距扩大的直观解释："创造性破坏"的程度与社会
　　分工和阶层的差别 ……………………………………………（97）
3　振荡扩大过程：一个物理上的类似描述 ……………………（98）
4　模型说明和内在机制 ………………………………………（103）
5　结论 …………………………………………………………（110）

第7章　增长过程中收入差距的经验分析
——中国行业工资差异的振荡扩大过程与美国的简要
　　证据 ……………………………………………………（112）
1　引言 …………………………………………………………（112）
2　中国行业工资差距：数据和方法 …………………………（112）
3　中国行业工资差异的经验结果 ……………………………（115）

4　美国收入差距的简要证据 …………………………………… (117)
　　5　结论与启示 …………………………………………………… (119)

第4篇　创造性破坏与周期性增长

第8章　产品更替、创造性破坏与周期性经济增长 …………………… (123)
　　1　引言 …………………………………………………………… (123)
　　2　文献综述：长期经济增长与短期经济波动之间的关联 …… (125)
　　3　竞争类型、创造性破坏过程与周期波动：周期性增长的
　　　　生态学解释 …………………………………………………… (130)
　　4　结论 …………………………………………………………… (144)

第9章　创造性破坏的强度波动与增长的波动
　　　　——源自美国的经验证据 …………………………………… (146)
　　1　数据 …………………………………………………………… (146)
　　2　非参数估计结果 ……………………………………………… (146)
　　3　专利与创造性破坏 …………………………………………… (149)
　　4　创造性破坏与经济波动 ……………………………………… (151)
　　5　结论 …………………………………………………………… (152)

第10章　创造性破坏与劳动力市场的波动
　　　　——理论及经验证据 ……………………………………… (154)
　　1　劳动力市场(失业)过度波动之谜 …………………………… (154)
　　2　搜寻匹配模型的基本研究范式与研究方法 ………………… (155)
　　3　相关文献及评述 ……………………………………………… (158)
　　4　创造、破坏及岗位的创造性破坏的劳动力市场波动 ……… (165)
　　5　初步经验证据：美国的数据 ………………………………… (166)
　　6　结论及进一步研究方向 ……………………………………… (172)

第5篇　创造性破坏(竞争替代)、策略互补与整体效率：社会秩序与市场层面的研究

第11章　竞争替代、策略互补与规则(秩序)形成
　　　　**——基于代际模型的分析框架及历史和文化的形成与
　　　　影响** ………………………………………………………… (179)
　　1　引言：个体(群体)之间的交互作用及系统的变化 ………… (179)

2 竞争替代占主导下规则的形成:惯性的作用与历史路径
    依赖……(183)
  3 进一步考虑存在交互作用——竞争替代与策略互补共同
    作用的资源配置……(188)
  4 军人(老人)政治的惯性、历史的作用及信息透明度的
    影响……(194)
  5 秩序及其动态变化:社会秩序及市场秩序的说明……(197)
  6 结论性评述:创造性破坏与规则变更的难度……(200)

第12章 竞争替代、策略互补与秩序
        ——交通秩序的经验证据……(202)
  1 交通秩序的相关背景……(203)
  2 中国交通事故死亡人数的变化趋势及特点……(209)
  3 相关文献回顾……(210)
  4 数据及变量说明……(215)
  5 计量方法和模型……(217)
  6 时间序列经验结果……(218)
  7 省际混合数据经验结果……(221)
  8 结论……(226)

第13章 合作的演化过程
        ——创造性破坏与可持续发展的形成……(227)
  1 竞争合作与可持续发展……(227)
  2 文献综述:竞争与合作、生态学含义及经济学的应用……(228)
  3 可持续发展蕴含的合作……(230)
  4 可持续发展的内在利益冲突与竞争……(231)
  5 何种策略占优——可持续发展是否进化稳定?……(233)
  6 结论及可持续发展的演化方向……(235)

第14章 创造性破坏、竞争协作与市场发展
        ——保险市场及银行保险市场的研究……(236)
  1 竞争合作与市场秩序……(236)
  2 相关研究现状及评述……(238)
  3 中国保险市场的事实描述及其评价:发展低水平与秩序
    混乱……(242)

  4 中国保险市场秩序的混乱与低水平发展
    ——以银行保险业务为代表的虚假繁荣与市场的混乱 …… (246)
  5 保险市场所谓"无序竞争"的解释：竞争、合作与创造性
    破坏 ………………………………………………………… (252)
  6 保险市场发展的创造性破坏的可能性 ……………………… (255)

第6篇 总结与政策优化与设计

第15章 创造性破坏对中国社会经济发展的启示 …………… (259)
  1 中国经济增长回顾 ……………………………………………… (259)
  2 创造性破坏与中国经济增长 …………………………………… (260)
  3 中国经济增长过程中的"破坏"效应与收入差距 …………… (262)
  4 创造性破坏与中国社会秩序的改进 …………………………… (264)

第16章 总论及进一步研究方向 ……………………………………… (266)

主要参考文献 ……………………………………………………………… (269)

附录 课题发表的主要阶段性成果 ………………………………… (282)

后记 ………………………………………………………………………… (283)

第 1 篇

引　言

第1章 创造性破坏的本质特征及表现形式
——竞争替代与资源的再配置

1 研究起源及意义

在动态变化过程中最引人关注的是创新①和创造性破坏,创新理论和创造性破坏思路都是由熊彼特提出,这一理论和思路对动态变化过程做了独到的描述,为系统的动态变化研究提供了一种思路,而且,在理论和实践领域也产生了深远的影响,比如创新理论一直为学术界所关注,而创新能力也为各国所重视。创新理论阐述了经济的变化和发展过程,而创造性破坏思路较创新理论更进一步,在分析社会经济和技术进步方面更有说服力。这种思路已经被应用到经济动态分析领域,以创造性破坏为特征的增长理论通常被称为熊彼特增长理论②,可以认为是创新理论的扩展及其在增长领域的进一步应用。事实上,无论是创新还是创造性破坏,都存在着诸多亟待解决的问题③,而对创造性破坏的研究更为缺乏,对其内涵、内在的过程及其动态影响都有待进一步深入研究。

熊彼特于1942年在创新理论基础之上提出了"创造性破坏"(creative destruction)思路,他指出:"开辟国际或国内的新市场、采用新的组织形式,比如从手工商店或工厂到大型的钢铁公司,如同美国钢铁行业所呈现的产业突变过程——在此借用生物名词——它不断地革新了经济结构,不断地破坏,不断地创造。这个过程就是创造性破坏过程,是资本主义的根本特性。它是资本主义存在的土壤,也是每个生存于资本主义、社会主义和民

---

① 创新在自然科学中也时常被认为是突变的一种形式,在熊彼特看来则是一种打破"僵局"的方式,其本身就蕴含着系统的动态变化过程,只不过通常创新是动态变迁的主导因素和形式。
② Acemoglu(2008)将熊彼特增长模型称作竞争增长模型。
③ 一度有观点认为与"凯恩斯时代"相应的"熊彼特时代"将会出现,但却没有出现,其中一个解释是,熊彼特的理论太深奥了,其中创新的很多问题尚未解释清楚,以至没有被普遍接受。

主主义国家的资本家时刻关注之所在。"(Schumpeter,1942:81)。

这种定义较熊彼特的创新理论更进一步指出了系统变化的过程和特征。在熊彼特看来,创新是变化及经济发展的动因,而创造性破坏则是社会变迁及经济发展的根本特征和事实,强调了竞争替代过程,因而创造性破坏较创新更进了一步。

半个多世纪过去了,熊彼特的理论和思路得到了一定的推广与应用,他所指出的创新理论被广泛接受;但同时,无论是对创新理论还是对创造性破坏思想,在理论上的拓展都相对较为缺乏,对创新和创造性破坏的理解还极其有限,对创新的来源和创造性破坏过程的探索不足,因而有必要基于创造性破坏对系统的动态过程做更为翔实的研究,在此基础上,才有可能进一步探讨例如"创新"政策和"创新型社会或国家"的现实应用问题。

创造性破坏描述了一个重要特征:系统的动态变迁过程中存在着普遍的竞争替代特性,它表明,在系统变迁过程中,部分产品(个体乃至群体)被更具适应能力的产品(个体或群体)所破坏和替代,在不断更替过程中,系统将发生明显的变化,比如经济系统的新的产品会替代早先的产品,由此带来长期的经济增长;社会系统中旧的规则会被新的规则替代,管理模式会发生显著的变迁,从而带来秩序的更替与重构。

创造性破坏本质上是资源的再配置,在再配置的过程中,资源得到了更有效率的应用,由此带来了资源配置的优化。在形式上,最明显的是,在产品创新过程中,更高质量的产品得以创新实现,但这种创新实现并不是纯粹意义上的增量,而是建立在破坏先前的创新基础之上的。创造性破坏的价值在于,新创造的产品能有更大程度的增长效应,不仅能够弥补原先创新产品被破坏的损失,而且有着新增的产出效益。

在技术进步中,创新的技术会替代原先的技术,同时,新创造的技术较原先的技术有着更高的产出。创造性破坏的技术进步能带来级数形式的技术进步,从而带来整体社会资源更有效率的应用,实现长期的增长。如果只是一一对应的创新和破坏,可能此时并不一定会产生长期的增长,而只是简单的替代。在技术替代过程中,创造性破坏的强度更有可能是可变的,而不是一成不变的,因而,可以推想,在经济增长过程中,存在着波动或周期性经济增长过程,因而创造性破坏的技术进步的表现特征可能是解释经济波动的重要原因。

同样,个体在创造性破坏过程中也受到不同的影响,从而产生不同的创造性破坏效应。部分个体在社会的动态竞争替代过程中,得到了更高的收益,更大程度上改变自身的状况,而部分个体可能处于被破坏状态,丧失了先前的优势地位,从而导致了社会收入的再分配。极有可能的是,这种创造性破坏的过程及变化形式不是线性的,而更可能是震荡式扩大的。个体如此,作为个体组合体的国家也可能如此。各国也存在着不断竞争替代的现象,比如在世界经济长期的发展过程中,"轮流坐庄"特征刻画了各国之间的更替现象。

在社会变迁过程中,同样存在着创造性破坏过程。社会秩序也会在创造性破坏过程中得以不断变更,但并不是所有的更替和变换必然带来更好的秩序,有可能会使得原先的秩序被破坏,而新的秩序无法实现,从而形成以低效率为主要特征的"多重均衡"。任何个体或团体都知道存在着高水平的均衡状态,但由于社会变迁过程中,不断的更替和创造性破坏并不必然能有良好的协调(coordination)作为保障,从而使得最终处于低水平的均衡。导致这种低水平均衡的原因在于,创造性破坏过程中,不仅有着竞争替代特征,同样也存在着策略互补特征,这就导致了如果单纯地强调或者过分偏重竞争替代,"过河拆桥"的竞争行为和"今朝有酒今朝醉"的短视行为有可能忽略了内在协调的需求,从而使得最终的均衡趋向低水平均衡状况。

2 创造性破坏:根源、机制及效应

2.1 创新与创造性破坏的意义

创造性破坏是对社会经济发展过程的动态描述:新的创造是在对旧的破坏基础上建立的,新老更替是社会变化过程的一个动态特征。创造性破坏的思路是建立在创新理论基础之上的,二者都由熊彼特提出。熊彼特早年(1912 德文版,1934 英文版,1990 年中文版)提出了独树一帜的"创新"理论,对创新理论和创新过程做了详细的描述和深入的分析,认为创新是对"循环流转"的突破,只有创新才能在真正意义上形成经济的发展,同时他定义了五种创新的形式——新产品、新技术、新市场、新原料来源和新制度。他特别强调了企业家在从"循环流转"突破到持续发展中的作用。但熊彼特晚年却并没有只是停留在早先的创新理论之中,而是对创新理论作进一步深化,特别强调了创新的动态变迁过程,提出增长实际就是"创造性破坏"的过程。他认为"可以使用这个生物上的术语","不断地破坏旧结构,不断地创造新结构,这个创造性破坏的过程就是……本质事实"。这样,创造性破坏相对于创新而言更进了一步,不仅仅强调了创新的一面,同时也强调了创造性破坏所产生的过程和效应,它是在原有的创新的基础上实现的,这样也会对原来的结构产生负面的影响,这也就更恰当地描绘了现实社会经济的发展过程。

创造性破坏的提出对后续的研究产生了深远的影响。这种思路影响了内生增长理论,形成了以熊彼特创造性破坏为特征的新增长模型,该种内生增长理论主要由 Aghion 和 Howitt 倡导,形成了熊彼特增长模型(或熊彼特路径)。这种模型有别于其他内生增长模型之处在于强调新产品的创新会破坏旧的产品所拥有的市场和利润,强调了增长的动态变迁过程。熊彼特所倡导的"创造性破坏"直接来源于生物术语,因而与达尔文的进化论有着内在的联系,熊彼特本人也成为进化经济学的主要创始人和代表人,国际熊彼特学会(International Schumpter Society)的专门刊物就是《进化经济学》杂志(*Journal of Evolutionary Economics*)。

2.2 创造性破坏的竞争替代

正如熊彼特在晚年时认识到的,不仅要看到创新所带来的创造,也要看到创新对原先创新的破坏。个体的成功一般是建立在对先前的破坏之上:进化中的"适者生存"可以说是社会和经济生活中难以回避的规律,是动态竞争的真实体现。

首先,从个体层面而言,动态竞争的存在与个体的特性相关。个体通常是存在惰性的,没有竞争就很难有向前的动力(垄断就是如此),而竞争则正好是某些个体实现改变的一种手段,且竞争中的失利也构成了个体向前的一个压力机制。"不进则退"用一个简单的事实描述了经济的动态过程中被破坏和退化的可能。由于人在主观或客观上的差距使得总是有人会在竞争中被淘汰,这可以部分地用来分析增长过程中个体工资收入差距扩大的一个机制。

其次,从国家或区域层面而言,也是如此。在国际竞争中总有成功者,在成功者的背后是失败者,因而用这种创造性破坏思路也可以在一定程度上说明国别的增长差距的事实:比如对历史的分析中可以看到中国一度是成功者,宋朝以后逐步在工业革命中沦为失败者。所以正如熊彼特在对经济发展过程中的创新的描述一样:创造性破坏是一种机制,只有创新才能促使真正的发展。而创造性破坏可以更进一步地描述微观层面的企业的行为和宏观层面的增长过程,动态的竞争过程正是创造性破坏所包含的核心:对于微观个体(个人和企业)而言,不断地更替构成了社会经济保持活力的一种内在机制;对于国家而言,只有保持不退化才能保持不败的地步,只有在竞争中才会有着足够的生存机会。

2.3 创造性破坏的根源——消费者对产品多样化和高质量的偏好

经济学分析的起点一般为消费者的最优选择,这意味着需求是第一位的。所有的经济活动都最终要归结到需求,没有需求的活动,没有消费者需要的生产和劳务毫无疑问是没有意义的。

消费需求有一些内在的规律:消费者最主要的特征为不满足特性,确切地说,消费者总是有意识或无意识地在追求更高的消费,以实现不同程度上的效用。正是对消费的不断追求构成了社会进步和经济增长的最基本的动力。在桃花源的世界里,人人都只是想保持那种所谓田园生活的社会状态显然没有进步的动力,也就不可能存在真正的进步。所幸的是,持有这种心态的人除了古代的一些文人和现代的一些非"代表性"个体之外整体上所剩无几。中国改革开放之前,出于实施工业化的目的,曾经极力地倡导"节约",用降低社会消费的方式来积累资本,但随着生活水平的提高,人们逐渐意识到这种观点的局限性,因而慢慢开始鼓励消费,重新采用市场经济的基本规律。市场经济以行为主体最优决策为基础,对消费者而言,以寻求效用最大化为目标,这是一种理性的回归。同时,从经济意义上而言,没有消费,增长也无从谈起。

个体的目标主要是在预算范围内追求以消费为主要方式的效用最大化(部分是休闲)。欲望是无止境的,这也同样无可非议,人总是在追求更高的目标,一旦没有追求的目标和欲望也就没有继续向前的动力,尽管这可能会导致一些道德和伦理上的问题,但却是真实世界和社会所需要的,部分的道德争论并不能否认这种欲望和追求在社会生活中存在的价值。这种对自身的消费和效用的追求是目标,也是社会进步的动力,具体来说包含以下几种方式:

第一,在预算约束条件下,选择对自己最有边际效用的消费品。消费者总是在追求消费成本更低的消费,也就是追求价格性能比,因为一般地,个体的收入在某一时期是有限的,所以更低价格而质量不变的产品毫无疑问地会受到更加普遍的欢迎,相应地,消费者也可以有更高的消费效用。

第二,新的产品往往会得到更多的消费者支持,消费者会更多地选择新的、特别是质量比较高的产品。尽管不排除消费者具有某种惯性,对某些产品保持着相当的忠诚度,但对于更多的人来说,新产品往往有着更大的吸引力,消费者一般可以得到更高的满足程度。

第三,从动态角度而言,个体总是试图提高自身的可支配收入,放宽预算约束。有条件的约束下的最优水平一般会低于(至少不会高于)无约束的最优水平,因此消费者会不断地进行再选择,以提高自身的收入水平。尽管部分个体可能会在一定程度上衡量休闲所能够带来的效用,但对于更多的人来说,摆脱原先的预算约束无疑是主要的目标,而且"出人头地"也是人的本能。个体为了改变或进一步提高自身的地位而进行的创新正是社会进步的内在动力,企业家作为创新的主体在熊彼特的研究中得到了足够的重视,在这个基础上同样要注意的是企业家也是消费者和生产者中的一部分,社会的主体除了实施创新的企业家外更多的是一般的劳动者,他们也有着类似的行为特征。

新产品出现会减少既有产品的市场份额,这表明新创造的产品会破坏原先产品的市场。这种破坏程度主要取决于更新幅度。该过程也就是创造性破坏的过程,由此消费者可以获得更高的效用。这可以部分解释很多实际领域中的变化过程,如产品的替代。工业革命主要是用工业品替代了农产品,由于农产品受到需求约束以及自身并没有太多的产品更替,所以它的重要性只能被降低;而现代的技术革命使得很多曾经占主导地位的物品被替代,最简单的现象是毛笔被一般的书写工具所替代,毛笔更多地从基本工具变为艺术品,而信息技术更多地将书写工具更替为电子形式,这种替代过程包含着技术的进步和效率的提高。这种替代过程对于原先的产品就是一种破坏,而新的产品则具有创造性的突破。

2.4 创造性破坏的机制——企业家对垄断利润的追求

创新是以消费为导向的,消费者的潜在需求是创新的内在因素;但是强调消费者的最终选择并不否认厂商对创新活动所起的作用。消费者对更高品质的产品或劳务的潜在需求是一种导向,引导企业家提供更高质量或更低价格的消费品,而最终的结果主要取决于厂商。正是厂商在技术上的突破使得技术进步得以形成。消费导向,厂商实现,可以描述技术进步的形成过程。当然厂商有时也可以部分形成新的需求。

对于技术,类似于生产领域,往往被视为一个"黑箱",而技术更具有"黑箱"特征。可能的原因在于技术的产生并没有广泛的一致的特征,部分技术进步是有意识、有目的的研发活动所导致的,而部分则是无意识的或无目的的生产活动的副产品,这使得技术创新具有不确定和偶然性的特征。对于无意识的生产活动而形成的技术进步,在边干边学的内生增长模型中得到了体现,这类模型可以在一定程度上解释技术进步的一个体现和形成途径。在技术的形成过程中,个体起着不同的作用,在应用的过程中,包含了学习过程,而在学习过程中也客观上促进了技术的提高,最终体现为单位产出增加,或作为对应的单位成本下降。增长模型中,正是由于这种附加的技术(A)使得模型具有规模递增收益,才导致经济持续增长。但从本质上说技术应该主要还是人为的有意识的推动。

推动技术进步的主体是企业家。从他们个体的决策看,目标非常明确,即追求利润最大化,也可以认为是在为了改变或提高自身的社会经济等地位而进行有风险的活动。这种利益驱动正是增长的内在动力所在。尽管市场经济倡导竞争,但垄断利润是企业家所追求的,这是对他们有风险的创新活动的报酬。我们可以看到,一个不保护个体利益,特别是经济利益没有得到充分保护的环境中很难有大规模的创新活动。如在计划经济条件下,由于没有恰当的个体经济利益及激励,而部分强调了政治激励,导致国有企业就没有多大的创新动力,相反的,他们的行为倾向于保守地扩大规模而不是进行有风险的创新活动。因而,为了保证经济增长的动力,社会通常承担部分的福利损失而接受垄断的存在,当然市场结构这时主要的或最优的是垄断竞争,而不能、也一般不会是完全的垄断。

这里,我们只考虑具有创新功能的企业家行为,因为只求完成管理任务以获得正常利润的厂商,是不会有创新行为的,在熊彼特看来此时的经济就处在"循环流转"之中,也不会有真正的发展。企业家主要是在技术上实现消费者的需求,而且很多时候是潜在的需求,当然,他们也可以创造出新的需求。对于一个企业而言,显然它要获得与众不同的地位和收入,那么最好的实现方式就是生产与众不同的产品或开发产品与众不同的功能,同时能给予消费者以消费效用。可以看到,一旦企业具有独特的垄断地位,主要是在刚开始实现生产和销售的时候,企业家可以单独定价,而有些消费者的独特的偏好也使得这个企业和企业家能够获得相当的市场影响力从而单独实施定价策略。当然这和生产本身也有关联:对于新产品的定价,由于处在创新的初始阶段,企业家也不一定有完全的把握,而且生产能力也有限,所以一般生产的成本比较高,定价也只能比较高。但是,高的定价策略一般不能维持很久,原因在于创新的个体是不断出现的,总是存在着潜在的竞争对手和进入者,企业一旦成功,就会有更新或更高质量的产品取而代之——创造性破坏的过程就是这样出现的。这样对于既有的在位垄断企业和企业家而言,就是一种生存压力。对于这些在位的垄断企业来说,第一种策略选择是防止其他竞争对手进入,部分企业能够做到这点,但一般而言,除了少数技术外,新的技术实现并不会因为原有的技术保密而受到太多的阻碍,创新除了强度上的差别外,一直是持续不断的。

第二种策略是进行新的技术研发和创新活动,由此可以巩固它的垄断优势,而这主要取决于技术的难度和成本的优势。如果他们这种继续的创新活动具有成本优势,那么企业家会继续创新;同样的,如果技术难度越来越大,那么继续创新可以进一步地巩固既有企业和产品的垄断地位而部分地排除其他潜在的进入者。但并不是所有的企业和行业都具有这样的特征。

更多的在位垄断企业会做出第三种策略选择:降低成本。降低成本是必要的,特别是单位成本。理论上说利润最大化和成本最小化是对偶问题。但对于垄断企业来说,实际上代表了两个方向。利润最大化主要通过以产品和质量为形式的创新来实现,只有获得垄断才能真正获得最大的利润。而成本最小化并不能获得垄断利润,它的实质是在既定的市场结构和企业既定的市场地位条件下的企业管理活动。如果要说存在创新活动,那么主要的是利用一些新的工艺,来实现降低成本的目标。但现实中成本的降低主要是通过产品数量上的扩张来实现的,这个过程的特征对于领头的垄断企业而言主要是产品不断的推广和扩散,而市场扩大的原因:一方面是越来越多的消费者认识和接受了这种产品,消费者的选择除了少数一些个体具有先天的体验新的物品和劳务的"尝鲜"偏好外,一般的消费者是在别人的体验基础上慢慢接受的;另一方面,也是更主要的,是在位的垄断企业的产品价格是在降低的。

降低价格的策略可以得到一定的支撑:第一,客观上看随着垄断产品的生产,在生产过程中是存在"边干边学"效应的,特别是对于操作过程,随着产品生产的扩大,劳动力的熟练程度会有所提高,这样单位固定成本所能够获得的收益增加,对应的是固定的总体成本获得了更高的产出,单位产品的成本有所下降;第二,在占据了高支付能力的消费者及消费剩余之后,市场的目标会转向更多的、有不同的支付能力和相对应的支付欲望的消费者,降低价格会有更多的消费者;第三,垄断企业和企业家知道总是存在实际的或潜在的竞争对手,对手一旦取得了突破,就像他们曾经的突破一样会获得垄断地位,从而完全或部分地削弱他们的垄断地位。在垄断优势和地位受到实际的威胁和破坏时,该企业定价的余地会减少,因为垄断价格主要是在位的垄断厂商的特权。当厂商的地位因为新的厂商的出现而受到削弱时,他们的市场份额也会减少。所以这时对于企业而言最直接的影响往往是价格降低,而应付的策略只能是降低成本。成本的降低意味着在新的市场结构中他们还能够生存,补偿的主要方式是消费数量的扩大,这样企业还能够在填补固定成本基础上获得一定的利润。而成本的降低不是凭空的,实际上也就是技术进步的一种表现,因为从反面看就意味着单位投入获得了更高的产出(主要是实物衡量),对于社会而言也就意味着消费者福利的提高。

因而社会的进步和技术的提高可以表现为新的产品或更高品质的产品的实现,和以单位成本降低为表现形式的生产效率提高。

对于单位成本的下降,这实际上是随着技术进步的过程自然而然发生的。我们可以观测到的是随着产品出现时间的推移,产品的价格是在下降的,至少实际价格是如此,而价格降低幅度最大的时间段一般是在新的产品或更高质量的替代品出现的时候。新的产品出现的时候往往由于价格比较高,不为一般人的预算所承受,所以原先的产品仍然有部分的市场,但随着新产品的价格下降策略,其会逐步挤占原先产品的市场,因为新产品在品质上具有优势,随着价格的降低,原先的产品将会逐步失去市场的份额。这个过程同样的会出现在刚创新的企业和产品上,这个过程也就是创造性破坏的过程。实际上也就是一个动态的竞争过程,这也确实构成了增长的基本规律。

创新过程主要以形成一定的垄断优势为特征,而这种垄断优势源于有目的的研发(R&D)活动,一旦更高质量的产品研发成功并投入生产,原有的产品会被替代。这时新产品的创新和出现往往没有直接的增长效应,但这不等于这种创新不重要,它的产生也具有一些间接的增长效应:新的产品出现会改变原有的市场结构,削弱原有产品的市场影响力(垄断能力)和市场份额,这将促使被部分退化的厂商为改变其不利的地位而努力降低成本。现实中也可以看到在创新过程中原有产品的价格随着新产品的出现而下降,这是一种生存的压力,可以归结于垄断厂商在垄断能力下降时,只能采取降低成本来达到降低价格和扩大产量的过程,内在地靠着在产量扩张过程中所具有的"边干边学"效应来实现。

成本降低和效率提高实际上是同一个过程,成本的降低意味着单位的投入具有更高的产出。产品创新和对既有的产品进行成本降低的努力都是为了企业的垄断利润,只是不同的方向和过程而已。创造新的产品一般是初始的努力,一旦获得成功,可以有新的垄断利润;而获得垄断利润的同时,也会受到潜在对手的影响,企业只能逐步地降低成本和扩张产量来巩固和保持既有的一些利润。没有直接增长效应的创造性破坏提供了进行创新和成本降低以及效率提高的机制。

具有直接增长效应的是在中间产品层面上的创造性破坏。这也构成了以创造性破坏为特征的熊彼特式的内生增长理论的基本分析方法。将最终产品设定为完全竞争市场的最终消费品,而这种最终产品由不同质量的中间产品生产所得,更高质量的中间产品投入可以直接提高生产的效率,也就可以得到更高的产出。在规范的分析中一般将中间产品市场的结构设定为垄断竞争,中间厂商可以获得垄断利润,而利润又来源于有目的的研发活动。对于研发市场也认为是完全竞争的,所以研发没有垄断理论,研发成果直接在市场上拍卖。这样可以得到一些均衡结论,在均衡结论中,厂商的研发决策是增长的关键,最终产出增长速度取决于整体的产品质量水平的增加幅度。在这种分析中,中间产品的垄断利润是对 R&D 投入的回报,而投入所获得的中间产品能够直接地提高总量的水平,即经济增长速度。

2.5 创造性破坏的效应

创造性破坏的效应是多重的。微观地看,由于这个过程主要是由不断的创造推动的,对于消费者而言,能够获得更多更高质量的产品,提高消费的效用。对于企业家来说,总有部分企业家成功地实现了创新,至少得到部分的垄断利润,从而获得更高的收入。宏观地看,创造性破坏除了直接由企业家推动而获得新的或更高产品质量的产品外,整个社会的效率也在这个过程中有所提高。一方面,更高质量的新产品可以直接拥有更高的生产效率和产出;另一方面,对于在位的新产品而言,垄断优势和地位并不是绝对牢靠的,在实现创新之后由于潜在的竞争对手存在,所以将会不断地改进生产过程中的环节,极力提高"边干边学"的效应和程度。因而,对整个社会而言,创造性破坏将带来更高的效率和产出。

同时也应该注意到,创造性破坏是建立在破坏的基础之上的,对于被破坏的个体(包括产品和企业)而言,直接面临的就是损失。这样就存在是否是社会最优的问题,创造性破坏的幅度和频率越大,由此产生的收入差距也会越大,成功实现创新的个体直接获得了更高的收入,而被破坏的主体会有所损失。当然,就企业而言这也是一种压力机制,正是这种压力机制推动着技术创新的不断深入,促使企业不断地进行研发努力。

对于劳动者而言,同样存在创造性破坏的机制:新产品和技术一般要求拥有更高技能的个体来完成,但并不是所有的劳动力都能够成功地实现转换,相反地,只有部分劳动力能够适应新的技术需要,而不能实现转换的个体将被退化。一般的,新的工作岗位所需要的劳动力会直接被有更高技术的劳动力和部分有转换能力的劳动者所充实。这样,由于新的工作一般有着更高的工资因而收入的差距扩大。最为直观的例证是,随着中国经济的改革,新技术的推动使得部分企业,特别是不注重创新的企业处于竞争的劣势而陷于被退化的境地。对应的是,部分处于竞争劣势企业的员工受到客观条件和主观意识的限制,他们在劳动力市场所处的地位也较为艰巨。因而创造性破坏也存在着扩大收入差距的效应:收入差距扩大也可以归结于由这种创造性破坏所导致的内生增长理论对增长差距的解释。"成者为王,败者为寇"也可以大体刻画企业家进行产品创新的过程,对于个体的劳动力来说,创造性破坏的过程主要考虑对新技术的适应和转换能力。这样从社会福利角度考虑,对企业而言主要是强调一个不断创新的必要,适当考虑对 R&D 进行一定的补助;而对于劳动者而言,必须关注弱者的基本保障问题,可以考虑有意识地提高他们的自身素质和适应能力的培养。

创造性破坏还蕴涵着其他一些可能的效应,比如对经济周期的影响。在增长和周期之间,创造性破坏也提供了一些内在的关联,创新的实现能够使得增长加速,而一旦创新放缓或趋于完成,那么就可能使得经济处于部分的萧条,事实上越来越多的研究开始结合增长来探讨周期的内在决定。这也是熊彼特对创新的研究思路。创造性破坏还可能使得增长中出现周期性的波动,特别地,将"动物精神"(或"羊群效应",animal spirits)(Francois and Lioyd-Ellis,2003)结合考虑,则经济系统中往往会出现周期性的波动,这样就将创造性破坏和波动因素内在地结合起来。

可以看到,经济的变动过程具有"创造性破坏"特征,从理论上看,这种理论的特别之处在于能够将微观和宏观有机地结合起来,解释增长的根源和差距,也可以将往往被分割研究的短期波动和长期增长有机地统一起来。

3 文献回顾及创造性破坏思路的价值

3.1 增长理论回顾

经济增长理论自 20 世纪 60 年代兴起,经过 20 余年的沉寂之后,重新引起了经济学家的研究兴趣。占主导地位的是 Romer(1986,1990),Lucas(1988),Grossman and Helpman(1991),Aghion and Howitt(1992),他们所建立的模型通常称作内生增长模型。内生增长模型在分析的技术或方法上与 Solow 模型和 Ramsey-Cass-Koopmans 模型没有本质的差别,主要的差别在于对增长的动力和决定因素的认识,在新的内生增长理论模型中,最终的经济增长速度是由模型内部决定,而不是外生设定的。

Romer(1986)考虑到知识可被视为一种投入,而这种投入具有递增收益特征,从而经济系统会有着长期和持久的增长。这不同于古典的增长模型和 Solow 模型中所作的边际收益递减假设,在古典和新古典模型中正是由于收益递减规律,资本存量会达到定点状态(steady state)。Romer(1990)再次尝试将技术内生化,进一步地,将人力资本引入增长模型,认为增长在很大程度上归结于人力资本的投资,正是对人力资本的投资,经济才会有着持久的增长。Lucas(1988)则分析了发展(增长)的机制。Grossman and Helpman(1989)主要考虑的是以产品质量提高为形式的增长模型,特别将产品周期理论运用到增长理论及贸易理论。Aghion and Howitt(1992)考虑的则是以产品种类增加为形式的增长过程。在这些新增长模型中,经济增长是由追求利润最大化的厂商有意识的研究和开发(R&D)推动的。正是这些开创性的工作使得增长理论得以进一步发展,初步形成了知识外溢(或"边干边学")、人力资本和有意识的 R&D 这三种机制和思路,这三种思路构成了新增长理论的主要分析基础。

经济增长理论的目标始终是解释纵向意义上的增长根源和横向意义上的增长差距之谜。三种内生增长模型和思路都能够在理论上对经济增长的根源有所说明。有着这些理论支撑以后,很多研究试图寻求经验上的证据,以验证这些新增长理论模型的现实说服力。Mankiw et al.(1992)用国别的时间序列数据(1960—1985)对 Solow 模型进行验证,认为其可以在一定程度上解释国别差距,在加上人力资本变量后解释能力更加强,他们的结论说明 Solow 模型也有其说服力,而且可以保持边际收益不变或递减的假设。Barro(1991),Barro and Sala-I-Matin(1995)则对增长做了广泛的经验分析,他们分析的重点是收敛假设(convergence),试图验证新古典模型中的收敛假设和结论,该结论认为初始水平较低的经济体由于资本的边际收益递减规律作用而会有更高的增长速度。如果这个结论成立,也可以认为在经济增长过程中各国(区域)的差距会逐渐缩小。他们对众多的样本和数据的研究表明:经济系统更多的时候,只能够实现条件收敛,即只有相近的经济体才会有收敛发生,比如同一个国家内部、同一个集团(如OECD),这也表明他们所采用的增长理论在解释收入的差距方面说服力不够,也很难得到现实经济的有力支撑。Chow(1993)则对中国经济的时间序列数据进行估算和测定,他对新中国成立以来(1952—1985)的经济增长做了定量分析。主要是测算中国的国民收入账户(数据),在此基础上对各部门的生产函数进行估计,认为中国经济在这段时间内平均增长速度为

6%,其中的4.5%归结为资本的积累。他的研究结论是:中国的经济增长主要还是依赖于资本的积累,这种积累是通过中央计划手段和保持居民的消费处于较低水平来实现的。这似乎又回到了新古典增长模型,但他也清楚地指出,经济增长应该主要由追求利润的个体(企业家)来完成,技术进步和创新才是保持长期经济增长的关键,在他看来这也是中国经济增长模式的方向。

这些经验分析实际上也对增长理论做了一定的修正和引导。以"边干边学"为特征的内生增长模型由于没有得到太多的经验支撑,因而后续的增长模型尽管也考虑知识外溢,但由于这种模型做了太强的假定,同时缺乏充足的事实支撑而相对被忽略;对于人力资本的内生增长模型,由于拓宽了资本的内涵,以教育为主要方式形成的人力资本具有边际收益递增或不变的特征,所以可以形成持久的经济增长过程,同时在经验分析中得到了较为充足的支持,因而人力资本模型,或在增长模型中引入人力资本已经成为经济增长理论常用的处理形式。当然也有研究试图将人力资本模型和"边干边学"结合起来研究技术进步,Jovanovic and Nyarko(1996)就考虑人力资本在边干边学过程中的积累,从而影响技术的选择,认为技术的选择更多的是贝叶斯(Bayesian)选择。

引起更多研究人员兴趣的则是以R&D为基础的技术进步的内生增长模型,在这些模型中增长的内在机制是,受利润驱动的个体为了追求垄断利润而不断进行创新活动,这些活动需要一定的有目的且有风险的投资来支撑,这不同于"边干边学"模型中技术或知识是自然而然的外溢或增加的假设。这种思路和设定更容易得到直观上的印证,而且具有更强的微观基础,因而引起了更多的研究兴趣。Aghion and Howitt(1992)所建立的模型也可以归为这类模型。Jones(1995)对此类内生增长理论模型做了进一步的修正,主要是分析规模收益,认为内生增长模型往往假定存在规模效应,而这与实际时间序列数据所得出的结论有所不符,因而需要对规模效应假设做一定的修正,并尝试着建立半内生增长理论模型。Thompson(2001)更多地从微观上考虑研发的市场结构,对内生增长理论做更深入的研究。

近年来,对经济增长理论的研究仍在不断继续,总体上呈现两种趋势。第一种趋势是,将更多的变量和因素引入增长模型,在一定的分析框架中分析各种因素对增长的影响,可以称为"内生化"的过程。实际上也可以说增长理论一直就是内生化的过程:Ramsey-Cass-Koopmans模型内生化的是Solow模型中的储蓄,人力资本模型内生化人力资本,而更多的是将技术内生化,此外,内生化的要素还包括原先被认为是一般给定的变量,如时间偏好(可以拓展为由习惯形成的内生时间偏好的模型)、利率和文化等等。很多研究人员也在一般的经济学分析框架之外寻找其他一些非经济因素,比如地理要素也引起了广泛的关注,在时间因素引入经济学分析而成为经济学中动态分析的重要手段之外,研究人员也试图将地理因素作为空间区位要素引入经济学分析,这样,增长理论所分析和研究的对象和内容都得以扩展;同样,这些模型中所采用的南北贸易模型可以用来分析贸易对经济的影响,实际上也成了分析国际贸易对经济增长影响的一个基本分析框架;同时,在分析地理要素对经济增长的影响中也引申出了增长过程中的聚集问题。当然不像时间因素,已经相对完善地成为经济分析的一个成熟手段,区位要素只是开始成为经济学思考增长过程中的一个领域。同样,文化、历史、语言和政治,甚至是国家的规模等都成了增长理论研究的课题和兴趣所在。

第二种趋势是更深入地分析经济增长过程中技术进步的动态特征和具体决定要素,在这个过程中特别受到关注的是创新和创造性破坏过程。用创造性破坏思路来分析技术进步更有说服力。如果说对增长理论的要素拓展是宽化的过程,那么创造性破坏思路则是对技术进步做深化的研究。目标同样是解释增长的根源和差距。

3.2 具有创造性破坏特性的熊彼特增长模型

创造性破坏增长理论一般也称为熊彼特增长理论,可以认为是在创新理论上的进一步扩展和在增长领域的应用,更恰当地说是创造性破坏思路在增长理论中的应用。

熊彼特早先所提出的创新理论(Schumpeter,1912 年德文版,1934 年英文版,1990 年中文版),认为"循环流转"并不会带来真正的增长(他主要用的是发展,实际所指是经济增长),只有创新,对生产进行新的组合才有增长,他具体地定义了五种创新方式。因为有别于其他研究,首次明确地提出创新理论,所以在经济学领域具有显著地位,同样该理论在管理学中也得到了广泛关注。他在分析中特别强调了企业家的重要性,认为企业家的创新活动实际上就是为了追求垄断利润,而引入新的组合方式,这是增长的内在机制。在他看来增长和周期是内在一致的,所以他用他的创新理论拓展分析商业周期(Schumpeter,1939),认为创新的结束往往意味着周期的开始,特别地,他定义了长波、中波和短波。

熊彼特在增长领域更具有广泛和直接影响的是"创造性破坏"思路的

提出。这种独特而对经济事实准确的概括在新增长理论中得到了广泛的认同和应用。结合熊彼特早先对经济增长的理解，增长过程主要是通过引入新的产品，也就是通过扩大产品的种类和创造出更高质量的产品来实现的，在新的种类和更高质量的产品引入过程中存在着创造性破坏——新的产品会使得对原来的产品的需求减少，更高质量的产品会使得当前产品质量层次下降和对原有产品的需求减少，也就是退化和破坏的过程，这对企业家的创新活动有着直接的影响。创新活动一般定义为有目的的研究和开发（R&D），执行的主体是企业家，企业家追求的是垄断利润，但他们这种垄断势力和市场影响力会受到其他企业家或竞争对手行为的影响，并不是孤立存在的。一个企业家获得了当前的垄断地位和垄断利润是建立在对先前垄断企业的破坏和替代基础上的，同时他们也会受到潜在的、后来的企业家R&D活动的威胁，一旦别的企业家创造出更高质量或更好的产品，在位的垄断者的垄断利润就毫无疑问地会被破坏和剥夺。所以企业进行R&D活动不会仅仅考虑自身的行为，同样会考虑潜在对手所可能采取的行为，对手一旦创新成功，显然会影响企业原本拥有的垄断地位和利润。

Dixit and Stigler（1977）在技术上为熊彼特增长模型提供了分析基础。在这篇经典的文献中他们分析了垄断竞争条件下的经济行为，消费者具有消费更多类型产品的偏好，追求产品的多样性；而产品是有差别的，每个产品的生产者都具有一定的市场影响力，是局部的垄断者。他们在垄断竞争的市场结构中分析厂商的最优选择，主要是分析产品种类的扩大，也就是水平意义上的产品创新。Grossman and Helpman（1991）则在此基础上分析垂直意义上的以产品质量提升为主要形式的创新活动（R&D），考察厂商的最优研发决定和这些研发活动如何决定经济增长的速度。同样具有广泛影响的是Aghion and Howitt（1992）所建立的以创造性破坏为特征的增长模型，他们直接描述了技术和产品之间存在着创造性破坏效应的增长过程。增长速度主要取决于相互竞争的企业最优研发水平，一旦某个企业获得研发成功则获得一定的垄断地位，可以独立地定价从而获得垄断利润。关键的，这种垄断利润是建立在对上一期的垄断利润的"破坏"基础之上的，这样，厂商的最优研发行为和决策就可以用一个前向的差分方程（forward-looking difference）描述，厂商在进行研发的时候会考虑潜在的竞争对手参与研发并获得成功后所可能产生的影响。在整个过程中垄断利润是暂时的，并且在位的垄断厂商不会参与研发。在这种垄断竞争框架内他们分析了最优创新活动的努力程度和研发投入水平，并考虑了研发投入对增长的影响及经济增长速度的决定因素。这样，以创造性破坏为特征的熊彼特式的内生增长模型就进一步沟通了微观和宏观之间的关系,充实了增长理论的市场结构,对于增长的动力——R&D 努力——的分析也更加近似于现实经济。Aghion 和 Howitt 显然具有更宏远的目标,他们试图像熊彼特一样,用这种思路来沟通更多的经济学研究领域和内容(Aghion and Howitt,1998),他们尝试用这种被称为对增长很有影响的熊彼特增长理论来分析增长、周期、失业,并引入更多的要素,比如物质资本、人力资本,甚至是自然资源,由此引申出可持续发展。他们的目标显然像熊彼特一样宏大,但也认识到很多问题也只能是一些初步的探讨,很多问题还没有得到很好的解决。

3.3 创造性破坏与收入差距

Aghion(2002)针对批评者认为的熊彼特增长模型很难说明增长过程中的收入差距现象的问题,尝试用熊彼特增长模型分析美国近几十年来劳动力市场上的收入差距,包括组间和组内的差距。组间的差距表明不同教育水平的个体的收入差距在扩大,而组内的差距则表明对于相同教育年限的个体的收入差异也在扩大。在模型中他主要分析了工作的创造性破坏和个体的适应能力所可能产生的影响。熊彼特增长模型更多的是关注劳动力市场的变化:美国近几十年来劳动力市场发生了明显的变化,劳动力的收入差距呈现扩大趋势,而且具体分析表明:拥有不同教育水平的劳动力收入之间差距扩大,同时,相同教育年限的劳动力收入的差距同样也被拉大。

Segerstorm and Dinopoulos (1990)尝试用南北贸易模型并结合 R&D 的内生最优决策来分析内生的创新和技能的决定,他们用动态均衡分析方法分析两国(南北)在研发上的竞争和通过贸易途径如何使得低技能劳动力的工资收入相对降低,相反,这种技术进步及不断的研发努力会提高熟练劳动力的工资,而贸易自由化一方面会提高对研发的投资和技术进步的速度,另一方面也会加剧收入差距。可以看到,这一研究在分析内生技术进步的同时也沟通了贸易和劳动力市场之间的关联。这对于此后的内生增长理论,特别是熊彼特增长模型具有很大的影响,不过他们的分析主要还是界定在 R&D 的投入上,而没有注意到创新的动态特征,强调的是在垄断竞争市场结构中一国的研发投入。Dinopoulos and Segerstorm(1999)在他们原来的分析基础上,再次尝试用包含南北贸易的熊彼特增长模型解释工资收入的差距。所不同的是在模型中考虑了个体的人力资本的差别,具有不同人力资本的个体会选择是否花费一定的成本来变成熟练劳动力。同样的,他们认为贸易机制会降低非熟练劳动力的工资水平,提高熟练劳动力的工资,所以也将促使熟练劳动力比例的提高,增长速度也相应地会加快。Autor et al.(1998)对这个问题做了具体分析,主要分析以技能为基础的技术进步对工资结构的影响,特别分析计算机技术对美国劳动力市场的影响。他们的经验分析表明:1940—1996年间,计算机技术对各产业部门的技能提升具有重要的影响,这也改变了劳动力市场。相对应的,Lloyd-Ellis(1999)用吸收能力来解释在技术进步过程中产生工资收入差距的原因,但如同他自己所述,模型设定和信息技术不吻合。应该说近些年来经济领域发生的最大变化在于信息技术的快速发展和广泛应用,尽管对于这次技术进步的程度同样没有取得一致的看法,但一般的认为这是一次很大的技术进步,因而有研究尝试将这种技术进步界定为具有一般性的技术(general purpose,GPT),类似于早先工业革命中的蒸汽机等重大的创新活动。这种具有特别影响的创新对经济增长具有更广泛的影响,所以这种思路也出现在熊彼特增长理论中,目标是分析工资收入差距。Aghion et al.(2002)就采用两期的OLG模型考虑个体对技术进步的适应和转换能力来分析工资差距扩大的原因,包括适应能力外生和内生的状况。他们认为技术的一般性(generality)的提高会扩大工资的差距。他们同时考察了物质资本和人力资本两种技术的一般性对工资差距的影响,认为可以在一定程度上解释美国这几十年来随着信息技术革命劳动力市场的变化。这种研究思路在解析近些年来的工资差距上得到广泛应用,他们这篇文献也和Aghion在2002年的文献有很大的相同之处。但可以看到在GPT的增长文献中一般将这种一般性的技术的出现设定为外来给定的,这或多或少是GPT模型的缺陷。

Mendez(2002)对以技能为基础的技术进步提出怀疑,而从劳动力市场的结构出发,考虑由于技术的"创造性破坏"所形成的效率工资及其对经济增长的影响。分析同样起源于信息技术革命和全球化而形成的工资差距。他区分了好工作(good job)和坏工作(bad job),考虑了工作的转换(turnover)对技能的补偿(skill premium)。还有一些文献以其他视角研究收入差距的问题。Shi(2002)用匹配模型分析个体的差异和有能力要求的技术对收入差距的影响。主要是分析美国近几十年来的组间和组内的收入差距,这种分析方法在劳动力决策中具有普遍性,一般用随机的匹配来实现劳动力的就业。Alesiana and Rodrik(1994)考察政策(政治)对增长的影响,分析了收入分配对长期经济增长的影响。

熊彼特增长模型和创造性破坏思路从一开始就认为增长是有差异的。

从微观角度看,对先前在位的垄断者的破坏就意味着有新的垄断者出现,显然不一定会有收敛和收入均等化出现;对于个体而言,由于技术是需要一定的技能或人力资本的,特别的,技术的强度要求越来越高,这样不可避免地是部分群体不再适应技术的要求而被退化,相反,部分群体能够适应需要而获得新的工作,这样收入分配就发生了变化,如果这种技术具有很强的影响,那么他们所获得的收入就可能会高于原来的劳动力所获。这样,劳动力的收入差距扩大就是显然而直接的。这实际上也是熊彼特增长理论和"创造性破坏"思路所包含的进化论思想。

3.4 创造性破坏的经验研究

通常在理论模型的发展过程中会寻找相关的经验证据,创造性破坏蕴含的替代效应在经济中可以找到很多例证,而得到完整的经验证据则较为困难,主要是因为创造性破坏难以妥当衡量,但过去二十多年中也有一些经验研究的文献。

Boyan Jovanovic 对创造性破坏做了一系列的研究。本研究与 Boyan Jovanovic 的研究具有一定的相似性。Jovanovic(1992)曾经对行业的变化做过分析,主要是经验分析,涉及的是部分行业的周期特征。Jovanovic and MacDonald(1994)对竞争行业的生命周期进行了分析。进一步的,Jovanovic and Tse(2006)[①]从产业层面探讨了创造性破坏在产业层面的特征,主要包括行业内的厂商数量在创造性破坏过程中会呈现下降趋势,整个行业出现重组或兼并等现象,他们力图解释价格下降和退出厂商数目增加之间的负向关联。整个过程也就是创造性破坏的过程,而主要的原因在于技术在不断地更新,技术创新所存在的替代效应导致了资本替代和行业层面的不断的创造性破坏。

Lentz and Mortensen(2008)获取了丹麦的微观数据,他们所作的经验分析更多的是采用了企业的产值和劳动力数量的变更来衡量创造性破坏和资源再配置,并且对资源再配置过程做了有意思的分析。但相比而言,资源再配置只是在总量上一定程度地衡量了创造性破坏,而直接的竞争替代未能得到体现。

Broda and Weinstein(2010)用美国家庭的微观数据,证实了产品之间存在着较强的创新和破坏,并且分析了这种产品的替代对价格指数的影响。他们认为,产品市场的更替程度比劳动力市场的进出更替程度更强,

---

① 该文在 2008 年的 AEA 年会上进行了修改和更新。

而这会对价格指数产生偏差,包括样本误差和新产品的质量误差。

我们的研究则对产品的直接替代做了研究,对质量提升和完全替代进行了基本的经验分析,可以更好地反映产品的最强的竞争替代过程,比如某些产品直接被替代而退出市场。

3.5 创新、技术进步和增长理论的新进展

就目前而言,创新和技术进步整体上还是处于"黑箱"之中,研究者们尚未完全揭示创新的完整过程,这可能也是未来研究的方向。以此相关联的,增长理论近些年来进展也较为缓慢。

Daron Acemoglu 在近年来关于增长理论和技术进步的研究可以认为是主要进展。Acemoglu(2009a)对增长理论作了较为完整的总结。在他看来,增长和发展是一致的,长期增长问题依然存在,特别是在如何解释国别差异上,增长理论还有待进一步强化其解释能力。其中一个重要的研究是创新和技术进步。技术进步存在着相应的选择,Acemoglu(2009a)也对技术进步及其增长模型进行了总结。其早先的研究包括:直接的技术进步(2002)、技术进步的要素差异(2003)、技术进步中的市场效应(2004)、技术进步的偏向(bias)或者方向(2007)以及经济增长和技术进步中各种要素的存量和价格不同,会引致不平衡的经济增长(Acemoglu and Guerrieri,2008)。不平衡增长与结构变化有着内在的关联,显然,经济中有着多个部门,而各个部门在增长过程中速度未必一致,因而通常会产生结构变换。对于结构变化可以从需求和供给两个层面解释。而技术进步的不同,或者说,不同要素的价格不同也会导致不同要素偏向的技术进步,从而导致一些部门增长速度更快,从而引起结构变换。

可以说,Acemoglu 等的研究丰富了增长理论,同时,对技术进步也作了更为细致的研究。

3.6 文献总结

熊彼特的创新理论和创造性破坏思路引发了众多后续研究,对创新和创造性破坏过程的不断揭示深化了对技术创新的理解,同时,模型的不断发展也更能反映创新的特征。可以说,熊彼特的创造性破坏思路更符合经济增长的动态过程的实际特征,它描述了技术的动态变更及对不同群体的影响。同时它具有更恰当的微观基础,强调了创新过程事实上是一种动态竞争替代过程,正是这微小但简单的变化,使得动态特征更为丰富而复杂。也正是由于这种动态更替效应,使得创造性破坏的影响更难以权衡。

目前,对创造性破坏已展开了多角度的研究,并取得了相应的进展。但同时由于创造性破坏过程和创新本身的难度,对创造性破坏本身及其影响也存在着诸多尚待进一步研究之处,比如新产品(技术)之间的汇总问题,不同类型产品之间的创造性破坏程度差异等,创造性破坏对微观市场和行业层面的影响也有待进一步研究。

本研究试图用熊彼特创造性破坏思路来解释经济系统和社会系统中的动态变化特征。

4　研究思路与安排

我们将围绕创造性破坏所导致的系统动态特征展开论述,试图将熊彼特所提出的"创造性破坏"作为一个切入点,分析其对长期经济增长的影响,以及这种"创造性破坏"为特征的增长过程如何产生周期波动。关于创造性破坏对增长的影响,实际上也是内生增长理论的主要研究内容,我们尝试着将现存的几种增长理论融合起来,包括"边干边学"、人力资本等。同样的,本研究用动态分析方法分析整个创造性破坏的增长过程,主要是在动态的一般均衡分析(DGE)框架下分析增长的动态特征,研究的目标同样是解释增长的根源和增长的差距。对于增长的差距,本研究划分了微观上的收入差距和宏观上的增长差异,前者也就是个人之间收入不平等问题,本研究尝试着用"创造性破坏"思路探讨增长过程中收入差距是否会扩大的问题;对于宏观上国别之间的增长差异,将结合中国和世界的现实与发展的历史过程来探讨"熊彼特增长模型"对实际经济中所广泛存在的增长差异是否具有说服力。

进一步地,尝试用创造性破坏机制解释产生周期或波动的原因,实际上是试图将长期经济增长和短期周期波动两者重新融合起来研究,尝试说明两者之间的内在关联;探讨能否产生"周期性增长",从而将短期波动和长期增长连接起来,为此将创造性破坏概念来源之处的生态学中的一些结论和方法引入经济学中,特别对创造性破坏的具体过程加以分析。

这样,创造性破坏实际上可能可以融合和沟通微观经济学和宏观经济学,而事实上这两者也越来越融合,如宏观经济学模型逐步地和更多地采用了微观经济学的分析思路和方法,主要是一般均衡分析框架。熊彼特增长模型中更将市场结构从完全市场竞争假设的新古典模型过渡到更为现实的市场结构——垄断竞争的动态均衡分析;同样的,宏观经济学中所存在的长期增长和短期波动(周期)分割的格局也将得以部分解决,在以"创造性破坏"为特征的动态过程中,长期经济增长和短期波动是内在一致的,用"周期性增长"描述这个动态过程更为恰当;同时,以"创造性破坏"为特征的熊彼特增长理论在分析增长速度决定的同时,也尝试解释增长差异和收入的差距,前者分析的是纵向意义上的增长根源问题,而后者则是从横向上分析增长过程中的差异,在分析横向差异过程中又分解为微观上的个体收入差距和宏观上的国别增长差异。由此可以看到,用"创造性破坏"思路和以"创造性破坏"为主要特征的熊彼特增长模型,大致上可以将经济学的几个主要分支——宏观与微观、长期增长与短期波动、增长的时间和空间差异——有机地融合起来。

首先在第 2 篇研究产品种类扩大与质量提升的创造性破坏对长期增长的影响。创造性破坏最为直观的影响是技术和产品层面的创新及创造性破坏,由此产生长期经济增长,因而我们从理论层面分析创造性破坏对增长的影响;接着用信息产业的数据,印证产品的创造性破坏和产品的更替如何促进整个行业的发展,进一步地用银行业的竞争替代过程描述创造性破坏如何促进行业的发展。具体分析以"创造性破坏"为特征的增长过程。分别从需求和供给上加以论述,认为创造性破坏为特征的创新以消费为导向、由生产实现,并对生产过程做深入分析,将创新分为最终产品的创新和中间产品的创新。在最终产品创新过程中,创新过程和价格降低过程可以归结为同一个过程的不同阶段,从而得到创新过程中的价格变化过程以及产生间接的经济增长效应的途径。而中间产品的创造性破坏则直接有着增长效应,主要考虑创造性破坏过程中的增长速度决定问题。

第 3 篇尝试用创造性破坏解释国别之间的差异,并进一步延伸到个体层面,分析个体之间的收入差距。在理论上,增长的差异是长期增长理论力图解释的另外一个难题。因此,本研究对经济增长过程中微观主体的收入差距和体现在宏观上的增长速度的差别进行分析,认为在这种以"创造性破坏"为特征的动态增长过程中,差别会进一步扩大。创造性破坏所蕴涵的替代效应可以在微观和宏观上产生结果上的差别。创造性的一方可以获得垄断势力和利益,而被破坏的一方将会有所损失。对于个体劳动者而言,如果不能适应新技术所要求的技能,则将面临被破坏的危险,收入会下降,而对于能够适应技术需求的个体则收入至少能够得到保障;对于企业和企业家而言同样如此。同样的,国家之间的竞争也主要是技术创新能力的竞争,拥有技术创造性破坏能力的国家能够获得竞争优势,也能够有着更快的增长,如果长期保持着技术的创新能力,则在很长时间内会有着更高的增长速度,也会有着更高的收入。为了验证在位的垄断者和具有优势的国家能否保持持久的垄断实力和持久的优势,本研究主要用历史的分析方法分析领先国家的变迁过程,结果表明:一般而言,落后国家要替代在位的技术上占据垄断优势的发达国家在短时间内是困难的,但长期看,领先国家是不断更替的,决定因素在于是否具有技术创新优势。而对于微观上的收入差距问题,则主要用中国的行业平均工资进行分析,从中大致印证了振荡扩大的结论。

第4篇尝试着运用创造性破坏解释宏观经济的波动,包括理论和经验层面的研究,特别地,我们将创造性破坏思路应用到劳动力市场,探讨创造性破坏思路对劳动力市场波动的解释能力。借鉴生态学上的方法和结论,技术之间的创造性破坏所产生的替代过程并不是确定性的,也不是一步完成的,更多的是周期或振荡式实现的,特别地,创造性破坏的形式和生态学中的竞争一样有着多种形式,所以创造性破坏所表现出来的增长过程往往是周期性增长过程。导致这个周期性增长过程的原因,在直观上是创新往往是存在高峰和低谷的,新一轮创新浪潮会带来新的增长过程;而内在的原因则是在技术和产品创新过程中,技术和产品之间的关系是多重的,在这个多重竞争和互补的替代过程中产生周期性波动几乎是必然的。本研究用美国的数据加以论证,结果表明,周期性增长或不规则增长过程才是现实的经济增长过程。同时,对多部门熊彼特增长模型蕴含的设定做了更翔实的分析,认为创造性破坏的多重形式是导致周期性增长的一个重要因素。

第5篇运用创造性破坏思路分析社会发展的动态变迁过程。创造性破坏强调了竞争替代,它也可以部分用以解释社会的变迁过程,这种思路将可能可以很好地解释中国快速变化的社会变更的现实,包括解释中国的社会效率与秩序问题。我们将首先从理论层面分析竞争替代、策略互补与系统的演变;再从市场角度分析竞争替代与策略互补对市场主体的影响;并进一步地用以直接分析交通秩序、可持续发展层面的环境秩序及中国的保险市场秩序。为此我们建立了相应的理论模型,特别借用新古典模型,刻画了代际之间的竞争替代关系及策略互补特征,从而衡量代际之间复杂的关联。这种模型可以分析秩序的演化及形成,特别可以看到,创造性破坏形成良好秩序的难度,在更长时间内,社会秩序有可能处于较为混乱的局面。在交通秩序层面,我们从时间序列和横截面等层面证实了这种较为混乱层面会在较长时间内存在,而要实现良性的秩序会面临很多客观的难度。环境保护和保险市场层面的案例分析也大体印证了创造性破坏的难度。

第 6 篇我们对创造性破坏的政策做了延伸研究,并用创造性破坏机制具体分析中国近几十年的经济增长,对这些年来的实践做个大致的评价,并对存在的问题做了简单的说明。对于中国经济的增长,本研究认为只能保持谨慎的乐观。中国必须早日建立以技术创新为根本动力的增长模式。这个过程将是艰难的,但又是必须完成。结论部分,对创造性破坏为特征的动态过程做了总结,并对本研究中存在的不足之处做出说明,同时对可能的进一步研究方向进行了探讨。

第 2 篇

创造性破坏与动态增长

第2章 创造性破坏及其动态变化过程
——产品种类扩大和质量提升的创新与经济增长

创造性破坏描述了动态竞争替代过程。本研究分别分析了消费者最优选择和厂商最优决策对创新活动的不同作用和影响,并区分了最终产品和中间产品上的创造性破坏效应——产品种类扩大与质量提升具有不同的增长机制。本研究借鉴数论结论探讨了最优产品的多样性问题。同样,探讨了厂商在扩大种类和提升质量之间的最优创新决策选择。认为最终产品(多样性)的创造性破坏具有间接的增长效应,而中间产品(质量提升)的创造性破坏直接具有增长效应。并用中国邮电行业及其相关产品的数据衡量了创造性破坏过程及其效应,结果证实了动态变化过程中存在着创造性破坏效应。银行业则从行业层面论述了创造性破坏与行业的发展。

1 引言:创造性破坏与动态经济增长

事实上,创造性破坏本身就是一个动态的概念。创造性破坏对创新活动本身存在着不同的影响,这在当前的研究中并没有得到相应的重视。其中,分别以产品多样性和产品质量提升为形式的两种创新之间的关系通常被忽略了,基于这两种创新形式的内生增长理论模型同时并存,但对两者之间的差异却很少有人研究。无论是在厂商创新决策还是在社会最优决策过程中,这两种类型的创新会对微观主体产生不同的影响,同时也会产生不同的宏观效应。比如代表性厂商做最优研发决策时,通常需要考虑的,是选择开发性的产品(开拓新的领域),还是进一步提升既有产品或者流程的质量。而在宏观决策层面,同样需要选择对哪种创新采取更恰当的激励。在创新过程中,这种替代选择确实是一个重要而真实的问题,但在当前的研究中却有所忽略,因而本章力图对这两种创新方向之间的共同之处和差异及其不同的效应进行研究。

为了进一步阐明创造性破坏及其效应,我们从创造性破坏本身出发,分别分析了源于消费需求角度的创造性破坏的根源,厂商和企业家在供给层面的动机及必要性,进而过渡到市场出清情形下的宏观影响。这种逻辑大体上符合当前宏观经济学的分析方式:从微观主体过渡到宏观行为,从消费和厂商行为过渡到市场出清时的整体经济状况。

在方法上,借鉴通常采用的新古典模型,力图从微观主体最优决策出发,探讨整体经济的动态变化过程;同时,由于创造性破坏蕴含着诸多含义,我们还通过先描述、再用特定的模型刻画的方法来论证我们的推断。在分析中,借鉴了数论、数据模拟和经验分析等方法。这些方法的综合应用在一定程度上较为全面地反映了创造性破坏所带来的动态特征。

经过研究,我们得到了一些有意思的结论。由于经济活动以消费为导向,为了说明创造性破坏的效应,本研究更一般性地分析了创造性破坏的动因,提出创造性破坏是由需求导向、生产实现的,并且分析了创造性破坏对消费决策的影响,由此得到产品的更替和消费者的需求变更有关的结论。以产品更替为形式的创造性破坏在消费上得到了直接体现。

我们还认为,创新和创造性破坏主要是由厂商和企业家在供给上实现的,因而对横向的产品多样性创新决策和纵向的专一(质量提升)创新决策之间的替代选择做了基本分析。为此本研究借鉴数论的方法,分析了多元扩张和进一步提升质量之间的替代效应及其最优选择。这种分析可以在很大程度上刻画厂商创新的选择方向,而这种选择在先前的研究中有所忽略。事实上,这种决策对厂商创新决策选择很重要,而且也有重要的宏观效应差别。

为了阐述厂商的两种创新决策方向及其影响,本研究区分了中间产品创新和最终产品创新之间的差异:认为中间产品创新将更直接地具有提升质量、带动经济增长的效应;最终产品更多的是体现了产品的多样性,这种创新形式对增长的拉动机制主要以边干边学为主。对企业的创新决策分析得出,创新和创造性破坏的过程同时包括了新产品或质量提高的过程与价格降低的过程。

我们的研究表明,不同技术(产品)存在着差异,它们之间的创造性破坏效应有所不同。在微观上,以新类型产品方式出现的创新,会增加产品种类,而对其他厂商和创新影响相对较少,它们更多的是间接的创造性破坏效应;而更高质量的产品出现,具有直接的创造性破坏效应。可以说,在宏观上,前者具有间接效应,而后者具有直接效应。

特别地,本研究选取了邮电行业的数据分析了动态变迁过程。从这些简单的分析可以看到技术和产品在质量和种类上的创造性破坏，以及由此带来的价格和增长效应。由于创造性破坏本身的复杂性，类似的经验证据很少，本研究的分析无疑会进一步增加对创造性破坏和系统的动态变化过程的理解。

但是，对创造性破坏本身的研究还存在着诸多空白，比如对创造性破坏在行业层面的影响的分析仍不确切①。本研究可以视为是对创造性破坏本身及其在行业层面影响的研究。同时，我们也力图对创造性破坏和创新选择进行一定的研究。

本章整体思路和安排如下：第二部分对创造性破坏的研究做简单回顾和评述，并对比既往研究与本研究的异同；第三部分作为一个描述和说明，对创造性破坏的动因和消费者的决策进行分析，重点考察产品多样性和产品质量提升两种替代选择问题，为此本研究借鉴了数论上的结论，刻画了两者之间的最优选择，这种替代作用对创新决策和创造性破坏具有引导作用；第四部分分析生产最终产品厂商的行为和创新决策，最终产品存在的创造性破坏效应使得这种创新活动更多的是具有福利提升效应和间接的增长效应，而没有直接的增长效应；而第五部分则是分析了中间产品厂商的创新决策，中间产品具有直接的增长效应；最后一部分是结论。第 3 章选取中国邮电行业的数据印证创造性破坏的过程及其效应。

2　文 献 述 评

对创新理论和创造性破坏的主要研究做一回顾，并进行简要评述，同时提出本研究可能的贡献。

2.1　熊彼特对创新和创造性破坏的论述

创新理论和创造性破坏思路都要追踪到熊彼特。熊彼特最早提出了创新理论（Schumpeter，1912 年德文版，1934 年英文版，1990 年中文版），认为"循环流转"并不会带来真正的增长（他用的是"发展"，实际所指是经济增长），只有创新，对生产进行新组合才会有增长机会。

在此基础上，熊彼特进一步提出了"创造性破坏"（Schumpeter，1942）思路。他对资本主义的发展过程进行定义："不断地从内部使这个经济结

---

① 类似于钟春平和徐长生（2005）在后续研究方向中提到的产品（技术）之间的加总问题。

构革命化,它不断地破坏旧结构,不断地创造新结构,这个创造性破坏的过程,就是资本主义的本质事实"。这种独特且对经济事实准确的概括在新增长理论中再度得到了应用。结合熊彼特早先对经济增长的理解,增长过程主要是通过引入新产品,也就是通过扩大产品的种类和创造出更高质量的产品来实现的,在新的产品种类和更高质量产品引入过程中存在着创造性破坏——新的产品会使得对原来产品的需求减少,更高质量的产品会使得当前产品质量层次下降和对原有产品的需求减少,也就是退化和破坏的过程,它对创新活动有着直接的影响。企业家追求的垄断利润和市场影响力会受到其他企业家或竞争对手行为的影响,并不是孤立存在的[①]。当前的垄断地位和垄断利润是建立在对先前垄断厂商的破坏和替代基础上的,同时也会受到潜在的、后来的企业家的 R&D 的威胁,所以企业的创新活动不会仅仅考虑自身,同样会考虑潜在对手,对手一旦创新成功,会破坏原有的垄断地位和垄断利润。

显然,创造性破坏揭示了更多更复杂和更真实的特征,就熊彼特自己看来,创新不足以完全说明经济发展的过程,因而进一步提出了"创造性破坏"的思路。本质上,创新和发展是动态的过程,更新和替代可能是熊彼特所认识的经济发展过程的实质。不像一般的假设,即拥有创新就持久获得垄断地位和垄断利益。相反,创新是动态更替的。但是,熊彼特的思想在很长的时间未被充分得以扩展,可能的一个原因是他对创新过程的描绘仍然超出了当前人们对创新的认识。事实上,即使到当前,对创新本身的研究仍然十分有限。[②]

2.2 技术创新模型的建立、技术创新增长理论和以创造性破坏为特征的增长模型

所幸,Dixit and Stigler(1977)在技术上为熊彼特创新理论和增长模型提供了分析基础。在这篇经典的文献中他们分析了垄断竞争条件下的经济行为,并侧重分析不同厂商的创新活动,也就是产品种类的扩大,即水平意义上的产品创新。Grossman and Helpman(1991)则在此基础上分析垂直意义上以产品质量提升为主要形式的创新活动和研发决策,考察厂商的最优研发决定,以及这些研发活动如何决定经济增长的速度。这两种模型构成了具有创造性破坏特征的内生增长模型的基础。这两类模型一方面借

---

① 一般的创新理论简单地认为垄断利润是长期的,一旦创新成功将持久保留垄断利润。
② 此观点在 *Science* 被多次提及,比如 Andrew Dearing, "Enabling Europe to Innovate", *Science* 19, January 2007, Vol. 315. no. 5810, pp.344—347。

鉴了微观经济学的垄断竞争模型,为创新提供了基本的分析框架;另一方面,两种模型分别刻画了创新的具体形式,并得到了越来越多的应用。但对于两种创新模式之间的关系一直没有恰当的说明,我们认为这两种创新模式存在差别,而且厂商也不断面临着两种创新模式之间的替代选择。

有关创造性破坏的宏观效应分析和对应的增长模型,具有广泛影响的是 Aghion and Howitt(1992)所建立的以创造性破坏为特征的增长模型,他们直接描述了技术和产品之间存在着创造性破坏效应的增长过程。最优研发行为和决策用一个前向的差分方程(forward-looking difference)描述[①],厂商在进行研发的时候会考虑潜在的竞争对手参与研发并获得成功后所可能的影响。在整个过程中垄断利润是暂时的,并且在位的垄断厂商不会参与研发。如果说,以创造性破坏为特征的熊彼特式的内生增长模型进一步沟通了微观和宏观之间的关系,充实了增长理论的市场结构,对于 R&D 决策的分析更贴近现实;那么,Aghion 和 Howitt 显然具有更宏远的目标,但他们也认识到他们的研究只能是一些初步的探讨,诸多问题并没有得到很好的解决。

就我们看来,以往的研究对创造性破坏做了过多简化的设定,比如创造性破坏的形式过分简单和单一,对整个过程缺乏详细的分析。最为显著的是,在包含内生技术进步的模型中,以产品种类扩大为创新形式的增长模型和以质量提升为创新形式的增长模型同时存在,但对两者之间的内在联系却很少有相应的说明。这种对创造性破坏过程的简单设定限制了对技术和经济系统的动态变迁过程的了解。

为了弥补这个缺陷,本研究力图揭开厂商如何进行最优决策,特别的,对创新和创造性破坏涵盖的两种基本形式——纵向的质量提升和横向的种类扩大——之间的关系及厂商如何在两者之间进行最优决策作一分析,并对创造性破坏的过程进行更细致的分析,分别从需求方面(消费)、供给方面(厂商决策)和市场出清角度综合分析创造性破坏的影响,最后应用一个现实的例子对创造性破坏的宏观效应做一说明。

2.3 创造性破坏的经验研究

通常在理论模型的发展过程中会寻找相关的经验证据,创造性破坏蕴含的替代效应在现实经济中可以找到很多例证,但要找到完整的经验证据

---

① 在这里可以很好地显现创新和创造性破坏的差别;在创造性破坏设定下,垄断厂商的贴现因子将有被"破坏"的概率,意味着厂商一般不会有持久的垄断利润,而存在着被替代的可能。

则较为困难,主要是因为创造性破坏难以妥当衡量,但过去二十多年中也有一些经验研究的文献。

Boyan Jovanovic 对创造性破坏做了一系列的研究,本研究与 Boyan Jovanovic 的研究具有一定的相似性。Jovanovic(1992)曾经对行业的变化做过分析,主要是经验分析,涉及的是部分行业的周期特征。Jovanovic and MacDonald(1994)又对竞争行业的生命周期进行了分析。进一步的,Jovanovic and Tse(2006)[①]探讨了创造性破坏在产业层面的特征,主要包括行业内的厂商数量在创造性破坏过程中会呈现下降趋势,整个行业出现重组或兼并等现象。他们力图解释价格下降和退出厂商数目增加之间的负向关联,整个过程也就是创造性破坏的过程,而主要的原因在于技术的不断更新,是技术创新所存在的替代效应导致了资本替代和行业层面不断的创造性破坏。Lentz and Mortensen(2008)获取了丹麦的微观数据,他们所做的经验分析更多的是采用企业的产值和劳动力数量的变更来衡量创造性破坏和资源再配置,并且对资源再配置过程做了有意思的分析。但相比而言,资源再配置只是在一定程度上从总量上衡量了创造性破坏,而直接的竞争替代未能得到体现。我们在本研究中则力图直接衡量技术的更替和创造性破坏对整个行业扩张的影响。

Broda and Weinstein(2010)认为,产品市场的更替程度比劳动力市场的进出更替程度更强,而这会使得价格指数产生偏差,包括样本误差和新产品的质量误差。我们的研究则对产品的直接替代做了研究,对质量提升和完全替代进行了基本的经验分析,可以更好地反映产品的最强的竞争替代过程,比如某些产品直接被替代而退出市场。

2.4 文献总结

熊彼特的创新理论和创造性破坏思路引发了众多后续研究,对创新和创造性破坏过程的不断揭示深化了对技术创新的理解,同时,模型的不断发展,更能反映创新的特征。而熊彼特创造性破坏思路更符合经济增长动态过程的实际特征,它描述了技术的动态变更及对不同群体的影响。同时它具有更恰当的微观基础,强调了创新过程事实上是一种动态竞争替代过程,正是这微小但简单的变化,使得动态特征更为丰富而复杂。由于这种动态更替效应,创造性破坏的影响更难以权衡,目前的研究对创造性破坏做了多角度的研究,并取得了相应的进展。

---

① 该文在2008年的AEA年会上进行了修改和更新。

但同时由于创造性破坏过程和创新本身的难度,对创造性破坏本身及其影响存在着诸多尚待进一步研究之处,比如新产品(技术)之间的汇总问题,不同类型产品之间的创造性破坏程度差异等,对微观市场和行业层面的影响也有待进一步研究。我们在本研究中试图探讨创造性破坏的形式及其影响。这种差异及其以两种不同形式的创造性破坏的模型同时存在,但对两种形式(多样性和质量提升)的创新之间的内在联系较少。而事实上,对于消费者和厂商而言,两者之间的折中和替代选择时常存在,有必要探讨一下两种创新方向之间的最优选择。同时,在宏观上探讨两种形式创新所具有的效应。

3 产品种类扩大为形式的多样性和质量提升之间的替代选择:一个简单的说明

我们对两种创新方式作一简单阐释和说明,分析表明,消费者存在多样性与质量提升之间的替代选择,同样,在一定时刻,厂商会倾向于种类扩大的多样性创新,此后创新主要朝着提高产品的质量方向,随着难度越来越大,重新转向种类扩大形式的创新。整个创新过程是螺旋式提升过程。

3.1 多样性、质量提升及其创造性破坏效应:以消费为例

首先从需求角度分析创造性破坏过程。消费者具有不满足特性:第一,在预算约束条件下,追求更具效用成本比的消费选择,更低价格而质量不变的产品能给消费者带来更高的效用;第二,新产品往往会得到更多青睐,特别是质量较高的新产品;第三,从动态上来看,个体总会试图更大程度上缓解面临的预算约束,不断努力提高自身的收入水平。部分群体会成为企业家,进行有风险的创新活动,这也是在供给方面——厂商进行创新的一个重要条件。为了更好地迎合消费需求,形成新产品或更高质量的产品、用更好的组织形式或原料以减少成本、以新市场形式出现的新产品(实际上开发一个新的市场在很大程度上可以归结于产品的推广),这些都是企业家的创新活动。在创新的过程中,不同的产品和个体所获得的动态收益会不断更替,获取创新利润的主体也在不断更替,这个过程蕴含着创造性破坏效应。

我们来分析消费行为。一般的增长模型对消费作了很简化的设定,而实际上对产品种类与质量的区分具有重要含义:消费者是追求多样性和追求更高质量的产品的。经济增长一方面在于降低成本,另一方面更重要的

是提供更多和更高质量的消费品,消费者可以拥有更多的选择。

假定产品质量的更新强度(创造性破坏程度)为 γ,个体消费者对于产品的偏好随着产品质量的提高而增加。设定消费者效用为:

$$U(x_i, m) = \sum_{i=1}^{m} \ln X_i^{\frac{\gamma^i}{\sum_{i=1}^{m} \gamma^i}} = \sum_{i=1}^{m} \left(\ln X_i \times \frac{\gamma^i}{\sum_{i=1}^{m} \gamma^i} \right) \quad (2.1)$$

其中,m 表示在选择时期所包含的最高质量的数目,并假定其是离散和可计数的;$i = 0,1,2,3,\cdots$;$\gamma \geq 1$,表示质量不减。X_i 表示第 i 种产品的消费数量。因而,对各种产品和不同质量的产品都具有一定的消费和效用,但重要性有所不同。消费者的预算约束为:

$$\sum_{i=1}^{m} X_i P_i = I(m) \quad (2.2)$$

其中,P_i 表示第 i 种产品或质量的价格,$I(m)$ 则表示在经济中只具有 m 种产品(质量)时消费者的消费总额或收入。由消费者的静态最优选择可以得到对于第 i 种产品的需求函数为:

$$\frac{X_i P_i}{\gamma^i} = \frac{X_j P_j}{\gamma^j} = \frac{\sum_{j=1}^{m} P_j X_j}{\sum_{j=1}^{m} \gamma^i} = \frac{I(m)}{\frac{\gamma^{m+1} - 1}{\gamma - 1} - 1} \quad (2.3)$$

从(2.3)式可得如下命题:

命题 1:对于一种产品的消费比重取决于该产品的产品质量系数(层次)i 和创造性破坏程度 γ。当 γ 大于 1 时,随着产品系数的增加消费者对该产品的消费增加,增加的幅度等于产品层次的绝对差距。

结论:对第 i 种产品的消费和对第 j 种产品的消费分别可以用总消费支出表示,相对消费额度为:

$$\frac{X_i P_i}{X_j P_j} = \frac{\gamma^i}{\gamma^j} = \gamma^{i-j} \quad (2.4)$$

命题 2:新产品出现会减少既有产品的市场份额,也就是创造性的产品会破坏原先的产品的市场。减少的幅度取决于创造性破坏的程度 γ。这个过程就是创造性破坏的过程,而消费者获得了更高的效用。

证明:在原来 m 种产品时对于任一代产品 i,它的市场总的需求为:

$$X_i P_i = \sum_{j=1}^{m} P_j X_j \frac{\lambda^i}{\sum_{j=1}^{m} \lambda^i} = I(m) \frac{\lambda^i}{\frac{\lambda^{m+1} - 1}{\lambda - 1} - 1} \quad (2.5)$$

第 m 代产品消费为:

$$X_m P_m = \sum_{j=1}^{m} P_j X_j \frac{\lambda^m}{\sum_{j=1}^{m} \lambda^i} = I(m) \frac{\lambda^m}{\frac{\lambda^{m+1}-1}{\lambda-1}-1} \quad (2.6)$$

而在新出来一代产品之后,第 i 代产品的需求为:

$$X_i P_i = \sum_{j=1}^{m+1} P_j X_j \frac{\lambda^i}{\sum_{j=1}^{m+1} \lambda^i} = I(m+1) \frac{\lambda^i}{\frac{\lambda^{m+2}-1}{\lambda-1}-1} \quad (2.7)$$

最新的产品 $m+1$ 的市场需求为:

$$X_{m+1} P_{m+1} = \sum_{j=1}^{m+1} P_j X_j \frac{\lambda^{m+1}}{\sum_{j=1}^{m+1} \lambda^i} = I(m+1) \frac{\lambda^{m+1}}{\frac{\lambda^{m+2}-1}{\lambda-1}-1} \quad (2.8)$$

对于 $I(m)$ 和 $I(m+1)$,未必是一致的,这就表明不能过于主观地判定某种产品的绝对需求大小,但只是考虑市场份额,也就是左端的第二项,由于从 $m+1$ 变到 $m+2$,同时 $\lambda>1$,这样市场份额 $X_i P_i/I(m)$ 随着 m 的扩大而减少,减少的部分主要出现在新出现的产品的消费中。证毕。

当 $\gamma=1$ 时,产品不再是质量提高类型,而是产品种类提高的技术进步,此时任何一种产品都具有相同的市场份额,但新产品的出现也直接减少了原来每一种产品的市场份额。当 $\gamma>1$ 时,产品的更替加快,对于更高质量产品的需求相对而言较高。此时,对于某种产品的消费数量未必会减少,原因在于消费的支出有可能会增加,对于支出增加的幅度是否会被产品质量提升减少而抵消则比较含糊,但该产品的需求份额将会降低。

这可以部分解释实际经济中的诸多变化:产品替代。工业革命主要用工业品替代了农产品,由于农产品受到需求约束和本身并没有太多的产品更替,所以重要性降低;而现代技术革命使得很多曾经占主导的物品被替代,这种替代过程包含着技术的进步和效率的提高,是对原先产品的破坏,新的产品具有创造性的突破。

3.2 对产品多样性和质量提升之间的替代选择的说明

一般而言,个体消费者倾向于消费更多种类的产品,但同时需要数量保证,这取决于对效用函数的设定①。在这里我们用一个例子来说明消费者对数量(X_i)和种类(n)的选择。

假设目标函数(消费者的效用函数或者厂商的生产函数)的形式是连

---

① 事实上也没有很充足的理由认为某一种效用函数具有绝对的说服力,研究中更多地采取逼近方式,采取较为通用的函数形式。

乘的：$U(n,I) = \prod_{i=1}^{n} X_i$，即等于产品数量的乘积。假定价格相同，最终支出等于各种消费品的乘积 $\sum_{i=1}^{n} X_i = I$。同样假设每一种产品的数量都不小于0，那么消费者最优选择将不仅仅选择消费数量(X_i)，同时应该选择消费的种类(n)。可以用整数规划来解决该问题。比如对某一个整数的分割而获得最大的乘积，一个直接的结论是不能分得太小，以至于每个数值所起的作用很小，同样单个数值太大也不能使得整个乘积最大。极端的是只做单个划分，那么乘积将是I，另外一个极端是对数值进行过于充分的划分，使得每个数值恰好等于每个数值的下限1，这时乘积为1。显然，这些极端值通常不会是最优的。我们借鉴数论的结论：

引理1：最优的整数分割为，尽可能使得分割后的单个数值趋近于3。当整个和(在这里可以认为是I)刚好能被3整除，最优的分割就是每个分割值为3，分割的数量为$I/3$；如果余数为1，那么分割数量恰好是Int($I/3$)，也就是所除而得的整数，除了一个分割值为3加上这个余数外，其余的均为3；当余数为2时，分割数目为n = Int($I/3$) + 1，其中$n-1$个分割数为3，而剩余为2。

证明：用数学归纳法可以得到结论。

从这个简单的例子可以得到一些启发性的结论：第一，一般而言，随着产品种类的增加，效用会增加；第二，在收入一定的情况下，增加到一定最优数目后，再增加数目的价值和贡献降低；第三，收入增加是关键，在这个例子中，收入增加具有直接效应。假设原来产品数目还没有达到最优数量，此时原有的单个产品的消费数量也大于最优消费数量，此时增加一种选择余地就多了一种划分，总值会增加，同时使得原先产品的单个值下降，方向是趋近于3①。

3.3 对多样性和质量提升的一般性说明

我们可以类似地从生产函数(目标函数)角度阐述多样性和质量提升的问题，当然同样也可以从消费决策中得到一致的结论。设定目标函数为②：

---

① 当然3不是绝对的，对于效用而言，未必可以直接衡量，而且与衡量的单位也有关，但是思路是一致的，逼近于对每个产品的消耗均等。

② 当然也没有很充足的理由认为某一种效用函数具有绝对的说服力，生产函数常用的是C-D函数，而消费效应则通常采取对数形式。

$$V(n,p,M) = \pi(n_i,q_i,M) = \prod_{n_i,q_i} n_i^{q_i} \qquad (2.9)$$

其中,$n_i,q_i>0$,分别表示产品种类 i 的数量和质量层次,约束条件为 $\sum n_i\varphi(q_i)=M$。N 为总数额,大于 0。在这里设定各种类型的产品都能起相应的作用,而质量层次提升会有级数效应,但质量层次提升会带来成本增加,即 $\varphi'(q_i)>0$。

可以得到一般性最优条件:

$$\frac{q_i}{\ln n_i} = \frac{\varphi(q_i)}{\varphi'(q_i)} \qquad (2.10)$$

(2.10)式表明,存在着产品种类和质量层次的替代选择。和一般的论述将产品种类设定为给定的不同,我们的论述表明了种类和质量之间存在着替代选择。在一种产品质量层次较低时,存在着质量改进的可能,q_i 较低,$\varphi'(q_i)$ 较高,此时,最优的选择是提高产品的质量。而一旦产品质量层次越来越高时,$\varphi'(q_i)$ 越来越小,此时增加产品种类将是更优选择。

4 多样性与最终产品的创造性破坏

4.1 创造性破坏的过程与厂商决策

创新是以消费为导向的,而最终实现则取决于厂商。正是厂商在技术上实现突破才能带来技术进步。"消费导向,厂商实现",可以描述技术进步的形成过程①。由于消费者对新的或更好的产品有着更多追求和偏好,一旦真正实现,厂商便具有垄断地位。在初始阶段,企业能够实施单独定价策略。新产品或更高质量的产品在初始阶段,主要消费群体为具有更高支付能力和支付欲望的个体。这和生产相关联:一种新产品,在创新初始阶段,企业家对市场存在着学习过程,而且生产能力有限,所以生产成本较高,定价会较高。

---

① 对于技术,目前的研究并不算很深入,类似于生产领域,往往被视为一个"黑箱",技术比生产更具有"黑箱"特征。可能的原因在于技术的产生和形成并没有广泛和一致的特征,部分技术进步是有意识的和有目的的研发活动所形成的,而部分则是无意识的或无目的的活动中的副产品。具有很强的不确定性和偶然性。对于无意识的附加品而形成的技术进步可以在边干边学的内生增长模型中得到体现,这类模型可以在一定程度上解释技术进步的一个体现和形成途径。个体在技术的形成过程中起着不同作用,在应用过程中同样地包含了学习过程,而学习过程中也客观上促进了技术的提高,最终体现为单位产出增加,或作为对应的——单位成本下降。在模型的分析中可以看到正是由于这种附加的技术(A)使得模型具有规模递增收益,而导致内生的持续增长。但技术创新从本质上说,主要还是在人有意识的推动下实现的。

但是,高定价策略无法长久持续,原因在于创新不断涌现,总存在着潜在的竞争对手和进入者,一旦研发成功,更新的产品或质量会取而代之——即创造性破坏。对在位的垄断厂商和企业家而言,这是生存压力。他们的第一种策略是,阻止其他竞争对手进入,但除了少数技术外,新的技术实现并不会因为原有的技术被保密而受到过多的阻碍。

第二个策略是新的技术研发和创新活动,以此巩固垄断优势,而这主要取决于技术难度和成本优势。如果这种创新活动具有成本优势,企业家会继续创新;如果技术难度越来越大,那么继续创新则可进一步巩固厂商和产品的垄断地位,部分地排除其他潜在的进入者。但并不是所有的厂商和行业都具有这样的特征,所以绝大部分在位的垄断厂商难以保持垄断优势。

更多的在位垄断厂商会做出第三种策略和选择:降低成本。降低成本是必要的,特别是单位成本。现实中成本降低主要是通过产品数量扩张实现的,领头的垄断厂商主要通过不断地推广产品或技术扩散获得。市场能够不断扩大,原因在于:一方面是越来越多的消费者认识和接受了这种产品;另一方面,更主要的是,在位的垄断厂商的产品价格在降低,越来越多的消费者具有了支付能力。

社会的进步和技术的提高可以表现为新的产品或更高品质的产品实现,和单位成本降低为表现形式的生产效率,提高。

结论:创新和创造性破坏的过程同时包括了更多新产品产生或质量提高的过程以及价格降低的过程[①]。

4.2 产品的多样性与创造性破坏效应

我们分析在不断有新类型的产品出现的(用于消费,即产品多样性)创新过程中,消费者效用、厂商决策和最终的产出增长,从中分析以产品多样性为主要形式的创新过程所蕴含的创造性破坏效应。

整个创新投入、推广和应用的过程都是动态过程,为了简单和便于分析起见,我们需要做一些简化设定。此处的分析以 Acemoglu(2008)为基础[②],侧重分析最终产品的创新过程所蕴含的创造性破坏效应。消费者的效用为:

$U = \int_{t=0}^{\infty} u(C_t) e^{-\rho t} dt$,其中简化 $u(C_t) = \ln(C_t) = \ln(\int_0^{N_t} c_{it}^{(\varepsilon-1)/\varepsilon})^{\varepsilon/(\varepsilon-1)}$,值得

[①] 这个结论也出现在 Acemoglu(2008)新书 *Introduction to Modern Economic Growth* 中,但他区分的是过程创新和产品创新,和我们的研究有所不同。由于没有严格通过数学表达方式证明,我们采用这种结论的形式作为对前面论述的总结。

[②] 参见 Acemoglu(2008),*Introduction to Modern Economic Growth*,p.493。

注意的是 ε 将有重要影响,我们将在下面展开论述。消费函数表明,不同类型的产品 c_{it} 具有替代作用,N_t 为产品的种类。不同于 Acemoglu(2008)的是,我们分析的重点是,新增加产品将会对原先产品产生何种影响,是否会产生破坏性的"替代"作用。

在生产方面,我们设定劳动(L 代表整个社会的劳动量)为唯一投入(排除资本),工资为 w。生产函数简化为:$y_{it} = l_{it}$,并且所有产品只是为了消费,并且不可保存,也就意味着 $y_{it} = c_{it}$。

在新产品创新方面,设定新产品创新的强度为:

$$\dot{N} = \eta N l_R \tag{2.11}$$

其中 l_R 为在新产品的劳动力投入。分别得到劳动力市场出清条件和每个产品(都设定为垄断产品)的价格:

$$\int_0^{Nt} l_i d_i + l_R = L; \quad p_i = w\varepsilon/(\varepsilon - 1) \tag{2.12}$$

进一步设定自由进出(free entry)条件,分别得到垄断厂商的价值函数和新创新厂商的价值函数(此时设定厂商永久性地具有垄断优势)。可以得到消费者欧拉方程中的利率,并得到平衡路径中消费的增长速度 g_Y 和 g_C:$g_Y = g_C = \dfrac{\eta L - (\varepsilon - 1)\rho}{\varepsilon(\varepsilon - 1)}$。

而新产品创新的速度 g_N 为:

$$g_N = \dot{N}/N = \eta l_R = \frac{\eta L - (\varepsilon - 1)\rho}{\varepsilon} \tag{2.13}$$

注意新产品创新的速度与消费者的效用和产出增长速度不一致。不同于 Acemoglu(2009a)的是,我们测算新产品的创新对每个产品的份额 h 的影响。设定每个产品的份额是一致的,因而:

$$h = \frac{C_t/N_t}{C_{t-1}/N_{t-1}} = \frac{Y_t/N_t}{Y_{t-1}/N_{t-1}} = (1 + g_Y)/(1 + g_N) \tag{2.14}$$

对比 g_Y 和 g_N,可以发现每一种产品的市场额度是增加($h > 1$),还是减少($h < 1$),主要的决定因子是($\varepsilon - 1$)的大小。通常情况下,ε 会大于 1,因而($\varepsilon - 1$)会大于 0。ε 是否大于 2 成为决定 h 是否大于 0 的主要影响因子。

虽然从效用函数看,ε 可能为非零的任何值,但在价格决定中可以看到,事实上 ε 与该产品的垄断程度有关。ε 如果介于 1 和 2 之间,那么意味着厂商的定价要远高于成本,在 ε 为 2 的时候,厂商定价为成本的 2 倍。通常情况下,应该可以认为,随着市场竞争,厂商的垄断能力会越来越小,这意味着厂商的定价能力也会越来越小,因而,更多时候,我们认为厂商定价会越来越趋向成本,即 ε 会不断增大。那么这也就意味着 g 将会是小于

1的,每种产品的份额都会下降。其实很好理解,整个社会产出和人口数量挂钩,而人数未变,因为产出未变,但种类增加,因而破坏了原先的份额。份额下降则说明,随着新产品的增加,每种产品的市场份额会减少,这就是创造性破坏效应。

4.3 最终产品创新的增长机制:研发成功后厂商的"边干边学"和降价行为

最终产品的增加会有破坏效应,而创造性效应不甚明显,为了分析增长机制,这部分我们引入压力和"溢出"效应,借用"边干边学"模型,分析创新对既有厂商行为的影响。

除非有成本优势和技术变动等原因,厂商的最优决策不再是继续创新,而主要是降低成本。成本的降低可以从两方面来衡量:其一,单位投入(物资和人力)能有更高的产出;其二,随着投入增加,产出增加,而且增加幅度相对于投入增加幅度更大。厂商的生产过程往往同时包括了这两个方面。

一般可设技术是变化的,具体说,此时技术变化不是有目的的活动所致,而是类似"边干边学"增长模型中设定的增长过程:在创新产品刚投入生产时规模一般比较小,所以操作过程不熟练,成本居高不下;而随着规模扩张,生产效率有所提高。可设定效率(A)提高效应对资本(K)和劳动力(L)或产品数量的依赖关系而获得内生的增长过程。为了简单起见,只认为技术有所提高。由技术提高带来的成本下降使得厂商可以获得更多的销售额和垄断利润;不过降低成本的努力主要还是应付"后来居上"的厂商对当前的垄断势力的破坏,使得失去绝对垄断优势的厂商还可以有一定的定价能力和获利空间。

作一些假定才能更清晰地分离总投入增加导致的产品增加与成本下降的过程。这种过程阐释了边干边学的机制和内在的压力机制:对逐渐丧失垄断地位的厂商而言,降低成本,从而提高效率是必要的,同时也是可能的。此时侧重点不在于前向的创新,而在于降低成本。下面分析这种由"创造性破坏"而衍生出来的"边干边学"方式对增长的影响。

一般地设定具有代表性的消费函数为 $u(c_t) = \dfrac{c_t^{\theta-1}-1}{\theta-1}$,$c$ 为消费,θ 为相对风险偏好系数。消费者的目标是最大化其一生的效用:

$$U = \int_{t=0}^{\infty} u(c_t) e^{-(\rho-n)t} dt \qquad (2.15)$$

其中 ρ 为时间偏好系数，n 为人口的增长速度，都设定为常数。

对"边干边学"机制对经济增长的影响可做如下解释：设定存在一个代表性的厂商，他们受到新的创新厂商（或潜在的竞争对手）的压力而不断努力降低成本，并主要以产品数量扩张为主要形式，在扩张中获得"边干边学"的效应。

设定生产函数形式为：$Y = AK^{\alpha}L^{1-\alpha}$，其中 α 为资本份额。主要的变化在于技术变量 A。一般设定"边干边学"随着资本的增加而累积增长，在此做一点不同的设定——技术的"边干边学"主要与经济系统中所有产品的数量和创造性破坏程度有关：

$$A = BY^{\phi(\gamma)} \tag{2.16}$$

(2.16)式表明，技术进步与更替层次（创造性破坏程度 γ）有关，通常替代效应越大，压力越大，越有降低成本的努力。考虑对总体增长的影响，求得增长速度①：

$$g_y = g_L \phi/(1-\phi) + g_k \alpha/(1-\phi)$$

$$= \frac{\phi(\gamma)}{1-\alpha-\phi(\gamma)}(1-\alpha)n \tag{2.17}$$

$$g_Y = g_L + g_y = \frac{1-\alpha-\phi(\gamma)\alpha}{1-\alpha-\phi(\gamma)}n \tag{2.18}$$

增长速度取决于人口的增长速度，生产函数中资本的份额，以及"边干边学"的幅度。可直接从资本的报酬导出人均资本的增长率，由于资本的份额通常介于 0 到 1 之间，所以可得到增长速度与各变量之间的关系，即如下命题：

命题3：在最终产品的创造性破坏模型中，增长速度随着人口的增长速度、"边干边学"的幅度、资本份额和创造性破坏的程度的增加而增加。创造性破坏程度（γ）是通过"边干边学"中的压力机制 $\phi(\gamma)$ 间接影响增长速度。

值得注意的是，增长速度与创造性破坏的程度和资本份额有关，如果是 AK 函数形式，则与创造性破坏的程度无关。一定程度上说，最终产品的多样化的创造性破坏可以认为具有间接的增长效应。在一般的"边干边学"模型中只是考虑自然而然的知识外溢等效应，其实，更恰当地说，这种效应应该与压力机制有关。创造性破坏所具有的破坏效应使得厂商只能不断地努力改善既有的生产流程，不断降低成本。如果社会中研发投入保

---

① 注意到 $\alpha + \phi < 1$ 是保证存在定点状态的条件；否则不存在定点状态，在这个时候消费呈现级数增长，和实际有所不符，所以一般不考虑这种特殊情形。

持为 Z 不变,那么随着产出的增加,研发投入与产出的比率将下降,也即成本下降,从而能支撑价格下降过程。

4.4 最终产品的创造性破坏及增长效应的说明

对于最终产品创新,在前文的设定下不会产生直接的增长效应(直接效应)。新产品是基于消费者的多样性和追求"新鲜"的偏好而产生的。新产品的成功实现是建立在对既有的产品的破坏和替代基础上的,改变的是市场的份额和结构,而没有直接导致总量上的产出增长。新产品的生产厂商因此而获得了新的垄断利润,也同时获取了新的市场份额。新产品的产生对所有的消费者而言,在购买力不变的条件下,消费者效用相对于原来有所提高。

最终产品的创新没有直接的增长效应不等于这种创新不重要:它的产生具有一些间接的增长效应。由于新产品的出现会改变原有的市场结构,削弱原有产品的市场影响力(垄断能力)和市场份额,这将促使被部分退化的厂商为了改变其不利的地位,努力降低成本。成本降低和效率提高实际上是同一个过程,成本的降低意味着单位的投入具有更高的产出。同样,产品创新和对既有的产品进行成本降低的努力都是为了厂商的垄断利润,只是方向和过程不同而已。一旦创新成功,就有了新的垄断利润;而获得垄断利润的同时,由于受到潜在对手的影响,厂商只能逐步开始扩张生产规模与降低成本,才能巩固和保持既有的一些利润。没有直接增长效应的最终产品创造性破坏却提供了进行创新、降低成本及提高效率的机制,具有间接的增长效应。

我们建立了通用的"边干边学"模型和创造性破坏所存在的压力机制之间的关联,这能够更恰当地分析创造性破坏的效应。

5 中间产品的质量提升、创造性破坏与经济增长

5.1 质量提高模型的说明

厂商的研发决策是经济增长的关键。考虑中间产品的研发过程,主要切入点和关键是中间产品研发的最优决策,重点考虑厂商的最优研发努力。与最终产品创新不同的是,厂商研发决策被设定为对中间产品进行研发。中间产品质量的提升能够直接提高产出,从而具有直接增长效应,同时,质量更替所具有的替代效应更为显著。

类似一般的熊彼特增长模型,考虑中间产品创新的模型和结构:将产品分为最终消费品和中间产品,最终消费来源于最终产品;特别设定存在众多的中间产品,它们被用来生产最终产品。在市场结构上,最终产品是完全竞争的,但中间产品的市场结构是垄断竞争。中间产品为研发所得的创新产品,并且是垄断产品,一旦研发成功,就变成完全竞争的产品,可以申请专利,也可以直接用于生产。

中间产品创新以产品质量提升为主要形式,这种设定为经济的持续增长提供了一种途径。为了更好和更简单地分析消费者行为,考虑消费者只消费一种产品,也即只有一种最终产品生产。在有中间产品质量提升的增长模型中,产品质量随着研发的成功和技术的进步而提高,可直接提高最终产品的产出效率,这就将技术进步用一种简单和直观的形式表示出来,因而技术研发可以视为增长的动力和关键。研发所得的中间产品一般设定为可买卖或自行生产,在市场结构上设定为完全竞争,即自由进出条件,从而保证了在长期中不会存在超额的净垄断利润。

由于存在创造性破坏效应,新的中间产品由于有更高的产品质量,会使原有的中间产品完全或部分地被退化,而新的中间产品同样将被下一层次质量的中间产品所替代。厂商的研发决策会考虑到这种"创造性破坏"效应,他们会考虑研发成功后所可能获得的利润大小,该利润主要与该创新产品持续保持最高产品质量的时间长度有关,也就是要考虑被下一层次质量产品替代的可能性。从事中间产品创新的厂商存在着最优研发决策,至少保证能获得足够长时间的垄断利润以弥补研发投入。研发决策直接影响到最终产品的产出和整体经济增长,而最终产品的增长速度的决定正是模型所要考虑的。

5.2 消费者最优选择、最终产品生产和中间产品的需求变动

考虑无限期限的增长模型,即时间是无限的。效用函数的形式设定如前文,为 $U = \int_{t=0}^{\infty} u(C_t) e^{-\rho t} dt$。一般性地可以得到消费的最优决策的动态方程(Euler 方程):

$$\dot{c}/c = (r - \rho)/\theta \tag{2.19}$$

其中,r、ρ 和 θ 分别表示为收益率、时间偏好和风险偏好系数。最终产品厂商的生产函数形式一般设定为:

$$Y = AL^{1-\alpha} \sum_{i=1}^{N} (d_i X_i)^{\alpha} \tag{2.20}$$

其中，d_i 表示中间产品 X_i 的质量层次，每一种产品的层次 d_i 可以表示为 $d_i = \gamma^i$，其中 γ 大于1。随着产品层次的提高，最终产品 Y 的生产效率将提高。N 表示产品的最高层次，它随时间逐渐提高。

主要分析最高质量层次中间产品的需求和价格决定。从最终产品可得到最高层次产品 N 的边际收入（MR）：

$$MR = \partial Y / \partial X_N = AL^{1-\alpha} d_N^{\alpha} \alpha X_N^{\alpha-1} = P_N \quad (2.21)$$

其中 P_N 为质量层次 N 的价格。可得到产品的需求函数：

$$X_N = \left(\frac{P_N}{AL^{1-\alpha} d_N^{\alpha} \alpha} \right)^{1/(\alpha-1)} \quad (2.22)$$

而最高层次的中间产品 N 具有垄断地位，所以厂商能够通过选择价格而最大化其利润：

$$\underset{P_N}{\text{Max}} \ \pi_N = (P_N - C_N) X_N$$
$$= (P_N - C_N) \left(\frac{P_N}{AL^{1-\alpha} d_N^{\alpha} \alpha} \right)^{1/(\alpha-1)} \quad (2.23)$$

其中 C_N 表示层次为 N 的中间产品的单位成本。由 $\partial \pi_N / \partial P_N = 0$ 的一阶条件可得：

$$P_N = C_N / \alpha \quad (2.24)$$

成本是既定的，一般不能为厂商直接改变，所以将成本视为是不变的（即在单位时间内不能马上改变，这有别于上一节的假定）。可以得到对第 N 层次的中间产品需求的表达式：$X_N = \left(\dfrac{C_N}{AL^{1-\alpha} d_N^{\alpha} \alpha^2} \right)^{1/(\alpha-1)}$。同样最终利润为：

$$\pi_N = \frac{1-\alpha}{\alpha} \alpha^{1/(1-\alpha)} C_N^{-\alpha/(1-\alpha)} (AL^{1-\alpha} \gamma^{\alpha N} \alpha)^{1/(1-\alpha)} \quad (2.25)$$

由于 $\alpha \in (0,1)$，可以直接得到以下结论：

命题4： 新创新所得的中间产品利润随着产品层次（d_i，γ 和 γ^N）的提高而增加，而和成本（C_N）呈现递减关系。即

$$\partial \pi / \partial d > 0, \quad \partial \pi / \partial \gamma > 0, \quad \partial \pi / \partial N > 0, \quad \partial \pi / \partial C_N < 0$$

无法得出利润与 α 之间的关联，对于成本而言可以从直观上判断，成本越低厂商定价的空间越大，从而可以获得更高的利润。

问题的关键在于被退化或部分退化的中间产品的定价能力和利润水平的设定。Grossman and Helpman（1991）认为最高层次的厂商在一定条件下可以设定价格，从而使得下一个层次的中间产品的厂商不存在利润。同样 Barro and Sala-I-Martin（1995）设定存在着价格策略使得下一层次厂商

没有利润。

我们先做一般性的分析。在生产函数中,各种质量的产品事实上都可以投入生产,并且都有一定的定价能力。设定第 i 种产品质量生产成本为 C_i,同样可以得到该产品的需求函数为: $X_i = \left(\dfrac{C_i}{AL^{1-\alpha}d_i^\alpha \alpha^2}\right)^{1/(\alpha-1)}$,同样假设该种产品也有定价能力,因而类似得到其价格 $P_i = C_i/\alpha$。可以得到第 i 种产品和最高质量层次产品的数量和产值比:

$$X_N/X_i = \left(\frac{d_N}{d_i}\right)\left(\frac{C_i}{C_N}\right)^{\frac{1}{1-\alpha}} = \gamma^{\frac{\alpha}{1-\alpha}(N-i)}\left(\frac{C_i}{C_N}\right)^{\frac{1}{1-\alpha}} \equiv \gamma' \quad (2.26)$$

$$\frac{P_N X_N}{P_i X_i} = \left(\frac{d_N}{d_i}\frac{C_i}{C_N}\right)^{\frac{\alpha}{1-\alpha}} = \left(\gamma^{N-i}\frac{C_i}{C_N}\right)^{\frac{\alpha}{1-\alpha}} \equiv \gamma'' \quad (2.27)$$

可以看到更高质量的产品通常会降低原先产品的市场份额,也就是创造性破坏效应,特别地,可以进一步刻画创造性破坏程度——不含价格变量的实际创造性破坏程度(γ')和包含价格变量的实际创造性破坏程度(γ'')。可以看到,总量的增加并不仅仅是最高质量产品的生产,而是增加值,需要减去被破坏的部分。总产值的增加部分取决于创新的程度,即技术的创造性破坏程度(γ),也与生产成本有关。如果设定价格是会变化的,则进一步建立了多样性创新中价格下降过程的联系。为了简单起见,大部分模型会对成本做一些简化设定,比如生产成本是一致的。①

通常情况下,最高质量层次的产品会直接降低原先质量层次产品的市场空间和利润,只有最高质量层次的产品才会得到应用,因而设定限制价格为 $P_N = C_N \gamma$,从而进一步得到对该中间产品的需求为 $X_N = \left(\dfrac{\gamma C_N}{AL^{1-\alpha}d_N^\alpha \alpha}\right)^{1/(\alpha-1)}$,此时其他质量层次的中间产品都没有任何市场空间,被完全破坏了。

可得到最终产品的生产函数:

$$Y = AL^{1-\alpha}\sum_{i=1}^{N}(d_i X_i)^\alpha = AL^{1-\alpha}\left[\gamma^N\left(\frac{\gamma C_N}{AL^{1-\alpha}d_N^\alpha \alpha}\right)^{1/(\alpha-1)}\right]^\alpha$$

$$= A^{1/(1-\alpha)}L\gamma^{(N-1)\alpha/(1-\alpha)}\alpha^{\alpha/(1-\alpha)}C_N^{\alpha/(1-\alpha)} \quad (2.28)$$

由于 A 和成本一般不变,最终产出的增长速度取决于人口和产品层次

---

① 在成本简化设定下,通常得到质量层次越高价格越高的结论。这种结论与事实并不一定完全相符,随着产量的不断增加和新研发厂商的进入,所造成的创造性破坏效应会使得实际价格不断下降,如同前文分析所示。

的提高速度。而关键是产品层次的提高速度。设定厂商的质量层次系数：

$$G = \gamma^{(N-1)\alpha/(1-\alpha)} \tag{2.29}$$

人均收入 y 直接决定于 G 的增长速度。

$$g_{Y/L} = g_G = \frac{\alpha}{1-\alpha}\ln\gamma \times \dot{N} \tag{2.30}$$

5.3 厂商创新决策和均衡增长路径①

厂商创新决策取决于创新所得的中间产品所能够获得的利润，利润是动态的：不仅取决于创新所得的即时利润，同样与维持的时间长度有关。而能够维持垄断地位的时间长度，直接和后续的研发努力程度相关。后续的研发越多，获得更新的中间产品的可能性越大，既有的中间产品所能维持的时间越短，净利润越少，进一步会降低研发的投入和努力，成功的概率下降。而一旦研发的努力下降过多，后续创新成功的概率减少使得既有的中间产品保持垄断地位和垄断利润的区间增长和概率提高，这又会使得为获得新的中间产品的努力提高。

获得成功的概率和持续的时间有赖于对中间产品生产和创新的设定。通常设定从产品最高质量为第 i 层次质量上升到下一个层次 $i+1$ 的时间为 t_i^{i+1}，则层次 i 的产品保持在最高质量层次所获得的净利润可以表示为：

$$V_i = \pi_i(1 - e^{-rt_i^{i+1}})/r \tag{2.31}$$

问题的关键在于确定维持最高层次的区间，即保持不被"破坏"的概率。设定当前产品最高层次为 i，而下一层次产品获得成功而将第 i 代产品替代的概率为 p_i^{i+1}，有 $p_i^{i+1} \in (0,1)$，成功的概率和直接的投入呈现正的关联。一般认为创新成功服从 Possion 分布，所以时间区间是指数分布的（Aghion and Howitt,1992），这样可以得到中间产品的预期最终价值：

$$V_i = \frac{\pi_i}{r + p_i^{i+1}} \tag{2.32}$$

直观上，在只有创新而不存在破坏的情况下，可以认为只有一种贴现系数，即利率；而在创新过程中，一旦考虑潜在的更高层次产品的创新将会形成的"破坏"效应，就会使得利润的"贴现"系数加大，增大的部分恰好是下一阶段产品成功的概率。

厂商新创造产品层次或质量的主要目标是获得利润，但一般设定进行

---

① 主要应用两个条件：一是自由进出，所以成功的概率乘以当期研发成功的利润等于投入；二是 Bellman 方程，当期收益等于当期的现值和可能的破坏概率和利润，值得注意的是被破坏之后，它的值为 0。

创新活动可以自由进出,所以产品的最终净利润为 0。可得到厂商的决策为:

$$\max_{L_i^D} \Pi_{i+1} = p_i^{i+1} V_{i+1} - w L_i^{i+1}$$

或
$$\max_{Z_i^{i+1}} \Pi_{i+1} = p_i^{i+1} V_{i+1} - Z_i^{i+1} \quad (2.33)$$

前一项为期望收益,而后一项为成本。注意到概率 p 受投入(劳动力或物质资本,在这里主要设定与物质投入有关)影响,而且是不同期限的投入,假设 $p_j^{i+1} = \gamma \psi(Z_j^{i+1})$,则可以得到前后两期的投入的动态方程。从而探讨厂商的最优创新决策中的投入问题。

由净利润条件:

$$\gamma \psi(Z_i^{i+1}) V_{i+1} - Z_i^{i+1} = 0 \quad (2.34)$$

即

$$\frac{\pi_i}{r + p_i^{i+1}} \gamma \psi(Z_i^{i+1}) = Z_i^{i+1} \quad (2.35)$$

由于其余的设定与一般的质量提升模型没有本质差异,因而我们简化过程,直接分析最终的均衡增长路径。如类似于 Barro and Sala-I-Martin (1995) 的设定,可将产品创新的速度相应地求出:

$$g_C = g_Y$$
$$= \frac{(\gamma^{\alpha/(1-\alpha)} - 1)((L/C^R) A^{1/(1-\alpha)} \left(\frac{1-\alpha}{\alpha}\right) \alpha^{2/(1-\alpha)} - \rho)}{1 + \theta[\gamma^{\alpha/(1-\alpha)} - 1]} \quad (2.36)$$

而 Acemoglu(2008) 进一步作了简化设定,得到有质量提升的研发创新导致的整体质量提升速度为:

$$g_Q^* = g_Y^* / (\gamma - 1) \quad (2.37)$$

$$g_C^* = g_Y^* = \frac{\gamma \zeta(\cdot) - \rho}{\theta + (\gamma - 1)^{-1}} \quad (2.38)$$

其中,$\zeta(\cdot)$ 是与劳动数量和创新概率及价格相关,而与创造性破坏程度无关的常数,并且为正数。

方程(2.38)更明显地将创造性破坏程度与增长速度之间的关系表达出来,由此可以得到如下命题:

命题 5:增长速度随着 θ 和 ρ 的降低而提高,而随着 γ 的增大而提高。即 $\partial g/\partial \theta < 0, \partial g/\partial \rho < 0, \partial g/\partial \gamma > 0$。

这表明创造性破坏的程度直接影响着增长的速度,从而有着直接的增长效应,不过值得注意的是,实际的创造性破坏程度在整体产出上体现的应该是 γ' 和 γ'',只是三个变量之间有着正向关系和一致的变动方向。

5.4 两种创新中的创造性破坏效应及其厂商最优选择的说明

在以中间产品质量提升为形式的创新中,对产品层次 j 的需求为 $X_j = \left(\dfrac{\gamma C_j}{AL^{1-\alpha}d_j^{\alpha}\alpha}\right)^{1/(\alpha-1)}$。对于最高质量层次的产品而言,新增加的需求最多。而对于既有的产品而言,通常由于有了更多更好的产品,质量层次为 j 的产品垄断能力会下降,从而既有的产品需求会下降。在增长效应上,我们的研究发现也存在着破坏效应,最终产品的创新具有间接的增长效应;而中间产品的创新直接伴随着质量的替代,具有直接的增长效应,破坏的程度也更强。

进一步分析厂商的最优选择。主要是分析新进入市场厂商的努力方向,因为存在着破坏效应,在位的厂商不会选择创新决策。对于潜在的进入厂商来说,新产品的开发和既有产品的质量提高同样是为了获得垄断利润,只是两个方向不同。新产品一旦研发成功,可以随着时间推移,有更多提高质量的研发取得成功,从而获得垄断利润。而提高产品质量的开发难度会不断增加,研发成功的难度也会提升。厂商在这两种决策中进行选择,自由进出条件意味着在均衡条件下,研发新产品或是提高产品质量无差异,从而获得均衡状态下厂商的最优创新决策。在这两种创新决策过程中,厂商都面临着"创造性破坏"效应,而这也会纳入厂商的研发决策之中。

对于两种决策方向,需要设定创新的难度和成功的概率,通常,进行多样化决策的初始,难度很大;而一旦新产品类型得以研发成功,后续的质量提升会相对简单,这也是 Acemoglu(2008)所论述的。有太多的创新是跟随性质的,而多样性创新则太少;但他有所忽视的是,随着质量提升的不断继续,后续质量提升创新的难度也会增加,一旦难度非常大,乃至超过新产品种类开发的创新时,厂商就会选择多样性创新决策。整个过程如同我们在第三部分中所论述的替代选择过程。

6 结 论

本章立足"创造性破坏",侧重研究在创新过程中质量提升和种类扩大两种创新形式的关系及其替代选择。创造性破坏的过程会不断涌现新的产品,包括最终的消费品和中间产品。我们分别从消费者决策和厂商决策角度探讨了创造性破坏的这两种形式的交替决策问题。对消费者而言,存在最优产品种类问题,而对厂商而言则存在最优创新方向问题。同时,在新旧更替的过程中有些个体会有所损失,在占据垄断地位的主体更替过程中可以看到,创造性破坏的过程蕴涵了新产品不断出现和产品价格下降的过程。

我们进一步对厂商的具有创造性破坏效应的创新决策做了探讨,分析了最终产品厂商的决策问题,强调了价格效应;同时对中间产品创新做了细致分析。

我们得到了厂商的最终产品创新更多的具有间接的增长效应,这种增长效应主要是由于"创造性破坏"中的替代效应导致的,而且确实可行,蕴含着学习过程。而中间产品的创新则有着直接的增长效应,产品质量的提升直接提高了生产效率,从而推进了经济增长。

我们将在下一章以信息产业为例进行经验性的初步分析,进而揭示系统动态变化过程中确实存在着创造性破坏效应:不同的信息技术产品在不断更替,并以此推动行业的发展,体现了以创造性破坏为特征的增长过程。可以简单地推测,加大竞争和更替程度,也即创造性破坏程度的提高将会促进经济快速增长。

人们对于创新和创造性破坏的过程的认识还远远不够,恰当地分析"创造"所获得的增长效应和被"破坏"的福利损失将是一个极其有意思的研究领域。对社会而言,为了长期的经济增长,创新无疑是好事;但对被"破坏"的个体来说总是痛苦的。如何衡量其中的福利效应和创造性破坏更丰富的表现形式及其对系统的影响将是很有意思的研究方向。

第3章 产品更替、创造性破坏与行业的发展
——信息产业的案例

1 引言:创造性破坏过程的经典案例
——中国邮电行业的例证

我们通常很难直接衡量创造性破坏的程度,例如 Lentz and Mortensen(2008)所作的经验分析更多的是采用了企业的产值和劳动力数量的变更来衡量创造性破坏和资源再配置,而这也只是部分衡量了创造性破坏内涵。因而,用一些特殊的例子(案例)来印证增长过程中的创造性破坏特征和机制,并用产品的更替衡量创造性破坏可能更为直接。

我们选择邮电行业作为分析案例,主要由于近几十年来,信息技术主导了全球技术创新,信息技术的创新和破坏效应都相当明显,技术和产品的更替速度很快。特别有意思的是,邮电行业蕴含了很多存在创造性破坏的产品和技术,因此,邮电行业是个很有意义的案例。比如在邮电业务上,电信无疑挤占了邮政的业务;在电信业务上,移动电话所占的业务比重逐步加重,在一定程度上对固定电话业务有所"破坏",最独特的是,一度风行的寻呼机(BP)先前充当了创新产品的角色,但随着移动通信业务的更快发展,寻呼机在当前市场上几乎灭绝;同样的,互联网的发展也存在着"创造性破坏"效应,更便捷和低成本的互联网进一步降低了原先邮政业务中的邮件业务,同样进一步降低了电话等业务的价格和相对使用量。可以看到,邮电行业内存在着产品、业务和不同质量产品之间的动态竞争和创造性破坏效应。

2 时间序列数据及经验证据

数据源于《中国统计年鉴》,图 3-1 大体描述了各种业务的变动状况,时间区间为 1978—2005 年,少数变量的数据不完整。其中,邮电业务

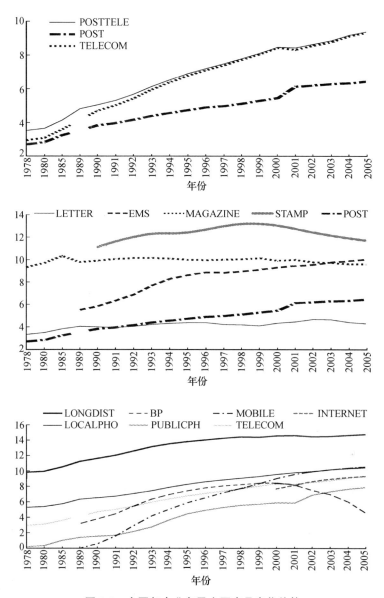

图 3-1 中国邮电业务及主要产品变化趋势

注:POSTTEL 表示邮电业务总额;POST 和 TELECOM 分别表示邮政和电信业务收入;LETTER、EMS、MAGAZINE、STAMP 分别表示函(信)件、快递、杂志发行和集邮量,单位除了函(信)件为亿外,其余都是万;LONGDIST、BP、MOBILE、INTERNET、LOCALPHO 和 PUBLICPH 分别表示长途电话、寻呼机、移动通信、互联网上网人次、本地电话用户和公共电话用户,单位均为万。所有数据经过自然对数处理。

资料来源:《中国统计年鉴(2006)》,中国统计出版社,2006 年。

(POSTTELE)、邮政(POST)和电信业务(TELECOM)为价值变量；而其他变量均为实物变量。值得注意的是，价值变量存在着物价变动因素，2000 年及以前是按照 1990 年不变价格衡量，而此后按照 2000 年可比价格衡量，因而在时间层面比较上需要特别注意，相对而言，以实物变量衡量的变量可以较好地进行比较。

2.1 邮政与电信之间的创造性破坏效应

从邮电行业的业务收入总量上看，除了在 2001 年出现负增长外（如果考虑物价变动，这种负增长的幅度可能更大），其他年份邮电业务收入是增加的，整个过程增长的幅度较高。相对而言，邮政业务变动幅度相对较小，不过值得注意的是，在 2000 年邮政业务倒是呈现了大幅度增长，估计是和价格有关，由于邮政业务并不是市场定价，可能业务下降但是业务价格被人为提高了。而电信业务增长的幅度较明显，大体维持在 30% 以上；在这个增加的过程中，电信充当了"创造性"角色，而邮政部分地充当了被"破坏"的角色，尽管邮政的收入在绝对数目上在增长，但两者之间的差距在扩大。从三个变量的变化速度看，邮电总业务增速和电信业务增速相关系数很高，Pearson 相关系数高达 0.995，而邮电业务增速和邮政业务增速 Pearson 相关系数为 –0.319。其中主要的原因在于，邮政业务在电信业务冲击和破坏下，其地位已经变得越来越次要了。比如在初始时期（1978 年）邮政业务占据邮电行业业务比重为 44%，而在 2006 年已不足 5%。电信在快速增长的过程中，确实存在着理论中描述的价格下降过程。

邮政在 2000 年以前增速不低，在 2000 年受价格调整影响大幅度增加，此后增长速度平缓。从整个变化上看，邮政业务增速慢于电信业务，和电信业务的差距越来越大。邮政业务充当着"被破坏"的角色，原因就在于电信业务和产品在很大程度上替代了邮政业务。如果不是邮政业务拓展了快递（EMS）业务，并且不断提高邮政的相关业务的费用，估计邮政业务价值量下降得会更加明显，不过在现实生活中邮政所占据的地位越来越低也成为事实。在邮政业务中，平常的信件、杂志发行和集邮业务量近几年都下降了。信件业务在 2002 年达到最高量之后，2003 年小幅度下降，而在此后两年内则是大幅度下降；杂志发行量在 1999 年达到高点之后不断下降；而集邮业务在 1999 年到达最大量之后，业务量急剧下降，在 2005 年业务量不足最高值的 25%。应该说，信息沟通是不断加强的，但更快更低成本的通信业务取代了时间周期更长成本更高的邮政业务，电信业务充当着"破坏"者的角色。

大体上,整个变化过程符合理论模型中的交替上升过程:初始阶段,邮政还部分占据主导,而电信业务的发展可视为种类扩大的创造性破坏过程;此后,电信业务不断地通过数量增加和市场扩张,以此降低业务成本,并逐渐占据邮电行业的主导地位。邮政业务也部分地进行了有限度的种类扩张,而较少质量提升创新。

2.2 电信内部业务之间的创造性破坏效应:一个灭绝的案例

电信业务的快速增长使得整个邮电行业快速增长,但具体业务并不是一定的充当创造者角色,部分产品和业务也被"破坏"了(见图3-2)。电信业务主要包括固定电话(包括了本地电话、长途电话业务和公共电话)、无线寻呼(BP)、移动通信(Mobile)和在20世纪90年代之后不断普及的互联网业务。当然,事实上,在电信业务上,还包括电报业务,电报在历史上曾经是重要的业务,实现了跨越区域的信息迅速传导,但当前它无疑被后续的技术和产品"破坏"了,它的生存空间几乎可以忽略,以至于没有相应的数据提供;同样不断被破坏的业务是无线寻呼,它一度曾是新兴业务,但当前使用的数量越来越少,以后也不再有数据提供。在电信业务中比较平稳的是固定电话业务,可能的原因是使用的家庭在增加,更可能的原因是,很多新兴业务更多地依托在固定电话上。而充当"创造者"角色的应该是移动通信和互联网业务。

在此,我们对电信业内部存在的这一独特的被"灭绝"的案例进行分析,重点分析一下已经被破坏、甚至处于边缘的业务——无线寻呼,及其与充当重要破坏者角色的快速发展业务——移动通信之间的替代关系。在1989年,无线寻呼市场开始形成,而移动通信数量很少;两者的增长速度都很快,但无线寻呼还是占据主导地位;在20世纪90年代末,无线寻呼扩张速度逐步放缓,而移动通信的速度保持高速增长,2000年移动通信在数量上超越无线寻呼,此时无线寻呼业务也达到了其历史最高水平,此后,其业务快速下滑,市场越来越小,而移动通信业务依然保持高速增长,最终该类业务主要为移动通信占据,而无线寻呼业务退出市场。整个过程也就是一个创造性破坏的过程,移动业务在竞争中获得了更多的份额。

我们重点分析两者之间的关系。需要特别注意的是,无线寻呼业务最终趋向于生态学上的"灭绝",而移动通信业务取而代之获得了更多的市场和生存空间。从图3-2中看,在初始时期,这两种业务呈现正向关系,而在后期两者是负向关联的。在拟合上,通过多次模拟(如图3-2所示),我们得到如下方程:

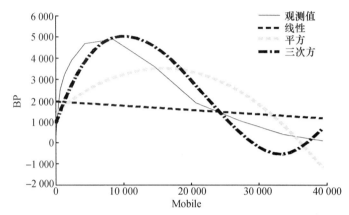

图3-2 移动业务(Mobile)和无线寻呼业务(BP)之间的交替关系

这种关系可做如下解释,在初始时期,两者之间的替代效应并不明显,相反,它们还是在共同创造市场需求,共同充当破坏先前业务(邮政)的角色;而到了后期,它们之间的竞争更为激烈,彼此之间存在着直接的"创造性破坏"效应。尽管无线寻呼业务价格不断下降,但终究无法和更好的移动通信业务相竞争。两者之间的正向关系大体上可以用一次项系数为正来表示,而二次项系数为负表明了两者之间将随着时间的推移最终体现为竞争替代关系;而三次项决定着是否会最终灭绝和完全替代,当然灭绝之后通常难以"再生",因而三次项只在正数项有效。当然这种图形拟合的拟合度不高,只是能在直观上进行解释。

由此可以看到,质量提升的创新最终将决定产品的市场,由于无线寻呼业务质量提升空间有限,而移动通信质量提升可能性较大,随着移动通信业务的不断创新,对原先产品种类也存在着创造性破坏效应,最终质量提升的产品占据市场的主导地位。可以认为,质量提升的业务具有直接的长期增长效应。

2.3 创造性破坏与行业的扩张

进一步考察行业内产品的创新及其创造性破坏对整个行业扩张的影响。如果行业内有一种或者多种新产品或者质量更高的产品推出,那么可以预料的是,随着市场对该产品的不断熟知,它所占的空间会越来越大。

考察电信业务价值的变化率的决定因素,主要分析无线寻呼和移动通信变量的变化的影响,在此我们做了一个尝试,设计变量 P_M_P,衡量移动通信业务对无线寻呼业务的比重。考虑到 2001 年出现了基准的大幅度调整,因而将该年的变量去除。结果显示在表 3-1 中,回归分析表明,两种业务的变动都可以在一定程度上解释电信业务的变化,但是两者同时进入方程并无助于方程的解释能力,而所设计的创造性破坏程度只是有部分的解释能力。事实上,电信业务在初始高速增长之后,逐步下降,在此过程中,无线寻呼业务初期增速快,而 2000 年以后大幅度负增长;同时,移动通信业务增速下降,因而有上述结果。而对于创造性破坏本身很难衡量,主要是初期两者共同形成互补,而后期移动通信业务占据主导,但 2000 年以后互联网业务大增,这也未能得到反应。

表 3-1 影响电信整体业务增长的因素回归分析

解释变量	(1)	(2)	(3)	(4)
G_Mobile	0.122 (4.602)	0.093 (0.860)		
G_BP		0.032 (0.279)	0.128 (4.394**)	
P_M_P				-0.047 (-1.593)
常数项	27.630 (7.850)	29.766 (3.507)	36.793 (16.116**)	42.654 (13.100)
Adj. R^2	0.608	0.576	0.585	0.106

注:G_Mobile 和 G_BP 分别为 Mobile 和 BP 业务的增速;P_M_P 衡量 Mobile 业务和 BP 业务的相对比重;** 表示 5% 水平上显著。

在技术进步最为迅速时,行业增长最快,而到了只是产品之间替代的时候,增长速度相对放缓,此时我们认为更多的可能是质量不断提升的自我破坏过程。当然值得注意的是,这种增长通常是价值衡量,意味着忽略了产品和服务价格的下调。

在整个动态变化过程中,我们可以看到,信息技术行业的增长是在创造和破坏过程中进行的。在邮电行业中,邮政业务被破坏了,但带来了整个行业的快速增长。在信息技术行业中,无线寻呼业务一度充当了破坏邮政业务的角色,但最终被移动通信业务所完全取代和破坏,而当前更加便捷的移动通信业务也在破坏着既有的移动通信业务。同时,互联网业务也在一定程度上破坏了移动通信业务。在整个变化过程中,更多类型的产品和更高质量的产品在不断更替出现,而这也进一步加快了系统的变动过程。

3 城市层面数据与经验证据

3.1 数据

数据来源于2002—2008年《城市统计年鉴》。具体指标包括邮政所数目、邮政收入、电信收入,以及详细的电信业务量指标,即电话数目、移动通信用户、互联网用户数量。各变量描述性统计指标见表3-2。

表3-2 城市邮电业务的描述性统计指标

变量	变量的含义	样本	平均值	标准差	最小值	最大值
totalincome	邮政与电信总收入(万元)	2158	589 123.3	3 867 249	3 966	9.19E+07
postoff	年末邮政局(所)数(处)	2155	629.7095	3 896.832	0	82 679
postoff_c		2148	219.243	1 407.649	0	25 741
postincome	邮政业务收入(万元)	2162	52 015.19	328 852.4	1	7 137 798
postincome_c		1767	30 095.03	190 473.6	0	3 370 235
telincome	电信业务收入(万元)	2158	537 058.1	3 543 994	0	8.47E+07
telincome_c		1756	336 133.2	2 178 302	0	4.54E+07
tel	本地电话年末用户数(万户)	2163	261.0585	1 645.891	0	34 267.49
tel_c		2153	136.043	880.8036	0	18 283.11
mobile	移动电话年末用户数(户)	2162	2 245 518	1.73E+07	2.48	4.97E+08
mobile_c		2144	1 345 914	1.06E+07	0	2.96E+08
internet	国际互联网用户数(户)	2153	546 043.9	3 680 669	0	8.74E+07
internet_c		1823	412 910.5	2 821 045	0	6.49E+07
r_income	电信对邮政收入比	2158	35.92	851.93	0.00	28 000.00
r_mob_tel	移动电话对固定电话比(调整)	2161	1.18	0.96	0.01	24.20
r_inter_mobile	互联网用户与移动电话比	2153	0.16	0.10	0.00	0.84

注:postoff_c、postincome_c、telincome_c、tel_c、mobile_c、internet_c 分别为变量 postoff、postincome、telincome、tel、mobile、internet 的市辖区数据。

资料来源:《城市统计年鉴(2002—2008)》,由笔者整理而得。

从直观上看,电信业务逐渐挤占了邮政的业务空间。从业务收入角度比较,就电信业务收入对邮政业务收入比的指标来看,平均值为35.92,最高值的比重则高达28 000,所以整体上的创造性破坏程度较大。

而从具体业务看,移动电话户数有逐步替代固定电话的趋势。由于原始数据提供的移动电话数单位为户,而固定电话为万户,所以两者的真实比重平均为1.18。但整体分布较为分散,反映了各城市在电信业务上的差异:最小值非常小,而最大值高达24.20,说明发展的差异悬殊。

比较独特的是互联网用户对移动用户的比重。由于互联网业务正在发展之中,因而平均而言比重较低,均值为0.16。

可以看到,电信业务在逐渐替代邮政业务。在电信业务中,移动通信业务以更快的速度替代固定电话业务,进一步的,互联网业务发展势头很快,具有创造性效应。

3.2 简单的经验证据

表3-3列出了中国主要城市的创造性破坏效应与邮电行业总收入增长率的回归结果。简单的回归表明,以各种指标衡量的创造性破坏程度都对总收入有着正向解释能力,而平方项则同样显著,但符号为负,表明大体上存在着可能的倒U形关系。由于更主要的是电信对邮政的竞争替代,因而用该指标衡量的创造性破坏程度所得到的拟合系数最高,为0.176。而用电信业务衡量的创造性破坏程度所得到的拟合程度分别为0.041和0.063。大体上可以认为,电信业务之间虽然存在着竞争替代关系,但整体上替代程度不是最主要的,特别是在对邮政的替代方面,电信的各项业务之间都是一致的互补关系。

表3-3 中国主要城市的创造性破坏效应与邮电行业的收入水平

total_income_ln	r_income 系数	标准差	r_mob_tel 系数	标准差	r_inter_mobile 系数	标准差
创造性破坏指标	0.092	0.004	0.543	0.056	6.861	0.677
创造性破坏指标的2次方	-3.29E-06	1.53E-07	-0.026	0.003	-8.526	1.240
常数项	10.980	0.050	11.316	0.066	11.125	0.073
观察样本	2 158		2 156		2 148	
Adj. R^2	0.176		0.041		0.063	

注:被解释变量都是总收入的增长率,而解释变量分别为电信与邮政收入比、移动电话对固定电话比、互联网用户数对移动电话数比,2次方指的是所选取的创造性破坏指标的平方;所有变量都在1%水平上显著。

我们尝试用一些动态模型检验创造性破坏的效应,结果如表3-4所示,三种创造性破坏指标都具有相应的解释能力,特别是电信对邮政业务的替代程度指标、互联网对移动业务的替代程度指标,移动通信对固定电话指标显著性水平在10.6%。收入比(r_income)是正向效应,而互联网对移动通信的替代关系为负,可能表明互联网业务在全国各城市平均看来,尚处于初期发展状态。

表3-4 创造性破坏的动态效应检验

total_income_ln（被解释变量）	系数	方差	z	P > z
L1.(被解释变量的滞后项)	0.359	0.024	14.75	0
r_income	0.071	0.002	37.02	0
r_mob_tel	0.015	0.009	1.62	0.106
r_internet_mobile	-0.258	0.119	-2.17	0.03
_cons	7.005	0.284	24.69	0
Number of obs	1 820	Wald chi2(4)	2 539.41	
Number of groups	312	Prob > chi2	0.0000	
Number of instruments	24			

注:其中差分方程的工具变量为,GMM-type：L(2/.).total_income_ln,GMM-type：L(2/.).total_income_ln。

4 结 论

信息技术作为新兴技术,具有代表性,而行业的发展具有明显的创造性破坏特征。

在时间序列层面,我们看到了邮电行业的快速发展与电信对邮政的破坏有关,同样的,在电信各种业务中,也存在着不同程度的替代效应,特别的,我们发现了"灭绝"的案例——BP业务的消失。

在城市的混合数据中,同样证实了这种替代过程。替代关系包括电信对邮政业务收入的替代、移动手机业务对固定电话业务的替代、互联网用户对移动手机用户的替代。替代程度越大,邮电行业的整体发展水平也相应越高。

第4章 破产、创造性破坏、效率及增长
——美国银行业的证据

1 破产与创造性破坏的正向效应

直觉上,破产似乎并不是好事。毕竟,无论对于个人还是群体,破产意味着失败,意味着一系列负面的结果。但从一个社会角度看,破产确又是必需的。破产一方面是对不经济行为的一种事后惩罚,说明该项经济行为在成本-收益上已经丧失了存在的必要;另一方面则表明有其他经济行为可以替代该项经济行为。破产意味着被替代,而对应地,也就必然存在更好的替代产品或者厂商,这种替代是一种社会福利的改进。社会福利的提高往往是建立在损失基础之上的,纯粹只是增加社会福利而没有福利损失只是一种理想状态。

换一个角度看,社会和经济的发展可以等同于自然界的进化过程。经济增长也等同于自然界容量的扩充,在这个过程中,竞争是核心所在。竞争也就是适者生存的过程,在这个动态竞争过程中,只有最具有变化和转换能力的个体才能获得生存空间,而这个过程也就是生灭的过程,总有一些物种和种群会由于不适应环境的变化而被其他物种和种群淘汰,这种淘汰也意味着资源得到了更充足的利用。没有竞争,自然界不会有进化,而在进化过程中,有物种发生了突变,也必然使得有些物种在生存竞争中丧失生存能力。竞争才会有效率,正是这种生存压力,才能够促进整个自然资源更有效率的利用。

类似地,这种竞争替代法则存在于经济系统。经济发展过程可以等同于经济系统容量的扩大过程,这个过程同样只能在竞争中实现,既然有竞争,就会有得和失。"得"到的是更高的系统容量和生存空间、更高的社会福利;"失"去的是部分产品、企业甚至是区域优势,乃至被退化,破产几乎是必然存在的现实。

从一定程度上看,破产和被退化替代可以认为是一种生存压力,有约

束才有突破的激励;同时也可以将这种破产行为视为经济增长的成本,经济系统的容量的扩大和福利的提高一般而言同样具有一定的代价,有得必有失。

通常很难直接分析创造性破坏的程度,但美国商业银行提供了较好的案例,并且具有较为翔实的数据,因而可以从中分析竞争替代过程,包括直接的破产和并购等相关变量的变化,从而对美国整个商业银行变化过程进行相应分析。

2 数据:新创立、破产的银行数目与银行的扩张 ——美国银行业的历史回顾

美国的银行业经历了多重历史重大事件,对美国银行业的管理模式也一度有着诸多争议,包括在美国次贷危机过程中,银行的角色问题,但整体上,美国的银行业在全球范围内竞争力较强却是普遍认同的事实。

大体回顾一下美国银行业自1934年到2009年的发展过程。

首先,银行机构的数量发生了较大的变更(见图4-1)。从1934年到1980年间,出现了一定程度的震荡,在1934年到1940年前后,可能受大萧条影响,数量下降。而在1960年到1980年末期,商业银行的数目呈现增长态势。自1984年开始,商业银行数目开始出现不断下降的态势。按照美国联邦储蓄保险公司的统计,在2009年美国商业银行只有6 840家,不足1934年14 146家的一半,仅占48.4%。最多时出现在1984年,为14 507家。从整个时间区间看,平均数目为12 425家,2009年商业银行数目为整个时间段平均值的55.1%。银行业可能出现了创造性破坏过程,整

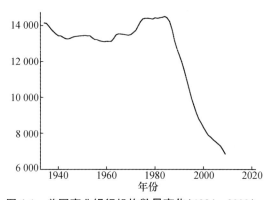

图4-1 美国商业银行机构数量变化(1934—2009)

个行业在重新组合。对于 1984 年之后的不断下降趋势,我们推测,可能更多地受信息技术创新的影响:商业银行更多通过信息技术和 ATM 机等方式扩张,而不需要太多的物理网点和银行机构。

同样可以观测美国商业银行数目变化的具体构成,包括新增加的商业银行和减少的商业银行数目(见图 4-2)。在新增加的项目中,包括新设立的(new charters)和转换而成立的(conversions)。加总两项得到总的新增加商业银行数目(total_added,在后文直接设定为 creation)。该项大体反映了商业银行在数目形式显现的"创造性"活动。可以看到商业银行每年新增数目呈现出较大的变动,比较独特的是在 1934 年,商业银行机构出现了明显和大幅度的变更。在 1970 年和 1984 年前后新增商业银行数目也出现了较大的变化。

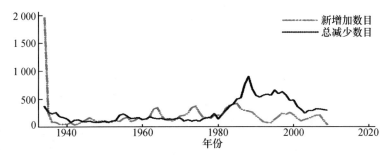

图 4-2　美国商业银行机构的增加和减少变化图(1934—2009)

在减少的部分(deletions),包括无协助的并购(unassisted mergers)和完全失败(failures)。在完全失败中,又包含了购并(mergers)、清算(paid off),及其他(见图 4-3)。可以将所有的部分进行加总,从而得到每年度总的减少数目(total_del,后文直接设定为 destruction)。可以看到在 20 世纪 80 年代之后,美国商业银行数目出现了持续和较大程度的数量减少特征,极端值出现在 1988 年,减少的总数目高达 899 家。

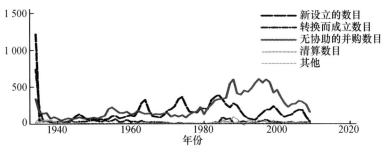

图 4-3　美国商业银行数目变化的具体组成部分(1934—2009)

最大的组成部分为无助的并购数目,从图形可以看到(见图4-4),该项指标在整个事件区间看,呈现了较为明显的变化过程。

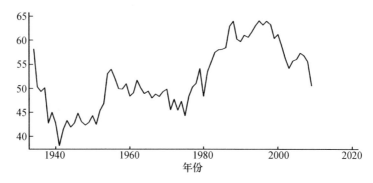

图 4-4 无助的并购数目 (1934—2009)

表4-1 提供了银行业数目变化的描述性统计,可以看到美国银行业在发展过程中呈现出较大程度的变更,具有一定的竞争替代过程,也有着直接的创造性破坏过程,显示为不少破产和清算数目。表4-2 则显示了美国银行业业务的变化,在方差项上,可以看到呈现出不少波动特征。

表4-1 美国商业银行数目及其变更的描述性统计 (1934—2009)

变量	变量含义	均值	方差	最小值	最大值
newcharters	新设立	157.579	154.860	15	1 220
conver	转变	36.342	85.825	0	740
creation	总新增加	193.921	225.165	36	1 960
unassis	无助的购并	225.303	157.128	45	608
merge	购并	22.711	46.399	0	201
paidoff	清算	5.763	10.334	0	50
others	其他	15.855	20.289	-22	92
destruction	总的减少	269.632	193.736	76	899
total_inst	商业银行数目	12 425.200	2 292.667	6 840	14 507

从美国银行业的整体看,总资产和净收入总体有着增加趋势(见表4-2)。当然部分年份出现了不同程度的调整,特别是总收入指标。在1987年明显有所降低,同时在2007年受次贷危机影响,净收入也明显降低。

表 4-2　美国商业银行业的描述性统计指标（1934—2009）

变量	变量含义	均值	方差	最小值	最大值
netincome_ln	净收入（对数）	15.530	1.780	12.06681	18.66912
total_asse ~ ln	总资产（对数）	20.472	1.663	17.65384	23.23359
g_netincome	净收入增长率	0.163	0.967	-1.4874	7.851322
g_total_asset	总资产增长率	0.078	0.054	-0.06483	0.25727
total_inte ~ y	利息负债	1 630 000 000	2 270 000 000	1.28E+07	8.91E+09
total_inte ~ n	利息资产	20.252	1.747	17.31591	23.10613

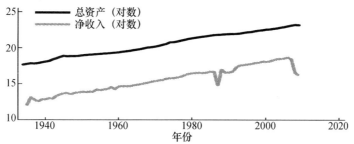

图 4-5　美国商业银行业的总资产和净收入的趋势图

可以同样计算出，商业银行净收入的变化（g_netincome）和商业银行资产规模的变化（g_total_asset），用以衡量银行业发展的本身状况。图形显示，商业银行数目上呈现的创造性破坏过程与总资产的变化有着大体一致的趋势（图4-6）。商业银行新增加和减少数目比（r_cre_des_10）与总资产变化率（g_total_asset）两者呈现较强的关系。在整体变化趋势较为一致，但商业银行新增加和减少数目比似乎是领先指标，比如在1960年之后和1970年代之间，商业银行的数目比已经发现变化之后，商业银行的资产变化才随之改变。

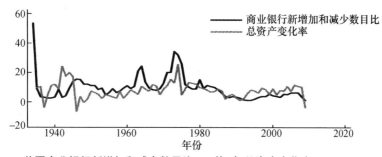

图 4-6　美国商业银行新增加和减少数目比（10倍）与总资产变化率（1934—2009）

而对于收入的变动，由于少数年份出现了大幅度的变化，因而较难以分析各个变量之间的关系。相对而言，收入为短期指标，变动程度会较大，而资产规模整体增加较为平缓(图4-7)。

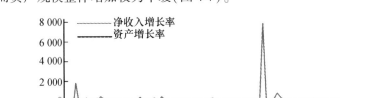

图 4-7　净收入和总资产变动趋势图（1934—2009）

3　经 验 证 据

可以先简单探测资产变化率与商业银行数量方面的"创造性破坏"之间的关系。该指标很直观地用新设立的商业银行的数目与减少的商业银行数目简单相比得到，即：

r_cre_des = creation(新成立的商业银行数量)/destruction(减少的商业银行数量)×100

可以看到，两者呈现出显著的正向关系。这意味着虽然整体上，商业银行的数量在下降，但两者呈现出的创造性破坏效应对商业银行的整体规模的增长是有着正向影响的。但是由于收入变量变动较大，两者之间的关系并不显著。同时，我们也考察了两次项的影响，结果在表 4-3 中，从表中可以看到，对资产变化和收入变化变量，银行数目增减变量都没有显著的影响，大体上可以认为，很难存在着倒 U 形的关系，或者很难简单地得到最优创造性破坏的程度。

表 4-3　美国商业银行业资产规模增速与创造性破坏程度之间的关联

变量	g_total_asset	g_netincome	g_total_asset	g_netincome
r_cre_des	2.09	−14.13	−1.11	−58.91
	(2.29)	(−0.84)	(−0.41)	(−1.18)
r_cre_des_2			1.10	15.35
			(1.26)	(0.95)
常数项	5.94	1.01	7.44	49.78
	(5.87)	(28.85)	(4.78)	(1.72)
Adj. R^2	0.07	0.06	0.06	−0.01
样本量	75	75	75	75

注：括号内为 t 系数。被解释变量分别包括，资产增加速度(g_total_asset)和净收入增加速度(g_netincome)，r_cre_des_2 为创造性破坏程度的平方。

而出于时间系列考虑,我们对滞后项进行考虑,用 VAR 模型衡量两者之间的关联,表4-4 可以看到,两者在滞后项间存在着关联。对于资产变化,通常滞后一期是显著的,而创造性破坏变量(增加数量/减少数量),滞后 1、2 和 3 期都是显著的,就整体系数而言,加总之后的系数为正。表4-4 的结果表明,创造性破坏最终的净效应为正,对长期的资产增长有着积极作用。

表4-4 考虑滞后项的资产增长与创造性破坏程度之间的关联

	g_total_asset	g_total_asset	g_total_asset	g_total_asset
L1.	0.459*** (3.76)	0.419*** (3.420)	0.359*** (3.020)	0.365*** (3.17)
L2.	0.032 (0.26)	0.040 (0.320)		
L3.	0.117 (1.00)	0.048 (0.400)		
L4.	−0.202* (−1.83)			
r_cre_des		0.124 (0.080)	0.361 (0.210)	
L1.	4.311*** (2.96)	4.135*** (1.860)	1.623 (0.810)	1.964 (1.660)
L2.	−7.800*** (−3.69)	−7.342*** (−3.260)	−0.860 (−0.880)	−0.920 (−0.990)
L3.	5.632*** (2.50)	4.134*** (2.630)		
L4.	−0.952 (−0.62)			
常数项	3.596*** (2.77)	2.930*** (2.190)	3.968*** (3.180)	3.993*** (3.24)

注:括号内为 z 系数。

4 结　论

美国银行业的快速发展与美国银行业本身不断经历的创造性破坏有关。银行破产和购并是美国商业银行非常普遍的现象。这种创造性破坏使得资源能得到有效的配置,虽然破产使得部分资源名义上有所减少,但带来的却是持续的创造和扩张,因而这种"优胜劣汰"机制使得美国商业银行即使在次贷危机之后,仍然能有很强的竞争力。

而中国对国有企业、特别是大型企业,包括国有银行的破产保护太强,而对私营企业的破产保护很差。这可能导致国有企业的竞争能力下降,而且因为需要承担这种保护成本,所以税负也较高。而中小企业保护太少,导致进入及创新较为缺少,银行放贷较低。

破产保护会影响新创,破坏与新创的内在关联。破产保护本质上是风险保护机制。可能对整个社会福利而言,并不一定是破坏程度越高越频繁越好,而是存在着最优水平,类似于创新决策。

公共机制在于税收与补贴。对破产的保护越强,需要越高的补贴和转移支付,进而又需要更高的税收水平。同时,会阻碍自由进入,使得整个社会的创新水平较低。

第 3 篇

创造性破坏过程与增长的差异：国家与个体层面的研究

第5章 创造性破坏与大国变迁的历史分析

——领先者是否具有持久的领先优势?

1 国别差异

收入差距与经济增长的差异都是国内外经济学研究的难题和热点问题。增长的差异可以说是微观个体的收入差距在宏观上的反映,宏观是微观的综合,包括区域和国别的增长的差距。微观上的收入差距和宏观上的增长差异实际上是紧密相连的,本研究尝试着用"创造性破坏"思想将它们连接起来。

对于增长的差异,问题的关键在于处于不同经济发展水平的区域是否有着不同的增长速度,是经济发展水平比较高的区域会有更高的增长速度,还是经济发展水平比较低的国家能够如同趋同假设中所认为的具有更高的增长速度。对于后者,类似的观点是"后发优势"或"蛙跳"模型。而这又主要取决于研究人员对技术的设定:技术创新到底是一步完成的还是逐步完成(step by step)的?"一步完成"假设认为一旦技术研发成功,它会在下一期中全局性的外溢和扩散,后续的研发可以"马上"在这个基础上开始;而"逐步完成"假设则认为,后续的研发必须在逐步达到现有技术水平的基础上才能开始下一步的创新。

在增长模型中同样存在着类似的争议。在以技术研发为动力的增长模型中,一旦设定技术的研发是在经济发展水平比较高的国家实现的,而落后的国家只是学习的过程,那么增长的差异往往会被扩大,这种结论主要存在于"南北贸易"模型中,也存在于对"聚集"的研究中,即一旦领先国家具有优势,那么持久的、更快的增长进而形成经济增长的中心也是直接的结论。当然,在增长过程中的"聚集"形成的原因包括消费者的最优选择、厂商的决策及移民决策,但主要还是由厂商在技术上的研发优势所决定,由于有着一定的优势,该区域具有更高的消费者效用,更多和更优秀的人力资本主体被吸引到该区域,这样又进一步强化了该区域的优势。

同样的结论也存在于以"创造性破坏"为特征的内生增长理论中。主要是设定当前研发成功的厂商在获得了垄断优势以后是否会参与下一阶段的研发，最初的模型建立者们一般设定在位的垄断者不会参与下一阶段的研发，原因是直接的：他们参与研发所得的利润会严格低于外部厂商进行研发所得的利润，而且自己所进行的创新的直接结果是破坏了自己当前的利润。但这个直接的原因忽略了两个潜在的因素。其一，不确定性因素对厂商决策的影响。厂商可能考虑到一旦被破坏之后会丧失市场，因而可能不仅仅会关注当前的利润，而且具有更长远的目光，因为他们所要的是长远的市场和持久的垄断利润。其二，主要是对成本的设定。设定了在位的垄断厂商没有成本优势，外部的厂商进行研发努力具有和在位厂商一致的成本。对于第一个因素，在现实中可以看到，创造性破坏可能是在位的厂商对自己已有的创新成果进行破坏，这样选择的目的无非是要获得更长远的利润，通过不断巩固自己的技术优势和市场份额达到更长时间区间的利润，很多垄断厂商其实并不像研究人员所设定的那样"鼠目寸光"。对于第二个成本因素的考虑，很多厂商所创造的新产品在很多时候并不会像一般理论所假设的那样，设定研发所得会在完全竞争的市场中进行拍卖，其实在现实中，很多时候技术是保密的，特别是一些新创造的核心技术。这样，当前垄断厂商所获得的技术并不会在太大程度上扩散，一般而言，核心技术被垄断厂商严格控制在手中，轻易并不会扩散和公开。随着垄断厂商不断研发和严格保密，技术难度（层次）提高，在位的垄断厂商往往具有越来越强的成本优势。所以基于对现实状况的认识，对于具有成本优势的在位垄断厂商的最优研发决策的研究也得到了一定的关注（Barro and Sala-I-Martin，1995）。

基于以上不同的成本设定所得出的结论显然是不同的，也正因为如此，使得最终的结论相对含糊。就目前而言，增长理论在分析增长的根源上说服力较强，而对于增长的差异说服力较弱，这与不同的设定直接有关。就技术而言，不同的技术有着不同的特点，一些简单的技术应该来说没什么成本优势，即使采取了一定的保护措施，也很容易被模仿和再创造，比如一般的服装设计，模仿几乎没什么成本，一项新的和创造性的设计所能获得的垄断地位也较弱。而对于一些技术含量较高的创新可能可以保持很强的垄断优势，也可以维持很长的垄断利润，对于外部的竞争者而言进入成本很高，壁垒较高。两个极端的例子是可口可乐和微软，对它们的创造性破坏和替代目前看似乎是小概率事件。

因而，在研究长期经济增长的时候面临着对技术创新和研发的不同假设,这个假设的核心是在位的垄断厂商是否有着成本优势,能否继续保持技术上的优势和垄断地位。不同的假设所得出的结论不同,而这个问题往往是经验性的问题,而不是增长理论所能够解决的。这正是增长理论很难很好解释增长差异的一个原因所在。而且增长理论往往试图解释的是"长期"增长,目标在"长期",但对于长期的界定却比较含糊。在长期中,变化的因素之多往往超出了增长理论所作的假设,经济增长过程的变化之大使得很难找到模型中所涉及的"均衡增长路径"。国别的增长对于这个问题提供了一个很好的分析素材。

历史是一面镜子,在这个镜子中有着相当丰富的史料,这可以予人不同的领悟和启示。而对于经济增长理论而言,历史分析可以对经济增长理论的说服力提供一种验证的方法和途径。因而在熊彼特看来,历史分析和理论分析、统计分析一样是经济分析的重要方法。强调历史分析的原因大致在于:其一,历史包容了很多单纯的理论分析中无法涉及的内容;其二,统计资料一般还比较缺乏,且完整的记载时间并不是很长,规范的整理所得的数据也并不是很充足,这样,历史作为相当长的区间确实提供了一个验证的途径,当然历史未必有着定论;其三,历史可以提供一些借鉴,"以史为鉴"说的就是从历史中获得对现在的一点启示。对于历史的认识无疑可以对研究有所帮助,正如张培刚先生所认为的研究应该知晓历史(张培刚,2001)。所以本研究尝试将历史分析作为一种有机的组成部分,分析经济增长过程中创造性破坏的特征。分别考虑世界范围内技术变迁所带来的创造性破坏作用,以及中国的创造性破坏的过程,对中国的考察特别分析中国在技术上的强盛、衰退及现在的追赶过程,尝试探讨在这个历史变迁过程背后所蕴涵的内在原因。在这个历史分析过程中,主要关注领先的国别的领先优势是否存在,如果存在领先优势,那么再分析存在领先优势的原因和可能保持的区间长度,特别关注领先主体在技术和经济实力的优势和动态变迁过程。这样可以从更广阔的历史角度印证在位的垄断者是否有着领先优势。

2 技术的创造性破坏过程与占据历史领先地位国家的更替过程

对于漫长的人类历史而言,用简短的文字来论述这个复杂过程可能有失一般性,毕竟历史的复杂程度不是用一些简短的文字可以包容的。对于历史的变迁过程,应该说,同样不是几个因素可以描述的,更难以用几个简单的模型予以论述。对历史进行把握,难度往往会超出想象。所以我们主要描述其变化的过程,探讨历史变迁和技术变迁的过程之间的联系,而对于他们背后的原因则需要进一步深入的探讨。一般而言,从长远的历史角度看,经济增长很难被认为是线性的增长过程,在这个增长过程中具有很多不确定性因素,有很多除了经济以外的要素起着重要的作用。比如战争,它在历史中起的作用是明显的,在很多时候它可以改变一个国家的历史,可以导致一个强国走向衰败,也可以促使一个正在膨胀的国家得以更加强盛。历史的复杂性使得本研究主要集中于界定技术的"创造性破坏"过程和不同国家增长之间的关联,特别是一些领先国家,阐释的核心是领先国家是否具有领先优势或在技术的创新上是否具有成本优势。

对于历史分析,戴维·S.兰德斯(1998,中译本 2001)从演进和国别的角度交错分析了不同国家的增长过程,他的主要分析着眼点在于不同国家的贫困产生的原因和富国之所以富的原因,应该说他的很多观点值得思考。而 Kindleberger(1996)分析的角度更为独特,他分析的时间区间主要界定在 1500—1990 年,相对兰德斯要短,几乎排除了中国等一些曾经在历史上占据领先优势的文明古国的发展,但他提出了一个新颖的观点——"国家周期"。国家周期直接从人的生理周期衍生而来:对于个人而言,总是存在儿童时代的成长期;慢慢的,可以不断吸收外部的营养而获得成长,进而转入年轻期,在年轻期,个体达到人的顶峰阶段;而后逐渐衰退。在这种逻辑下,他得出了 S 形的国家曲线。这种观点的诱人之处在于强调了国家的活力。在他看来,保持整个社会和国家的活力至少不亚于土地、劳动、资本和企业家的重要性。他所做的历史分析主要印证了在历史的发展过程中,国家的发展是有周期的,而且对很多因素做了一定的分析,当然他的具体分析不如兰德斯来得精细,有所贡献的是他比兰德斯提出了更鲜明的观点和自己的理论。李约瑟对中国的科学技术史作了多方位的论述,当然李约瑟的分析目标有所不同,而且来得更为宏大。本部分的研究分析主要建立在前人的分析基础之上,但目标更为具体,主要探讨技术的"创造性破坏"过程和领先国的领先优势变化过程之间的内在联系,从而考证技术上的领先国是否具有成本的优势,能否保持自身的领先优势,领先优势能够保持多久,如果被破坏其可能的原因是什么。当然,这种研究分析也主要是对历史过程的探讨。

我们的分析从中国开始。应该说中国在历史上很长时间占据了领先优势,即使是在四大文明古国中也主要处于领先者的角色。历史上中国的领先优势是全方位的,不仅仅在经济领域,同时也包括与经济有一定关联的文化、科技和军事等领域。而这一领先优势与技术的领先优势密不可分,中国在技术上的领先优势主要和农业技术上的领先有着直接的关联,历史上中国很早就掌握了农业的耕作技术,特别是精耕细作和多季度的耕作技术,同时灌溉技术也得以广泛的应用。正是农业技术的领先使得中国在社会的动荡过程中还保持着经济上的领先优势。同样的,广为流传的造纸技术、印刷术、火药和指南针的发明和应用使得中国在文化、军事和航海技术上均保持着领先的优势。宋朝时期中国的实力在当时的世界中处于顶峰。在兰德斯看来,宋朝的没落在于包括航海活动等形式的外部交流的停止。而这也部分地印证了"国家周期"理论的部分真实性。

而对于四大文明中的其他文明——古埃及、印度和希腊,他们在漫长的历史过程中都占据了很重要的地位。由于和中国地理上的距离,也很难做出精确比较,无法确定在什么年代到底哪个文明古国占据绝对的领先优势和地位。古埃及和古巴比伦的文明相对于中国的文明史要来得长,所以一般可以说,历史上古埃及曾经领先于中国。但同样可以确定的是,随着时间的推移,这些文明古国没能保持住曾经有过的优势,这些优势包括或主要是由技术支撑的领先优势,最终它们逐渐走向衰退而淡出历史舞台。

欧洲的强盛是随着中国和其他一些文明古国的没落开始的。欧洲学习和应用了包括中国在内的几个国家发明的一些技术,当然从文化相似性和科学思想而言,可能受其他文明古国的影响更为深远。在模仿的基础上,欧洲国家对技术进行进一步研发和拓展,最终它们在技术上逐步超过了原先在位的垄断者。"创造性破坏"正是这种取而代之的动态变迁的过程。历史上中国和欧洲的替代和交锋主要是通过不光彩的战争实现的,当然在此之前实力早已发生了变化。

欧洲历史中,早先的领先者得以确立"霸主"地位与造船技术有着直接关联。葡萄牙和西班牙这样的小国能够在欧洲乃至世界历史中占据一定时间区间的领先优势也确实是个奇迹,这直接与他们的造船技术领先世界有关。外部的原因是贸易在很长时间内有着很高的利润,而在那个时代制船上的优势带来了海上的优势,并由此带来了在殖民地的控制权竞争上的优势。但它们的领先地位并没能保持多久,主要的原因也就在于此后它们丧失了在海洋资源和控制权竞争上的优势。内在的原因是它们在造船技术上取得一定领先优势之后并没有走出多远,并没有创造出更多更新的技术。荷兰也曾经占据一定的地位,但同样地也没有保持多久。

法国一直尝试着领先欧洲和世界,但除了在法国革命期间占据了思想上的优势和短暂的经济上的优势外,似乎一直没能成功,不过法国很幸运地成为了英国工业革命的追随者,成为第二个实现工业化的国家。没能成为真正实现它的领先世界梦想的一个可能的原因在于以自由主义著称的法国人一直没有能够在技术创新上占据领先位置。当然法国很早就开办了科学和技术方面的教育,并且很有成效,但却并没有积极创造出新的技术,也没有看到新发明的技术在大规模范围的直接应用。如果说它们有所发明的话,按熊彼特的观点也并不是"创新",所以不足以支撑法国的领先世界的目标。还有一个可能的原因在于法国的目标主要不是经济上的,过分的民族自豪感使得它们的目标更多的是军事上的,多次的战争、特别是失败的战争事实上也使得法国没能真正领先世界。

在历史上第二个真正实现了长时间领先世界的国家是英国。支撑英国充当世界经济霸主的基础正是技术,特别是在1820年前后出现了纺织机、蒸汽机和蒸汽机车等技术创新浪潮,正是以这些技术为主要推动力的工业革命成就了英国的领先目标。当然对于工业革命存在很多争议,甚至对于这个名称本身都有着不同的见解,但无论如何,对英国而言,正是通过这次技术创新和技术上的领先优势完成了自身的扩张目标。到1850年左右英国已经完成了工业革命,而成为"世界工厂"。在这个时候应该说英国一直保持了领先优势。法国在19世纪五六十年代才基本完成了工业革命,德国在七八十年代工业革命才结束,而俄国到19世纪末才只能说基本完成了工业革命。美国实际上一直是在后面追赶,它的后发优势主要体现在第二次工业革命时期。

英国的技术优势是在第二次工业革命中被破坏的,尽管在整体实力上由于起步早和广阔的殖民地等优势仍然处于领先地位,但技术优势已逐步被美国和德国取代。第二次工业革命的主要载体是电器、化学和自动化技术。在这次技术的竞争和较量中,清朝政府自然毫无贡献,英国同样的几乎是吸收者,而创造和贡献很少。化学技术的主要研发和创造者是德国人。德国的崛起应该说也是一个后发优势的例子,在短短的时间内从一个分散和落后的封建国家转变为一个强盛的国家,在经历第二次工业革命之后,德国就取代了英国和法国的位置而成为欧洲经济实力最强大的国家。德国的主要贡献还包括内燃机的发明,1885年戴姆勒发明了快速内燃机,更为关键的是德国促使了内燃机的快速应用;而且很快地又在1893年由狄塞尔发明了柴油压缩点火内燃机,并及时应用到交通领域,引发了一场交通革命,并由对石油的巨大需求推动了石油工业的发展。同时德国人在20世纪初期在汽车的制造上也逐步领先。但是德国同样由于具有侵略性,而走上了战争的道路,这一方面使得它成功地实现了自己的跨越发展,取代了英国和法国在欧洲大陆的领先地位;另一方面也迅速断送了它的领先成果,在世界范围而言没有取得绝对的领先优势。

相比而言,美国则幸运得多。美国在第一次工业革命的时候就积极地应用了当时由英国创造的技术,并在引进的基础上有所创造。美国在技术上的主要的"创造性破坏"在于电气技术和通信技术。电话和电报是由美国的贝尔在 1876 年发明的,并在 1878 年得以广泛应用。在电气技术上,爱迪生在 1882 年就创建了第一座火力发电站,这种便宜和有效的电能的创新也实际上催生出了电气工业,相比而言,电能比蒸汽机来得更有效率,直接"破坏"了英国首创的蒸汽机(当然只能是部分破坏)。所以最终的结果也只能是美国的创新破坏了英国的技术,至少在技术上领先于世界,而英国则逐渐在往日的成就中丧失了领先优势,虽然英国凭借其在贸易(殖民贸易)和金融领域的优势,其经济地位还在一定程度上处于领先地位,而这在 Kindleberger(1996)看来正是英国衰退的原因和症状。当然最终确定美国的领先优势的外部原因是,在几次战争中美国没有受到太多的冲击,反而获得了收益。巩固美国在 20 世纪初的技术上的优势的技术主要是包括汽车工业在内的制造业,同时化学工业也得到了快速的应用。在这个过程中美国又受到了日本的冲击。

日本在明治维新之后取得了快速发展,首先是在丝绸技术上,加之其成本优势支撑了第一步的发展,到了 20 世纪 20 年代呢绒冲击了丝绸市场。但是教育系统的发达使得日本在应用先进技术上具有后发优势的特征。而最终,日本却因民族的过分偏傲和自以为是的优越性走上侵略的歧途。这使得它在技术上并没有什么特别的成就,特别是在战争结束之后几乎是一无所获。不过朝鲜战争又给了它新的生机。日本在汽车和电子技术上的积极吸收并加以灵活创新在一定程度上形成了竞争优势,在战后的几十年内它正是通过这种技术变更和改造,对美国的技术优势产生一定的创造性破坏效应,抢占了美国的市场,而美国在垄断者的位置上对这个潜在的竞争对手有所忽略。在这种技术推动下,加之来自于美国的纵容,日本表现的是一种后发制人的气势。兰德斯(2001)和 Kindleberger(1996)都做出了这种判断。但日本终究还是日本,就像法国当年在第一次工业革命中始终只能是跟随在英国之后,这次日本也是如此,至少目前是如此,民族的狭隘特性和技术上主要是对现成的技术加以改进而并没有特别的创造,因此没有在根本上破坏美国的技术优势。

关键的是,信息技术巩固了美国在技术上的领先优势。美国的信息技术在20世纪90年代开始的新技术扩张中占据了绝对优势,计算机制造、软件开发和网络构建都以美国公司为主导。就计算机的制造而言,尽管很多东南亚国家也有相关的产业和产品,但主要的核心技术(比如芯片)还是把持在美国手中,而这恰好是最具有垄断能力的产品,而次要的附加值不高的产品就留给了东南亚的国家。从计算机的整个发展过程看(童鹰,2000),美国占据了绝对的垄断优势。就目前而言,美国的微观信息技术的生产主体,像 IBM 一直在市场上保持了它的独特地位。在软件设计上,操作系统和普遍应用的软件也主要被美国公司所掌握,这些公司保持了很长时间的垄断地位,也明显有着超额的垄断利润。对于网络而言,本身就是由美国首创,在20世纪70年代由军方研发成功,直到20世纪90年代才在民用领域得以广泛应用,并推动了美国长达十几年的强劲而持久的经济增长。在这一轮的技术和经济较量中,美国无人能敌。通过信息技术的革命性创新,美国的技术和经济优势得到进一步加强。日本被远远地拉在后面,事实上日本的经济增长速度放缓,甚至是负增长,它的主要获利方式是对外的投资和金融领域的扩张,这和第二次工业革命时期的英国极其相似。

当然美国的技术优势不仅仅体现在信息技术上,在核技术、空间技术和生物技术等诸多方面同样占据主导地位。在这些技术上对美国有所冲击的是苏联和现在的俄罗斯。其中就空间技术而言,往往认为德国在第二次世界大战期间就初步具有这种技术,但真正首先实现的是美国,苏联也随之在竞争中掌握了空间技术,并在很多领域从技术上领先于美国。在1961年苏联首先实现了载人飞船,而美国1963年也成功发射,中国则在2003年实现。

同样的,在核技术上美国处于领先地位的同时也受到了苏联的竞争和挑战。但苏联和现在的俄罗斯并没能真正地对美国的经济和技术的领先优势实现创造性破坏和替代,主要的原因在于,就熊彼特的定义而言,苏联和现在的俄罗斯所具有的是技术或发明,而不能称作创新,所以不是创造性破坏。美国的经验是在一项技术研发成功之后迅速投入到生产领域,并大规模地加以推广,比如在核技术上,尽管也用于军事领域,但同样广泛用于民用领域,如建立相当数目的核电站。只有这种意义上的研发活动才能称为创新,也只有这样的活动才具有创造性破坏效应。日本的模仿和俄罗斯的单纯的技术发明都不足以破坏美国的在位者优势,也确实没有实质上动摇美国的垄断利润。或者说美国充当了破坏别人的角色和自我破坏的角色,最终的结果是:美国的技术能力和垄断优势进一步被强化。

历史的发展中到底哪些国家是赢家,哪些是输家?可以对比一下各国的现实状况。参照世界银行提供的数据做一定的分析。在《2003年世界发展指标》(World Development Indicators 2003)中提供的是全球在2001年的各项指标,主要包括了152国的数据。

在这个数据库中包含了详细的数据,有社会、经济等各层面的指标。对于任何一个指标都反映了某个方面的特征,但一般而言也只是一个部分,所以应尽可能减少数据的信息损失程度。我们主要考虑基本状况,这样选取的指标包括人口密度(POP_D),国内生产总值(GNI),人均国内生产总值(GNI_P),购买力平价国内生产总值(PGNI),人均购买力平价国内生产总值PGNI_P),国内生产总值增速(GGDP),人均国内生产总值增速(GGDP_P)。从最大值、最小值和方差、倾斜度和峰度等指标(见表5-1)都可以看到每一个指标的差异都很大,增长的差异是显然的。

表 5-1 世界发展的描述性统计

	样本	最小值	最大值	平均	方差	标准差	波度	方差	峰度	方差
POP_D	150	2.00	6 772.0	148.09	45.762	560.47	11.259	0.198	133.305	0.394
GNI	142	0.20	9 780.8	216.52	78.290	932.93	8.543	0.203	82.185	0.404
GNI_P	142	80.00	38 330.0	5 577.39	754.01	8 985.1	1.997	0.203	3.024	0.404
PGNI	139	1.00	9 781.0	318.02	86.717	1 022.4	6.901	0.206	56.821	0.408
PGNI_P	139	460.00	34 280.0	8 129.50	733.81	8 651.5	1.330	0.206	0.537	0.408
GGDP_P	125	−4.50	20.5	4.05	0.2792	3.1215	1.607	0.217	6.270	0.430
GGDPP	111	−5.60	17.20	3.1099	0.2985	3.1454	1.461	0.229	4.461	0.455

资料来源:世界银行《2003年世界发展指标》(World Development Indicators, 2003), http://www.worldbank.org。

同样可以从时间序列上看到全球收入差距变化的过程,如图5-1中,可以看到整个过程是动荡的,但整体而言收入差距是扩大的。

考虑几个特殊的国家,主要是经济上领先的国家(地区)。在方法上可以考虑用绝对值也可以用相对值,在这里主要考虑用排名。在这个数据库中主要包括了三类排名指标:国民生产总值、人均国民生产总值和购买力平价衡量的人均国内生产总值。对于单个指标可以获得单独的排名,但因为任何一项排名只能反映一个侧面,所以考虑用一定的信息损失为代价获得综合结果。采用组间距离的方法(between group),并用 Euclidean 平方距离为测度进行聚类分析,结果表明公认的发达国家(地区)主要在同一类中,它们包括:德国、法国、英国、意大利、澳大利亚、加拿大、比利时、奥地利、瑞士、芬兰、丹麦、挪威、新西兰、日本、美国、中国香港;而中国内地和印度、印度尼西亚同在一组。

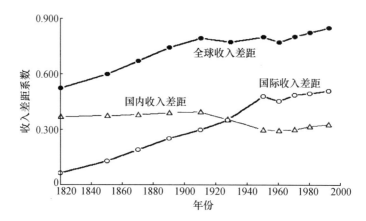

图5-1 世界范围内的收入差距变化过程(1820—1992)
资料来源:转引自 Williamson, J., "Winners and Losers Over Two Centuries of Globalization", NBER Working Paper 9161, 2002, http://www.nber.org/papers/w9161。

这样大致上可以做出初步分析。美国无疑是近代最大的赢家;日本紧随其后在技术的扩散和模仿上获得了一定的后发优势;德国作为欧洲实力最强的国家,同样在技术上具有相当优势,它也算一个赢家;英国只能说曾经辉煌过,当然它目前的实力仍然处于较高的水平;法国一直保持了较高的姿态,但技术上和经济上还不足以支撑其领先欧洲和世界的梦想。苏联和现在的俄罗斯曾经是技术上和政治上的赢家,但现在,至少目前而言它丧失了它的竞争优势。

这样看来,在近代的历史舞台上曾经在不同时间和不同区间长度占据一定领先优势的国家在当前的国际舞台上仍占有相当的地位。就技术而言,也是这些国家主导了绝大部分核心的技术。在这个过程中,领先者是在变换和更替的,一方面存在着不断变换的特征,英国被德国替代,德国被美国替代,一度美国被苏联替代;而在另一方面这个创造性破坏不会在短时间内产生。就目前看来,美国的创新能力仍然在全球占据主导地位,很难在短期内被其他国家所破坏。它在信息技术上的优势是明显的,同样的,美国在一般被认为是下一阶段的动力要素之一的生物技术上的优势也是无人可比,这样看来它作为一个在位的技术垄断者确实具有在位的优势。对于它这样一个在位的垄断者,似乎进入了一个良性的循环:科学发达,所以技术发达,同时又能够及时地加以应用而产生直接的经济效益,在获得丰厚的垄断利润的同时又能不断地进行技术的研发,这样进一步巩固了自身在技术上的垄断优势,在经济上也加固了它的领先地位。对于它的微观主体——公司也似乎存在着这个趋势,对于绝大部分高科技的行业而言,主要的公司拥有绝对的技术垄断地位,它们不断地研发又使得技术上的优势进一步强化。

所以一个很自然的问题是:美国是否会持久地拥有技术上的优势,而成为人类社会的特别宠儿和历史上的技术不断更替的例外?如果是这样,对于美国是好事,而对于其他国家则是不幸的消息。对于曾经辉煌一时的文明古国的中国而言,能否实现创造性破坏而实现复兴也是一种信心上的考验。

3 中国历史上的辉煌到衰退的变迁过程及当前的创造性破坏能力

中国历史上的辉煌与此后的逐渐衰败形成了鲜明的对比,这着实让人惋惜,而内在的原因则值得深思。对于历史的回顾主要不在于说明中国曾经的强盛程度,建立在辉煌历史基础上的信心尽管重要,但过去的历史终究还是不值得过度迷恋,这种信心也没必要过分强调,关键是在历史中获得一些启示,主要的目的是在现实中寻求经济增长的动力。

可以看到中国曾经是技术上的在位垄断者,并且保持了很长的时间。李约瑟(1954)对中国在技术上的成就做了深入的研究,特别是对古代中国的科学技术史作了详细考证。在对四大发明——造纸、印刷术、指南针和火药进行研究的基础上还对许多技术做了考证,对于各个领域也进行了归纳。在他宏伟的研究目标中包括了对中国的科学技术发展过程中的哲学思想的系统整理,以及对纯科学和应用科学的考证,涉及数学、天文、化学、地理、军事、医学、植物学和机械工程等各个领域。他认为,在科学思想中,值得关注的是道家的思想,道家作为中国历史上对技术有着相对充分贡献的哲学门派,提出了很多远远超出西方文明的观点和见解,"无为"是道家思想的一个主要观点,强调要遵循自然规律,而不可超越自然本身的规律。但在中国的思想体系中占据统治地位的是儒家思想,而儒家思想对于科学和技术的贡献主要是负面的,特别是在后期被用作伦理道德的规范,以此来巩固封建政权,对科学思想的阻碍作用更加突出。在这些历史文献的考证中也可以看到,被认为有着超前意义的描述、认知和观点主要是经验性的,在很长时间内没有得到真正突破。所以总体说来,中国历史上的科学思想是零碎和表面的,尽管一度辉煌,但不足以构成现代科学的基础。

在李约瑟的考证中还涉及中国古代炼铁技术,在对鼓风机进行考证后得出:中国曾经在铸铁冶炼技术上具有领先地位。而对于化学,其中一个在中国历史上无法忽略的现象就是炼"灵丹妙药",而炼"丹药"也成为道家的"道士"的标志和主要活动,就科技成分来说,这些活动所具有的贡献是对于化学进行了探讨,同时在炼制的过程中设计了独特并在当时具有领先地位的装备,这些设备中包括了现在化学试验中常用而类似的鼎、蒸汽设备、冷却设备、升华器和蒸馏器等。天文作为历代朝廷的天法,其研究得到了强有力的支持,历代从事天文的人往往拥有相当高的地位和待遇,对于天文的记载也极为完善,所以对于太空的观测和记录要远远领先于当时的其他国家,郭守敬很早就发明了天文钟。在医学上,中国的独特贡献就更多了,李约瑟对中国医学的考证应该说尽管很多,但正如他所认识到的那样,中国在医学上的贡献现在还是个谜,比如现在的中医在很多方面都不是现代医学所能解释的,在一些疾病的治疗效果上往往会高于国际地位高高在上的西医。由于中国的历史长久,所以做出的贡献可以想象也不是可以简单总结的,所以对历史的开发还远远不能说已完成。客观说来,李约瑟的考证算是比较具体而有说服力的,凭借其在化学等自然科学的专业优势,加之对欧洲和西方的文明有所研究,所以他在分析问题的时候具有比较广阔的视野,对中国的问题也能做出更客观的判断。这样,他能够作为一个有见地的局外人而提出独到的观点,在他对中国很长的历史区间进行全方位考察之后,在他对中国在历史上的贡献做了充分肯定的同时,也提出了一个令人深思的问题:中国为什么能够在历史上一度获得如此辉煌的科技上的成就,却并没有演变为现代科学,相应的,中国为什么在近代又落后了?对于这个问题,不同的人有着不同的见解,但似乎并没有获得一致和完全有说服力的结论,因而往往被称为"李约瑟难题"或"李约瑟之谜"。

  从熊彼特的观点看,这个问题也就是为什么中国能够一度在科技上获得垄断优势,而这个在位的垄断者为什么又没能够保持它的垄断优势和地位。这也印证了"国家周期"的观点,对于一个文明古国而言,生命力毕竟还是有限的,特别是对于没有能够保持不断学习和不断维持活力的民族而言,衰败和被替代是必然的结果。

  特别地,也是必须注意的问题是:中国在科学思想上的历史贡献是零碎的,而在技术上的致命之处在于绝大部分技术没有在大规模范围上加以应用,这就使得进一步的创新没有能够实现,有所例外的是天文和医学上的贡献和发展。中国历代在天文上的持久探讨,以及引进和吸收西方天文学的发展,使得中国在天文学上还保持着一定的成就。这个原因恰恰在于历代的朝廷对历法持久不变的需求,但对天文的需求主要源于政权,而不是民间。事实上,中国历史上历来忌讳民间对天文学的探讨,所以它只是在应用上吸收了西方的天文学知识,这样在天文学上跟西方的差距不是很大。还有一个至少保持一定活力的是中医,尽管在西医的冲击下,中医的重要性和市场份额不断下降,但至少没有被完全替代和破坏,可能的原因在于:其一,中医在某些方面确实有着优势,其优势在于它主要建立在持久的经验积累基础之上,当然这样也造就了它的不足之处——理论基础相对含糊;其二,中医作为一项技术,在它的发展过程中得到了广泛应用,这个应用不像天文学一样仅仅是为了当权者,而是面向整个社会群体。正是由于有着广泛的实际应用范围,从而得到了不断的补充和完善,这种技术才能够不断地发展,也才能真正称为创新。

但整体而言,中国古代和近代在技术上和经济上的先行优势在西方文明的冲击下,逐渐丧失。而在这背后的原因是多方面的,往往不能简单地归结于一个很大概念的"制度",在制度背后有着源于地理等的自然因素、哲学上的儒家思想占据统治地位等人文因素,乃至在社会观念上对企业家的不屑和轻视以及对私人财产的忽视等诸多因素。值得注意的是,这些因素实际上也可以在当今社会找到一些影子。

另外,不可否认的是,中国近代史是被外来势力侵略的历史。在被鸦片和洋枪洋炮打开国门之后,中国终于切实地认识到了技术差距,向西方学习也随之开始,但这个学习过程来得艰难,困难来自于长期的历史所留下来的自豪和自卑交错的复杂感受,当然也存在着路径依赖。在这种路径依赖中,惰性是根深蒂固的,对于学习的积极性不是很高;同时又伴随着内忧外患,内部原因是很多时候政权当局还是怕由于外来技术的扩散和思想的传播会对自身地位有所冲击,而且事实上外来的思想也确实改变了政治体制;外部原因是中国在学习过程中一直伴随着外部侵略。

这些对西方科学和技术的学习和模仿时断时续:早有洋务运动、戊戌变法、孙中山的实业救国,1949年以后主要是向苏联学习和模仿的工业化,当然特别是在20世纪80年代以后的主要向西方学习的"改革开放"。在这一历史的过程中可以看到这个技术的模仿过程所遇到的阻力之大。

那么在这个具有极高的时间成本和代价的过程中所得的技术是否具有真正的创造性?这些技术能否承担起中国复兴的目标?考察一下当前的经济发展水平和技术状况对于回答这个问题会有所帮助。

中国在20世纪80年代初所实施的渐进式改革开放目标在于增强国力,对于技术创新目标也似乎很明确,很早就提出了"科技是第一生产力"。在技术的实现方式上,不仅强调自身研发能力的培养,也注重对各国先进技术的吸收,而且在改革过程中逐步形成了"市场换技术"的思路。在这个策略下,中国经济取得了持久和长足的增长和发展,特别是对外开放的广度和深度都是前所未有的,吸引外资力度也相当大。但必须关注的问题是提高自身技术创新能力的目标是否实现。可以肯定的是,不论哪种方式引进外资都会促使技术水平的提高,或者直接引进外部的先进技术,或者间接地通过"边干边学"等方式获得学习效应,这种获得技术的方式主要通过技术扩散实现。对于技术扩散,必须注意这种技术对于技术引进国具有何种效应,就中国而言,技术扩散确实有着提高生活水平和加速增长的效应,但一般而言,提高自身的技术研发水平才是关键,而通过引进外资而获得的技术往往不会是核心技术,也一般不会是最高层次的技术。这种技术确实有"创造性破坏"效应,但这种效应只是对本国的既有技术而言,而就全球范围看,引进国并无真正的技术优势。一旦在技术层次上只是停留在追赶和吸收的阶段,所获技术就不会是最高层次的,这对于长期经济增长不利。在熊彼特的观点基础上曾经形成了"熊彼特时代"(age of Schumpeter)的说法,这种说法认为一国首先可能依据本身具有的资源和劳动力来推动经济增长,但到了一定阶段,要获得进一步的经济增长必然要上升到一个新的阶段,在这个阶段必须以技术创新为经济增长的主要推动力。目前而言中国的经济增长主要是依靠廉价的劳动力和资本的积累实现的,而技术层次不高,这恰好类似原来东南亚国家的发展路径,东南亚国家获得快速增长的动力也恰好是劳动力和资本,但其发生危机的一个重要原因在于这些国家没能实现以技术创新为经济增长主要动力的增长模式转变和升级。对于东南亚的"纸老虎"的评判是否也适合对中国的评判?当然中国有着巨大的市场,这可能在部分程度上延缓"纸老虎"的现形。

我们可以具体考察中国的技术含量和水平,及当前的技术创新能力和竞争优势。

4 技术竞争能力的比较分析

长期经济增长的关键在于能不断获取创造性的技术,因而技术上的竞争能力是经济增长的决定因素。这些技术可以分为多个层面,在同一个经济系统中不同类型的技术有着相应的作用。领先的技术可以有多种形式,有的以专利为形式谋求法律上的保护,也有的以保密的形式排除其他竞争对手。对于后者,一般是研发难度比较大、难以模仿的大的技术,很难加以衡量。本研究主要考察容易被衡量的专利,大致认为专利的数量可以在很大程度上反映技术水平和竞争能力。

对于用专利衡量的技术也存在着差别,在一定时期内大部分受专利保护的技术发挥着不同的作用,而在这些技术中却只有部分具有决定性作用。正如在近十几年来占主导地位的是信息技术,大致上可以认为下一阶段技术上占据决定作用的会是生物技术。信息技术的最大垄断者就国家层次而言是美国,而微观主体也同样的主要是美国的几家大公司。那么对于未来极有可能占主导地位的生物技术,哪些国家能占据领先优势？如果是当前信息技术的垄断者,那么似乎可以印证在位的垄断者和占据领先优势的国家具有成本优势和领先优势,所以应特别注意当前生物技术(专利)的持有者。

如表 5-2 所示,可以看到各国/地区在全球三大专利局美国专利与商标局(USPTO)、欧洲专利局(EPO)和日本专利局(JPO)申请的专利总数(1985—1999)。可以看到的是全球的总数呈现的是增加的趋势,当然在 1990 年到 1992 年间减少,1993 年开始增长,直到 1995 年开始恢复原来的水平。而美国在整个专利数量上始终占据 1/3 的水平,从 1989 年起,在数量上超过整个欧盟各国之和;日本则保持着单个国家数目上的第二位;德国占据第三位置,法国、英国、瑞典、荷兰、瑞士、意大利、加拿大分别占据前 10 位。中国内地在这三大专利局的专利数目排名第 24 位。整体而言,专利排名与各国的实力大致相当。

如表 5-3 所示,20 世纪 90 年代以来在美国注册的专利数目在增加,当然在最后一年(1999 年)总的数目出人意料地下降了。从具体国家分布看,美国毫无争议地拥有最多专利数,日本则持续位居第二,但与美国的差别也是明显的,特别值得关注的是,美国和日本的差距实际上是在扩大的。同样,整个欧盟的专利数目还不如单个日本,而且随着时间的推移,这两者之间的差距也是在扩大的。有点特别的是中国台湾倒是呈现出一种追赶态势,从 1998 年开始占据第五的位置,而其在 20 世纪 80 年代并没有什么特别之处;同样的变化也出现在韩国。而中国内地所占的份额不大。

如表 5-4 所示,在中国内地注册的专利数目也有部分的区域特征,中国内地本国居民注册的专利数目占据第一位,而且呈现上升趋势,但在中国内地注册的专利数目快速增长的过程中,本国份额有着明显的下降趋势;改革开放初期,中国内地国内注册比例高于 60%,而在 1999 年这项指标下降至 35.1%,将近下降一半,而日本占据的比例为 21.6%,美国为 16.2%,整个欧盟则为 18.5%,韩国也占据了一定的比例(表 5-5)。

表 5-2 领先各国专利总量（包括中国内地、中国香港、中国台湾）

（单位：百万）

	1985 年	1987 年	1989 年	1990 年	1991 年	1992 年	1993 年	1994 年	1995 年	1996 年	1997 年	1998 年	1999 年
总量	22 983	28 645	33 371	32 941	30 718	30 702	31 497	32 323	35 349	38 520	42 180	42 875	42 600
美国	7 874	9 499	10 990	11 324	10 700	11 109	11 154	11 246	12 118	12 873	14 204	14 748	14 479
欧盟	8 408	9 835	10 573	9 958	9 357	9 597	10 000	10 849	11 572	12 814	13 900	14 232	13 797
日本	5 290	7 592	10 057	9 966	8 932	8 187	8 453	8 177	9 377	10 357	11 144	10 911	11 332
德国	3 616	4 265	4 445	4 120	3 749	3 903	4 013	4 372	4 786	5 440	5 836	6 191	5 994
法国	1 489	1 756	1 930	1 904	1 791	1 664	1 730	1 856	1 930	2 114	2 245	2 263	2 124
英国	1 278	1 460	1 595	1 463	1 323	1 376	1 440	1 516	1 560	1 607	1 735	1 858	1 771
瑞典	429	389	446	440	412	549	533	642	735	853	976	922	907
荷兰	555	710	708	588	590	619	612	624	742	775	858	818	809
瑞士	742	833	813	787	728	723	713	711	746	781	860	833	802
意大利	511	591	660	647	668	578	633	628	600	694	739	698	715
加拿大	202	295	324	284	295	284	312	366	383	422	509	550	502
中国内地	30	11	8	11	12	17	17	17	20	22	35	46	62
中国香港	9	12	11	11	15	12	16	16	21	16	22	28	34
中国台湾	4	6	5	10	2	1	2	0	4	3	7	9	10

注：按每年投资者的注册地计算。
资料来源：OECD，http://www.oecd.org。

表 5-3　在美国注册的专利数量(领先国家或区域,同时包括中国内地、中国香港、中国台湾)

(单位:千)

	1985年	1987年	1989年	1990年	1991年	1992年	1993年	1994年	1995年	1996年	1997年	1998年	1999年
总量	76 731	89 419	101 682	105 755	107 121	113 889	122 714	132 502	141 886	151 824	169 200	173 776	172 980
美国	38 736	43 878	51 794	55 718	57 144	62 195	66 828	73 626	76 750	78 535	89 253	92 675	90 982
日本	16 703	21 229	24 267	25 078	24 102	24 578	26 306	26 284	29 212	32 589	34 965	34 233	35 552
欧盟	16 744	18 563	18 974	17 987	18 241	18 685	19 977	21 488	23 042	25 881	27 824	28 464	27 550
德国	7 303	8 000	7 949	7 352	7 439	7 539	8 002	8 625	9 347	10 699	11 510	12 175	11 778
中国台湾	263	526	737	961	1 129	1 304	1 638	2 022	2 291	3 230	3 771	4 869	5 480
法国	2 649	2 993	3 248	3 210	3 196	3 177	3 295	3 516	3 717	4 034	4 289	4 319	4 052
英国	2 705	2 924	2 900	2 766	2 761	2 873	2 984	3 230	3 415	3 652	3 758	4 042	3 851
韩国	103	205	534	767	1 058	1 166	1 571	2 065	3 454	3 745	3 988	3 782	3 748
加拿大	1 338	1 795	2 054	1 998	2 143	2 213	2 562	2 807	2 751	3 103	3 603	3 964	3 553
意大利	1 157	1 325	1 342	1 311	1 333	1 234	1 448	1 353	495	1 721	1 838	1 736	1 777
中国内地	71	50	44	75	47	80	73	87	75	104	158	195	278
中国香港	34	45	54	69	72	67	84	113	120	147	145	182	237

资料来源:OECD,http://www.oecd.org。

表 5-4　在中国注册的领先国的专利数量

（单位：千）

	1985年	1987年	1989年	1990年	1991年	1992年	1993年	1994年	1995年	1996年	1997年	1998年	1999年
总量	10763	8313	8686	9389	10891	16229	23747	26479	28688	33393	38410	41248	45380
中国内地	6446	4102	4188	5323	6507	8906	10793	10171	9877	11562	12412	12956	15943
日本	1382	1054	911	840	884	1638	3537	5078	5747	6496	7766	8060	9813
欧盟	1347	1380	1405	1153	1275	2240	3908	4683	5306	6249	7512	8350	8376
美国	1193	1304	1595	1562	1587	2392	3773	4440	5010	6119	7199	8199	7334
德国	457	442	438	354	413	811	1391	1752	2033	2428	2742	3025	3065
韩国	1	—	98	112	144	295	579	858	1350	1451	1808	1598	1707
法国	197	284	283	209	208	302	623	732	874	891	1131	1301	1307
荷兰	211	169	171	122	115	262	345	460	542	627	817	1024	1211
瑞士	159	126	122	122	187	292	484	594	678	677	748	896	896
瑞典	71	52	46	54	46	147	288	346	416	540	811	845	793
英国	180	216	209	191	249	378	531	531	580	707	764	778	658
中国香港	10	15	29	22	23	43	49	41	54	65	42	84	114

资料来源：OECD，http://www.oecd.org。

表 5-5　在中国注册的专利数目和各国所占比例(1999 年)

	专利数目(千)	比例(%)		专利数目(千)	比例(%)
中国	15 943	35.1	日本	9 813	21.6
美国	7 334	16.2	德国	3 065	6.8
法国	1 307	2.9	荷兰	1 211	2.7
瑞典	793	1.7	英国	658	1.4
芬兰	429	0.9	意大利	378	0.8
其他欧盟国家	535	1.2	其他国家	3 914	8.6

资料来源：OECD，http://www.oecd.org。

我们也可以找到有关生物技术的专利数目，主要是各国在欧洲专利局注册的专利数目。结果同样显示(见表 5-6 和 5-7)美国具有最强的技术创新能力，大致占据一半的专利份额，在 1999 年其他国家增速加快的环境下，仍然保持着 45.3% 的比例。日本紧追其后，但在 1997 年后被德国超越，可能的原因是欧洲是德国的大本营。英国和法国分列其后。韩国同样出人意料地在生物技术上占据了一定的市场份额，在全球生物技术所占比例中排名第八(欧盟作为一个整体)。但可以看到，由于技术过于集中，所以即使是排名靠前的几个国家，所占的市场份额差距也很大，如 1999 年韩国所占市场份额也只有 0.9%。直观上也可以看到，在生物技术上国家之间的差距更为悬殊。为了更好地说明这个集中态势，可以对所提供的原始数据进行进一步的分析。主要是对所列的样本进行描述性统计，这可以从多个指标中体现，包括最大值、最小值、方差、波度和峰度。如表 5-8 所示，最小值的变化倒是不大，可能是出现在统计样本之内的国家都在技术上有一定的创新能力；相反，最大值出现了相当大的变化，呈现急剧扩大的趋势。主要受领先国家技术创新能力影响，平均值也在扩大。相应的，标准差也呈现扩大趋势，而且趋势明显。在形态上也可以看到主要向少数几个国家集中。这也证实了技术创新能力确实更加集中，如果下一阶段技术的推动力是生物技术，那么领先国家在技术上的竞争优势将更加突出。

总的来看，当前占据技术垄断优势的主要是整体经济发达的国家，而中国在技术上的研发能力和竞争优势相对较差。生物技术——可能成为下一阶段经济增长的主要推动力，当前技术领先者所占据的优势似乎表明，这些技术上的在位垄断者(国家)没有被替代的趋势，相反存在着一定的在位优势。

表 5-6 在欧洲注册的领先国的生物技术专利数目（包括中国）

（单位：千）

	1985年	1986年	1987年	1988年	1989年	1990年	1991年	1992年	1993年	1994年	1995年	1996年	1997年	1998年	1999年
总量	1 523	1 741	2 000	2 237	2 404	2 447	2 420	2 529	2 614	2 895	3 310	3 822	4 573	5 339	5 838
经合组织	1 502	1 716	1 977	2 202	2 362	2 410	2 377	2 468	2 558	2 842	3 232	3 748	4 470	5 203	5 690
美国	672	742	849	1 013	1 097	1 179	1 115	1 153	1 281	1 358	1 638	1 910	2 291	2 620	2 646
欧盟	491	571	676	704	754	755	807	832	788	957	1 000	1 139	1 452	1 745	1 993
德国	163	181	228	226	220	228	210	219	200	251	297	357	422	491	642
日本	253	315	347	375	400	364	328	297	327	343	362	433	420	476	591
英国	104	137	157	158	170	153	180	179	178	210	215	255	350	412	430
法国	84	109	88	116	116	114	146	136	135	165	153	158	205	272	298
加拿大	21	14	29	23	31	19	36	58	51	56	77	115	129	167	169
荷兰	20	29	42	45	66	64	51	72	64	61	84	99	139	138	138
比利时	20	20	26	33	30	32	41	34	43	46	46	45	73	122	136
瑞士	36	30	29	36	34	38	45	50	40	40	52	59	68	61	95
丹麦	25	17	27	19	38	35	47	50	62	54	58	72	75	90	91
中国		1	1	1	2	1	3	0	2	3	2	6	6	13	10

资料来源：OECD, http://www.oecd.org。

表 5-7　1999 年全球生物技术专利数目和各国所占比例

	生物技术专利(千)	比例(%)		生物技术专利(千)	比例(%)
美国	2 646	45.3	日本	591	10.1
欧盟	1 993	34.1	加拿大	169	2.9
瑞士	95	1.6	澳大利亚	77	1.3
以色列	70	1.2	韩国	54	0.9
其他国家	143	2.5			

资料来源:OECD,http://www.oecd.org。

表 5-8　在欧洲专利局注册的生物技术的描述性统计

年份	样本数	最小	最大	平均	标准差	倾斜度	峰度
1985	22	1	672	68.9091	148.17683	3.596	14.105
1986	24	1	742	71.9583	160.73350	3.569	13.949
1987	23	1	849	86.4783	186.16314	3.532	13.633
1988	24	1	1 013	92.5417	214.72854	3.814	15.827
1989	24	1	1 097	99.2500	231.34244	3.876	16.286
1990	24	1	1 179	101.1667	244.87116	4.074	17.855
1991	24	1	1 115	100.0000	230.69178	4.053	17.801
1992	24	1	1 153	104.0417	235.80177	4.170	18.724
1993	24	1	1 281	107.9583	261.85218	4.261	19.349
1994	24	1	1 358	119.5417	277.94885	4.191	18.864
1995	24	1	1 638	136.2083	333.55672	4.317	19.797
1996	24	6	1 910	158.1667	389.83794	4.295	19.623
1997	24	5	2 291	188.6250	465.33558	4.355	20.113
1998	24	10	2 620	220.5833	531.74723	4.338	19.997
1999	24	10	2 646	240.3333	542.18677	4.139	18.494

资料来源:OECD,http://www.oecd.org,经过处理所得。

5　结论:历史比较中的创造性破坏
——大国能否保持领先优势?

从历史比较看,国家层面的在位垄断优势在不断更替。如果领先国家不能够维持足够的创新能力,不进行持续的研发努力,最终会被其他国家所取代。创造性破坏效应明显,所谓的"经济霸主"在历史的长河中不断变更:早先的文明古国,随后的海洋国家,再后来的工业化国家,到如今的美国。

决定领先优势的主要力量还是技术创新水平,特别是市场广阔的技术。如果一国能够持续地创新,破坏其先前的主导和优势的技术,那么有可能维系其领先地位,从而实现自我的创造性破坏,保持持续的领先格局。

当前美国的领先优势明显,技术创新层出不穷,因而有可能会延续较长时间的领先优势,这种优势通常难以受到短暂的冲击的影响,因为决定长期增长的核心力量是技术层面的创新能力。目前看,很难有哪个国家有足够的实力破坏美国的技术领先优势,更多的还是它自身的不断创造性破坏。

对于中国而言,技术创新能力还有待进一步加强。虽然历史上存在着一些技术发明等,但作为应用性质的技术创新远远不够。在国际竞争中,真正能够形成对他国创造性破坏的技术不多,因而需要强化技术创新的引导,对如何加强技术创新能力进行深入研究。

第6章 创造性破坏与微观层面的收入差距的振荡式扩大

——内在机制

1 引言:收入差距

增长的差距和收入的不均等历来是经济学研究的重要问题之一,同时也是一个悬而未决的难题和谜团。不同区域之间的增长差距是显而易见的,就单个时间点而言,不同的区域通常有着差别明显的增长速度。部分区域具有良好的增长势头,比如近些年来的中国经济;也有部分区域经济增长出现了停滞,比如日本。而就在中国内部,各个区域和省份之间的增长速度差别也比较大,作为一个长期增长的结果——发展水平也有着显著的差异。增长的差距和收入的差距具有内在的关联:增长主要指的是动态的趋势和变化的过程,高增长速度意味着经济的实力在增加,相对应的,平均收入会有所提高。一般说来,增长的差距属于整体上的问题,而收入的差距则通常属于微观个体的问题,当然也可以从整体上的增长差距过渡到区域之间或个体之间的收入差距。很多时候收入的差异可以用来分析在既定的一个区域中不同个体或群体的收入分配状况。当然,收入差距和增长差距也有所不同,收入的差距可以是一个相对静态的概念,所指在一定期限增长之后体现在不同的主体上的累积结果,经过长期的增长会有高的收入水平,这样相对于那些没有增长或增长较低的区域而言这些区域的收入水平较高,收入差距扩大。但我们未必能得出不同的区域是否会有不同的增长速度,或哪一种收入水平的经济会有更高的增长速度的确切结论。

有关较高水平的经济体能否会持续地保持增长,而水平较低的经济体能否有着更快的增长的问题同样是有争论的。在理论上,主要通过验证经济增长过程中是否存在收敛(convergence)来进行讨论。收敛概念根源于生物学,在生物学上物种具有趋向一致的趋势,一般也称为趋同。趋同分析依赖于经济增长的动力系统的定点状态假定，一旦不存在定点状态那么就不可能对模型进行趋同分析。趋同分析在数学上指的是收敛速度。研究一个变量的变化趋势，一般要先求出该变量的动力系统方程，然后求得定点状态，再分析从某个状态(数值)到达这个定点状态的速度。这个速度就是收敛(趋同)速度。在新古典增长模型中，设定了资本存在边际收益递减规律，所以存在定点状态，也就可以得到收敛速度和收敛过程。这样，直接可以得到趋同结论：水平较低的经济体资本存量较少，发展水平比较低，远离定点状态，受资本边际收益递减规律影响，经济体会有更高的增长速度；而相对应的，水平较高的经济体由于受到资本的边际收益递减规律影响，增长速度会下降。这样，初始水平不同的经济体会有着不同的增长速度，从而具有趋向一致的趋势。当然，这种分析设定了不同的区域有着相同的定点状态，也就是最终能够达到相同的增长水平。

收敛方法的主要倡导者是 Barro and Sala-I-Martin(1995)，一方面，他们进行规范分析，用动态规划方法求得动力系统的收敛速度；另一方面，他们用不同层面的数据对回归方程进行拟合，从而验证增长速度是否和初始的收入水平呈现负的关联，并确定回归系数大小。正如对方法论的评价一样，不同方法所得出的结论直接与所采用的方法相关：首先，对于动力系统方程，如果模型的设定不是新古典增长模型，而是内生的增长模型，这样就有可能不存在定点状态，也就不可能存在收敛速度；其次，对于回归方程主要是一种参数估计，这意味着模型的形式为研究者所明确知晓，但问题往往是很难认为模型的形式是为人所知的，这种参数估计所需的样本要求往往不能满足。这样，最终导致的结论实际上也是比较含糊的。从他们的结论看，主要是那些可以认为相近的经济体存在收敛特征，一般称为"俱乐部趋同"或条件收敛，而对于差别比较大的区域很难认为确定地存在收敛。对于回归方程潜在的一个问题是，并不能确定地认为哪些因素应该被认为是有影响的，而这也引起了众多研究人员的兴趣，将更多的因素考虑到增长领域中，也将更多的变量纳入考虑，但同时也导致了计量上的问题。而且不同区域存在相同的定点状态的说法很难令人信服，事实上不同区域往往有着不同的特征和条件，所以这些区域的均衡水平也可能会有差别。

整体上看，增长理论特别是内生增长理论，可以在很大程度上解释增长的根源和因素，而对于增长的差异和收入的差距的解释能力相对较为薄弱。而力图解释增长的差异和收入的差距也正是内生增长理论研究的重点。特别地，在美国和英国等发达国家，个体的收入差距也在扩大，这种收入差距的扩大过程是伴随着 20 世纪 80 年代末期信息技术(IT)的广泛推广和快速应用形成的,这引起了研究人员的兴趣;同样的,从整体增长速度看,一般认为像美国这样发展水平较高的经济体,由于已经得到了充足的发展,增长速度相对于发展水平较低的国家而言应该比较低,但和这种直观认识有所不同的是,这次以信息技术的研发、推广和应用等形式体现的创新浪潮首先是在这些经济发展水平最高的经济体中实现的,而且美国和其他一些发达国家获得了强有力的增长。在这次可以认为是大的技术革命或一般性的(general purpose)的技术推广中受益的主要还是经济发展水平高的国家,它们也获得了高速度的增长。这和新古典增长模型的结论有所不符,相对而言,很多经济发展水平较低的国家在这次技术创新过程中收益不大,至多是在技术的扩散中能够获得一些应用性的成果,我们也很难获得经济发展水平较低的国家,如发展中国家由于信息技术的应用而获得更高增长的证据,相反地这些国家往往可能会更处于劣势:如果这些国家由于受到自身学习能力和发达国家对技术的保护等因素制约,难以吸收和学会应用这些新的技术,那么可能更处于劣势,有可能的是,发展中国家进一步被边缘化,两者之间的差距再度扩大。

  因而技术创新会影响增长的差异和收入的差距,这种影响体现为增长和收入的差别会进一步扩大,特别要考虑技术的动态变化过程和所存在的创造性破坏效应:新技术的出现会破坏原有的技术,这样会有再分配的效应。对于那些原先拥有技术而获得垄断地位和利润的主体而言,如果没有进行新产品和技术的研发和创新而被其他厂商退化和替代,他们的地位和利润将被破坏,利润和收入将会降低甚至丧失;如果他们能够巩固其垄断地位,则会强化其垄断利润。对于不同的区域而言,一旦某个区域永久性地不存在研发,也就不存在最高层次的产品,他们所做的是技术推广,只是获得技术的扩散效应,一旦技术的开发是逐步的(step by step),并且开发的力度不断加大,那么该区域可能就永久性地处于劣势和追赶之中。对于相同区域的不同企业也是如此:一旦某个企业具有持久的成本优势和能够巩固其垄断优势和地位,那么持久的垄断利润会使得企业间的差异扩大。对于个体同样也是一个逻辑。假设这个个体是企业的持有者或直接的是企业家,那么如果他能持久地进行创新活动而将其他对手排除在外,那么他就能够持久地获得高于其他人的收入和垄断利润。而如果该个体只是一般意义上的劳动者,那么在技术创新过程中,由于技术的变迁,新技术会使得原有技术退化,与技术对应的工作的类型也存在类似的破坏效应。新的技术一般会催生新的工作类型,原有的工作和工作类型被退化,当然这个更替过程并不会瞬间完成,一般需要一段时间。而且在这个过程中并不是所有的个体都是能够满足工作要求或能够实现自我转换的,对于那些适应能力较强或没有"路径或历史依赖"的个体(如刚开始或直接参加工作的个体)能够适应这个工作,而部分个体可能无法实现转换。对于受到技术退化影响而被退化的主体显然将处于劣势,无论最终是在原先被退化的部门工作还是直接失业,他们都处于劣势。在这种劣势和优势的群体之间,差别将会出现和扩大。

技术扩张的程度和更替的程度越大,所可能导致的差距就会越大,除非这个创造性破坏的过程服从均等分布:每个技术的强度一致,而每个个体机会轮流。但这个均等的配置并不现实,更多的是,创造性破坏的强度不一致,而且不同主体所能获得的机会也不会均匀分布。对于本身具有优势的个体,他们的机会将更多,最终的结果将是差别的扩大。潜在的一个结论是创造性破坏强度越大,增长越快,差别越大。

对收入差距的研究一个重要的思路是考虑技能的溢价(skill premium),技术是以技能为基础的,技术的创新需要有更高和更多的技能,这样高技能的个体当然能有更高的收入。当前研究的起因主要是美国和英国,近几十年来随着技术的扩张,劳动力市场上的工资差距在扩大。为了更好地解释这种状况,研究人员从多个方面阐述收入不平等扩大的原因。Daron Acemoglu 尝试着解释发达国家所出现的收入差距扩大的原因。他的分析主要集中在技能的提高和劳动力的供给增加,同时还考虑到了国际贸易的作用。Acemoglu(2003a)是从供给和技术角度试图分析国别间的收入差距的趋势问题,主要比较美国和欧洲之间的收入差距和决定因素。Acemoglu(2003b)则主要考虑技术溢价的类型和决定因素,包括了技术供给,特别考虑了国际贸易所产生的影响。Acemoglu et al.(2001)则考虑了技术变迁过程中的制度要素,试图从微观制度上寻找收入差距扩大的原因,主要是工会组织势力削弱对收入差距的影响。

Aghion(2002)对收入差距问题做了进一步的探讨,他的分析主要建立在他一致倡导的熊彼特增长模型基础之上,但应该说,他所采用的分析框架并不完全类似于他和 Howitt 在 1992 年所建立的模型,原因是所研究的目标不一致;1992 年的模型主要是为了解释经济增长的动力因素和特征,而不是 2002 年模型中的收入的差异。2002 年所用的模型更多地借鉴了 Daron Acemoglu 的模型。他的着眼点和独特之处在于将收入差距分解为组间差距和组内差距,认为组间差距可以归结于技能要求的技术进步和重大的技术进步,而将组内差异归结为技术的扩散过程的非线性。在对组内差距的分析中他考虑到了个体的差异,个体除了天生的能力上的差别外,在适应能力和转换水平上也存在差距,只有部分个体能够适应(或者很快地适应)新的工作对能力和技能的要求,而在这种转换过程中也只有部分能力能够带到新的工作之中。这种技术的扩散的非线性过程会使得收入的组内差距扩大。尽管两种模型不完全一致,但实质含义具有一定的连贯性。

应该说影响收入差距的因素是多方面的,而且对收入差距的分析往往会涉及伦理上的争论,但收入差距确实会在经济增长过程中出现。本研究特别探讨增长的差异和收入的差距是否会在以创造性破坏为特征的增长过程中出现,如果会出现,那么具体分析出现的具体形式和特征。本研究对增长的差异和收入的差距这两个具有内在关联同时又存在一定差别的问题单独考虑,但都试图用"创造性破坏"来解释它们的变化过程。

2 收入差距扩大的直观解释:"创造性破坏"的程度与社会分工和阶层的差别

按照熊彼特的解释,经济增长的过程本质上是"创造性破坏"的过程。新技术、新产品和新市场意味着新机会,获得机会的个体将获得更高的收益,拥有更高的收入。"成者王,败者寇"形象地说明了"创造性破坏"这种效应。

从个体角度看,劳动力的人力资本差异及其供给的稀缺程度决定了收入高低。部分工人具有排他性的技能而成为新产品和新技术的生产者,收入有保障;具有特殊技能的则能成为技术革新的主体,更具稀缺性,会有充足的收入;少数个体凭着天生的特性和一些品质,包括敢于冒险和善于观察和发现新的机会,而成为熊彼特创新世界中的主导者——企业家,他们处于创新的关键环节,垄断利润主要归他们占有;最不利的是处于社会分工最末层次的个体——一般劳动者,特别是技能不高的劳动者,其供给通常较多,技能不高,可替代性强,因而其收入不会很高,甚至会失业。

从更一般的客观现实看,社会总存在不同的阶层,这是社会分工的一种必然结果。处于不同分工链的不同主体有着不同的社会和经济地位,与此对应,他们拥有不同的收入。通常,社会成员的层次呈现的格局为:企业家——技术人员——普通劳动者——被退化的劳动者。

从动态角度看,社会阶层和分工格局会随着社会的变动而有所更替。一些企业家获得了新的技术或产品,它们会替代先前企业家的技术和产品,而终结原有技术和产品的生存空间,取而代之获得垄断利润,所以新的企业家所获得的收入最高。新的产品或技术需要更高技能的劳动力,部分技术人员会由于无法适应新的技术要求而被退化为一般的劳动力,而部分技术人员由于自身的努力,比如通过再教育、培训和自学等方式,从一般劳动力上升为技术工人。已经处于技术人员分工链的个体可以通过"边干边学"和经验积累等方式来巩固自身的地位,不再学习的个体就会出现被退化的可能,这实质上就是增长过程中存在的优胜劣汰效应及生存和竞争压力。

社会的阶层及相互的差距会随着社会经济的变迁特别是技术进步而放大,具体的机制在于技术创新的过程不仅有创造性的一面,同时也有破坏的特性,被破坏的主体生存状况会恶化,而成功实现创新的主体生存状况会得到改善。在动态变迁过程中,各主体的阶层和地位会加快分化,差距会扩大。部分个体实现跨越,从较低的分工链中跳入较高的分工链,收入会大幅度提高。如果机会同时均匀地出现在每个个体中,那么最终会有大致相当的收入;但从社会变迁过程看,机会未必是均等分布的,通常是部分个体有机会和能力实现跳跃,而有些群体很难有跨越的机会。

新技术的出现会形成"创造"和"破坏"两重效应,使得"适者生存",由此社会阶层和地位不断变更,收入也随之变动。充当"创造"者的个体收入会提高,而被破坏的个体将明显处于劣势,相互差距将扩大。"创造性破坏"强度越大,频率越高,相互间的差距会随着技术更替的加强而扩大。一旦创造性破坏的过程结束或强度下降,又重新回到熊彼特的"循环流转"过程,整个社会发展节奏放缓。由于不存在特别的机会,很少个体或群体能获得超额利润,高收入群体数目降低,可能使收入差距有所缓和。总之,创新和经济增长加快时,收入差距会扩大,总有部分个体或群体会在增长过程中获得更大或更少的收益;而在创新和经济增长放缓,或无增长的情形下,由于没有什么特别的机会,社会各个阶层都处于一种相对稳定的局面,收入差距则较小。

3 振荡扩大过程:一个物理上的类似描述

在以创造性破坏为特征的动态经济增长过程中个体之间的差距会扩大,这也可以借助于一个简单的物理模型来说明。

假设在一个平面上,有着两个质量分别为 m_1 和 m_2 的物体,物体之间初始排列在同一个水平面上,它们之间本来存在差异,质量为 m_1 的物体在前,质量为 m_2 的物体通过弹簧连在后面,弹簧的系数为 ζ,初始时两个物体直接通过弹簧自然而紧密地连在一起,距离为 s。物体和地面存在摩擦力,摩擦系数一致为 μ。也可以假设物体正受到一定的拉力运动,也可以假设静止。首先考虑两个物体处于静止状态,而弹簧是自然伸缩的。这时考虑一个拉力 F,要使得物体运动起来,当然地要求这个拉力足够大以使得物体运动起来,也就是要至少不低于物体和地面的摩擦力大小 $\mu(m_1+m_2)g$。在物体运动初始,首先运动的是摆在前面的质量为 m_1 的物体,随后才通过弹簧的作用带动后面质量为 m_2 的物体。可以模拟这个过程的动态特征:在拉力的作用下,物体先后运动起来。对第一个物体而言,具有多重作用力,我们主要分析水平方向的作用力:向前具有外在的拉力 F,向后具有两种作用力,其一为和地面的摩擦力,大小为 $\mu m_1 g$,其二为连接弹簧的伸缩力,弹簧的伸缩力随着弹簧的长度的加大而增加,由于第一个物体是朝前运动的,所以在第二个物体不动或运动速度没有第一个物体大的时候弹簧的长度会加大,同时也会增加弹簧的伸缩力。这样就考虑第二个质量为 m_2 的物体的运动模式,由于第一个物体在拉力作用下向前运动(设启动的时点为 $t=0$),所以在第二个物体不动的时候会通过弹簧产生伸缩力 F_1,但对第二个物体而言,由于存在摩擦力,在弹簧因伸缩而产生的摩擦力由于伸缩的长度不够大的时候,这个伸缩力也往往不足以抵消第二个物体上的摩擦力的上限 $\mu m_2 g$,随着第一个物体的不断向前运动,两个物体之间的距离在拉大,这时弹簧的长度也在不断地拉长,这样所产生的伸缩力也越大,一旦伸缩力超过第二个物体的摩擦力的上限的时候,第二个物体也将开始运动,设这个时点为 t_1。在第二个物体刚开始运动的时候加速度和速度都相对第一个物体而言较小,所以两者之间的距离还将进一步扩大,这样两者的差距体现在弹簧上的长度还将继续拉长,也将进一步地扩大彼此之间的伸缩力。伸缩力的加大又使得第一个物体的加速度(a_1)由于后向的伸缩力作用会有所降低,而第二个物体的加速度(a_2)会相应地增加。

注意到第一个物体的加速度由于外力 F 设定为突然加在物体上的,所以加速度 a_1 几乎是跳跃性地增加到一个初始值,而后逐渐降低;相反第二个物体的加速度 a_2 是由于不断伸长的弹簧的拉力所推动的,它的增加是逐步的。在两个物体的变换的动态过程中,加速度会达到相等的时候,设定为 t_2,但注意到这个时候它们的速度(分别表示为 V_{m1} 和 V_{m2})不会相等,由于两个物体的速度增长过程都是非线性的,所以可以表示为:$V_{m1}(t_2) = \int_0^{t2} a_1(t) dt, V_{m2}(t_2) = \int_{t1}^{t2} a_2(t) dt$,由于此前一直有 $a_1(t) > a_1(t)$,$\forall t \in [0,$

t_2),所以此时有 $V_{m1}(t_2) > V_{m2}(t_2)$,这个状态并不是稳定的状态,由于速度不同,第一个物体的速度快于第二个物体,所以它们之间的距离还将进一步加大,随着距离的拉大,加速度发生变化,第一个物体的加速度将小于第二个物体的加速度,$a_1 < a_2$。这样第二个物体的加速度在增加,速度也随着增加,由于第二个物体速度的增加会使得加速度增加的幅度(速率)降低,这样第二个物体的速度逐渐增加会使得距离的差距的增加幅度有所减弱。这样第一个物体的加速度又可以得到一定的增加,而放缓第二个物体的加速度。假设存在这样一种状态,即最终两个物体的加速度和速度一致的时候,运动过程为稳定状态。此时,设定时间为 t_3,加速度为 a_{t3},速度相等即 $V_{m1}(t_3) = V_{m2}(t_3)$,其中:

$$V_{m1}(t_3) = \int_0^{t_3} a_{m1} \mathrm{d}t, \quad V_{m2}(t_3) = \int_{t_1}^{t_3} a_{m2} \mathrm{d}t \quad (6.1)$$

在物体的运动过程中,物体之间的差距等同于弹簧的长度,也等同于两个物体的运动的相对路程。而在这个稳定状态中两个物体保持同样的运动过程,这时物体之间的差距(s)可以表示为:

$$s = \int_0^{t_3} V_{m1}(t) \mathrm{d}t - \int_{t_1}^{t_3} V_{m2}(t) \mathrm{d}t \quad (6.2)$$

求解定点状态过程是这样的:可以设定在定点状态时的加速度 $\tilde{a}$,假设两个物体为一个整体,从而忽略内在的拉力,这样可以得到 $\tilde{a} = [F - \mu(m_1 + m_2)g]/(m_1 + m_2)$,对第二个物体在稳定状态下的分析可以得到它的作用力将是:$F' = k\tilde{s} = \mu m_2 g + m_2 \tilde{a}$,其中 $\tilde{s}$ 为稳定状态下弹簧的长度,也就是两者之间的距离,从而可以得到定点状态下的距离为:$\tilde{s} = \dfrac{F}{k} \times \dfrac{m_2}{m_1 + m_2}$。

而一旦外力停止或减少,可以观察到首先加速度减少出现在第一个物体上,而第二个物体存在一定的时间差,这样会使得两者之间的差距缩小。随着差距的缩小伸缩力减少,而再降低第二个物体的加速度,从而保持两个之间的速度一致。这个过程差距是在减少的。随着外力的逐渐减弱,受到摩擦力作用,物体将缓慢地停止,从而逐步地恢复原来的长度。

同样可以考虑相反的过程,外力逐渐增加,那么可以看到这个过程具有更加非线性的特征,随着外力的增加,弹簧的长度和物体的差距也将随之逐步增加。如果外力的增加没有停止,那么这个过程将是爆炸性的增长过程,弹簧将逐渐被拉长。

可以注意到对定点状态的求解做了很强的假设。正如在增长的动态过程中对于一个动力方程,一般求解过程是设定 $\dot{x}(t) = 0$,而求得在定点状态时动力方程的稳定值 x^*,然后再考虑达到定点状态的速度。这成为解决包括增长过程在内的动力系统的一种通用解法。但在这个例子中必须考虑到这种状态存在与否的问题。

这种方法先假设再认证,然后证实确实如此,但问题在于这种方法忽略了具体的过程分析。对具体的运动过程进行分析,则可以看到不会出现两个物体具有共同加速度和速度的时候,而是相互交错的振荡过程。分析具体的运动过程:加速度在第一次相等时,这时两个物体的速度不等,这样距离仍将加大,所以第一个物体的加速度下降,第二个物体加速度增加,慢慢地第二个物体的速度增加到第一个物体的速度,但这时加速度要高于第一个物体的加速度,弹簧具有回缩的趋势,但这时距离无法马上减少,所以加速度慢慢改变,第一个物体的加速度逐渐增加,而相反的第二个物体的加速度减少,等到它们的加速度一致的时候速度不等,第二个物体的加速度持续高于第一个物体的加速度,所以这时它们的速度是第二个物体的速度快于第一个物体的速度,在这个过程中物体的距离是减少的。然后再继续这样的振荡过程,而不会达到速度和加速度一致的稳定状态。在这个过程中弹簧的长度,也就是两者之间的距离是先增加、再减少、再增加的过程。在这个过程中,弹簧几乎是处于被拉长的状态。

可以作更为精确的描述:记第一个物体在 t 时刻运动的长度为 x_1,对应的,第二个物体的运动长度为 x_2,则它们的变化过程可以用方程刻画:

$$F = m_1 \times \ddot{x}_1 + \mu \times m_1 \times g + k \times (x_1 - x_2) \quad (6.3)$$

$$k \times (x_1 - x_2) = \mu \times m_2 \times g + m_2 \times \ddot{x}_2 \quad (6.4)$$

其中 $\ddot{x}_1$ 和 $\ddot{x}_2$ 表示对变量的 2 次时间微分,在这里也可以看到如下关系:

$$V_{m1} = \dot{x}_1, \quad a_1 = \dot{V}_{m1} \quad (6.5)$$

$$V_{m2} = \dot{x}_2, \quad a_2 = \dot{V}_{m2} \quad (6.6)$$

在确定初始状态之后可以进行定性和定量分析,但初始状态跟设定有关,同时具体求解存在一定的难度。

再将这个例子做一些类比分析,可以得到一些结论:

第一,在足够使得物体运动起来的拉力作用下,先运动的物体能够获得更充足的运动。就经济生活而言,在有经济增长的时候,起步快的个体往往具有先行优势。

第二,运动使得距离拉大。在有增长的时候,不同的个体的反应速度存在差别,反应快的个体相对于后面的个体能获得更快的增长,差距会有所扩大。

第三,在模型中导致运动的是外力,在现实中主要是内在的动力。在对经济增长的分析中,主要认为是由消费者的消费导向和企业家的生产实现为基础的创造性破坏方式实现的,在这种方式下,可以类比于前面的物体有着动力因素驱使物体运动(比如发动机),在经济系统中主要可以认为是 R&D 推动着经济增长,在这个推动过程中可以认为企业家是在最前面的个体(群体),而从事 R&D 的技术人员其次,而一般的劳动力在后面,这样也可以看到一旦有充足的动力使得整个经济增长起来,那么首先获得增长的当然是在前面的群体,而且一旦增长的动力足够大,获利最多的当然也是在前面的群体。而且动力越大,所产生的差距会越大。而一旦增长放缓,所产生的差距存在缩小的趋势。对于个体是这样的,同样对于不同的增长体,也存在这个趋势,不同的经济体,比如国家,处于领先的国家如果通过新的研发努力而实现更快的增长,显然该国所能获得的利益最高,和随后的国家之间的差距也就会越来越大。领先者总是能获得最多的和最及时的收益,这也是个事实。

这样就将增长的根源设定为拉力,这个拉力主要是由领先者的研发努力而实现的,每个个体或群体都存在惰性,这可以认为是摩擦力,克服摩擦力是通过更大的拉力而实现的。当拉力较小的时候不足以驱使物体的运动和经济的增长。只有拉力足够大,才能有增长过程。而对于后面的个体(群体),通过弹簧的伸缩而产生的伸缩力可以类似地认为是增长过程中所产生的知识外溢,或技术的扩散。微观地看可以认为个体都存在攀比的心态和学习的压力,正是在这些因素推动下,才使得拉力克服固有的摩擦力,即个体的惰性。

第四,这个过程的整体特征是在振荡中弹簧的距离被拉大,同时在拉得过大的时候具有回缩的拉力。在增长的过程中也可能存在这种趋势的,首先增长使得差距快速地扩大,先被拉动的物体先运动(先获得增长的个体先获得更高的收入),差距扩大,而后后面的物体也被拉动(也有可能是扩散和吸引),但差距仍将扩大。等到扩大到一定程度,后者加速并能够在速度上反超,但这时会有排斥的作用在中间,这时要能够超越只有摆脱前面的物体,而自己获得别的拉力。类似地,后进的国家和个体只有在这个时候获得自我的动力才能实现赶超,一般地说需要自己更多地从事 R&D 的创造性活动才能够实现。可以说追赶过程中,"追"是相对容易实现的,但"超"难度很大,只是在部分时间有这个趋势。这可以在对增长的过程中的国别差异做进一步的分析。

在这个简单的例子中只是设定了两个物体,也可以设定为多个物体,这样层次就更加多,这也可以说明细分可以使得增长过程中的组间和组内差距可以统一起来,实际上具体的特征是一致的。随着增长的加速,差距会扩大,先行者具有先行的收益,表现出差距扩大的特征。这个特征实际上是很直观的。主要的问题在于解释这种物理上的现象可以类比到经济增长过程中的增长差异和收入的差距的内在机制。而且大体上可以得到在变化的运动过程中和增长过程中差距是振荡式扩大的。

4 模型说明和内在机制

关键是分析增长过程中个体差距可能产生振荡扩大的机制。一个直观的解释是:在增长的过程中不同的个体具有不同的适应能力,面对机会更有准备和具有更强适应能力的个体在机会越大的时候所获得的收益会来得更大,从而扩大与原本处于一个水平或差别一定的其他个体之间的差距。假设只有一个工作或创新机会,那么根据"适者生存"的原则,排除偶然性或随机性的因素,只有具有更强适应能力和更高能力的个体才能获得这样的机会。显然地,获得了这种机会的个体与没有获得该机会的个体的差距会扩大。将这个直观认识分为工作机会是连续的和存在匹配过程两种情况进行具体的分析。

4.1 个体最优选择的两阶段跨期模型(OLG)

用跨期模型简单描述有代表个体的动态决策问题。考虑两个个体,假设只存活两期,第一期工资 w_1 是固定和相等的。假定两者潜能不同但当前能力相等并有着相等的初始收入。能力取决于两个因素:其一,个体的天赋或本身的适应能力 d,d_1^A,d_1^B 分别表示在第一期个体 A 和 B 的天赋或适应能力;其二,边干边学的能力和努力程度(e_1)等后天因素。初始收入相同是因为设定这两个因素综合形成的能力相等。但一旦有新机会来临,潜在能力更高的个体具有更好的先天等因素存在,学习能力更高,能更容易获得高收入。个体在第一期将考虑付出多大的努力程度而保证第二期的工资收入,第二期的工资收入设定为:

$$w_2 = (d_1 + e_1)w_1/\gamma \qquad (6.7)$$

其中 γ 表示技术所产生的退化效应。

第一期个体的效用有两部分,一部分来源于消费 c_1,为正向的效用;一部分来源于努力程度 e_1。简单设定效用函数的形式为 $u_1(c_1,e_1) = \ln c_1 - \nu \ln e_1$,其中 ν 表示努力所形成的负效用程度。而第二阶段个体不再学习,效用直接为 $u_2(c_2) = \ln c_2$,其中 c_2 为第二阶段的消费,它来源于第二阶段

的工资收入 w_2 和第一阶段可能保留的资产。个体的总效用表示为 $U = u_1(c_1,e_1) + \beta u_2(c_2)$,其中 β 为贴现系数,要求满足 $1 + \beta - \nu > 0$。个体的最优选择为:

$$\underset{c_1,e_1}{\text{Max}} U = u_1(c_1,e_1) + \beta u_2(c_2) \quad (6.8)$$

$$\text{s.t.} \quad c_2 = w_2 + (1+r)(w_1 - c_1) \quad (6.9)$$

其中 r 为资产收益率。将第二期的消费代入目标函数,得到一阶条件:

$$1/c_1 + \beta \frac{1}{(d_1 + e_1)w_1/\gamma + (1+r)(w_1 - c_1)}(-1)(1+r) = 0 \quad (6.10)$$

$$-\nu/e_1 + \beta \frac{1}{(d_1 + e_1)w_1/\gamma + (1+r)(w_1 - c_1)} \times \frac{w_1}{\gamma} = 0 \quad (6.11)$$

消费者的最优选择为:

$$e_1 = \frac{\nu[d_1 + \gamma(1+r)]}{1 + \beta - \nu}, \quad c_1 = \frac{[d_1 + (1+r)\gamma]w_1}{\gamma(1+r)(1+\beta-v)} \quad (6.12)$$

$$w_2 = \left\{ \frac{d_1}{\gamma} + \frac{\nu}{1+\beta-\nu}\left[\frac{d_1}{\gamma} + (1+r)\right] \right\} w_1$$

$$= \left(\frac{d_1}{\gamma} \frac{1+\beta}{1+\beta-\nu} + \frac{1+r}{1+\beta-\nu} v \right) w_1 \quad (6.13)$$

由此可以得到如下结论:

结论1:创造性破坏程度越强,个体的努力程度越高,即 $\partial e/\partial \gamma > 0$;创造性破坏程度越高,收入水平越低,即 $\partial w_2/\partial \gamma < 0$;创造性破坏程度越高,个体之间的收入差距越大。

由于初始阶段收入相等,第二阶段的收入可视为差距。如果分别充当"创造"和"破坏"角色,则可将退化程度分别设为 $1/\gamma$ 和 γ①,其中 $\gamma > 1$,两者之间的最终收入差距显然。

结论2:导致差距扩大表现出振荡特征的机理之一是创造性破坏程度的波动。

差距扩大是整体趋势,但在扩大的具体过程中,通常会表现出振荡特征。在模型中,会引起振荡特征的关键变量为 γ,退化效应往往是变化或有随机特征的,如果退化效应直接可用技术进步衡量,那么技术变迁更多地体现为周期性波动特征,它导致了差距也具有振荡特征。

---

① 两者之间的关系是竞争关系,创造性破坏过程意即一方充当创新角色,而另一方充当被破坏和退化角色。但被退化的角色未必一定会绝对意义上处于劣势,这取决于他的努力程度和对休闲的态度,但被退化的个体在相对意义上而言,收入状况会恶化。

随着技术的退化强度提高,创造性破坏的破坏程度越高,需要个体所作的努力程度越高,个体不努力的结果将是在第二阶段收入和消费及效用的降低。个体的适应能力在第二阶段的收入中具有很重要的影响。更高适应能力的个体可以在同样努力情况下获得更高的收入,与其他个体的差距会扩大。

4.2 存在匹配的个体最优选择

个体是有差异的,并且在创造性破坏为特征的经济增长过程中差距会进一步被放大。

特别考虑到增长过程中的动态竞争特征,初始的差异会进一步被扩大,被再次破坏的个体的状况会进一步被创造的主体所恶化。当然这种分析就像物理上的例子一样,不是绝对的,同样的在增长的过程中存在很多随机和偶然的因素,有部分个体的差距会被缩小。但整体上,初始具有优势的个体可以有更多的机会成为在新的一轮竞争中获得创造性的地位而避免被破坏和退化的角色。这是一个核心假设,在增长的差异的分析中领先厂商的成本是否有优势是个很关键的假设,在这里潜在设定是具有更高潜在能力的个体或领先的个体能够具有更高的成本优势,在新的机会来临的时候能有着更高的把握机会。事实上也就排除了跨越发展的可能。

在文献中,内生增长理论主要将劳动力分为熟练劳动力(skilled)和非熟练的一般劳动力(unskilled),而且一般考虑技术是以劳动力的技能为基础的(skill-based)。随着技术的提高,熟练劳动力和不熟练劳动力之间的差距会扩大。这种思路构成一般的分析模式,Aghion(2002)一如既往地将劳动力分为熟练和非熟练的,同时也考虑到了简单的工人的决策,主要是对新旧工作的选择;Mendez(2002)直接地将工作分为好工作和坏工作,在区分工作类别的同时也对这些工作岗位上的工人加以区分,对他们的行为做了不同的界定,认为好工作的工人给的是效率工资,而坏工作给的是一般的工资,然后考虑工人的选择,分析最优选择的均衡结果所产生的收入差距问题。Shi(2001)更进一步地将匹配方法拓展为直接的匹配来解释分析近几十年来美国等发达国家的收入差距的原因,在他的分析中同样的将工人分为熟练的和非熟练的劳动力,特别的还将企业区分为高科技和低科技企业,然后分别考虑在不同的企业不同的劳动力的报酬,有意思的是非熟练的劳动力在高科技企业可以获得更高的收入,这样就产生了组内的收入差距,同样的,熟练劳动力能有更高的匹配比率,这样在他的模型中就产生了组间收入差距。所以在这些对增长过程中收入差距的分析中,关键是设定了个体的差距,同时对于技术的变迁做一定的假定。而对于技术的动态特征不像解释增长的根源那样做详细的分析,而只是做一般的设定而主要考虑差距。

考虑新的工作机会具有创造性破坏特征,新的工作机会将会完全或部分地破坏原有的工作机会,如果设定为完全破坏则将是工作机会丧失,原有工作岗位上的工人丧失工作机会;也可以是部分地破坏,这将会使得既有的工作工资降低。工作和工资的不断更替直接体现了动态竞争的过程,但这时主要的分析对象是工人,他们选择自己的努力程度,可以积极地迎接新的机会,也可以由于主观或客观原因选择放弃,选择放弃可能是由于本身的适应能力上的考虑也可能是偏好上的考虑。适应能力上的考虑就是考虑个体可能很难或要以很高的代价来获得新的工作机会,偏好上的考虑是个体不愿意太努力,更注重不用学习和努力而能够获得的休闲效用。具体分析个体的最优选择问题。

工作是有差别的,对劳动力的需求也相应地有所差别,同样的可以将工作分为好工作和差的工作,而相对应地,劳动力可划分为熟练的技能劳动力和一般的劳动力。关键而且具有决定作用的因素是劳动力对工作的适应能力,由此会导致工作选择问题。所以主要考虑不同劳动力对不同工作的决策。

考虑对工作不同选择的一些微观解释:个体随着时间的推移由于创造性破坏中的破坏作用会部分或更大程度上被退化和取代。这时主要的选择是努力的程度。但这种努力是有代价的,从微观主体的特征可以看到,个体是有惰性的,这也恰好是我们在物理模型类比中的摩擦力:在向前推移的过程中总存在不愿意改变的惰性和摩擦力。对于绝大部分个体而言,改变是痛苦的,只是由于社会的推移所形成的拉力和破坏的动力而为了生存不得不改变,这样也就不得不通过一定的代价去学习而强化其本身的实力,主要是人力资本,个体在痛苦的学习或努力与以后的生存能力中进行选择。可以认为社会的创造性破坏中的"创新"是前向的拉力,而破坏效应则是对后续个体或行为的推力,而个体的惰性是摩擦力。在这种类比中同样值得留意的是个体之间的作用程度,相当于阻尼系数,这也可以认为是个体之间的联系程度,比如知识的外溢、个体的沟通能力等,随着系数越大,表明彼此之间的学习和作用能力越大,后续的个体能有更好的反应和吸收能力,意味着能够在更大程度上拉动和触动后续的个体向前运动,这样彼此之间可以在一定程度上减少差距扩大的程度。个体之间的关联度,就像弹簧间的阻尼系数一样往往是很难改变的,要是真的要改变,得从组织或结构上加以考虑,比如通过更紧密的联系、更多的交流,如果是一个区域或国家,直观的是更多的交流,比如通过全球化和贸易等方式连接起来。对于个体要改变则是要提高自己,和充当前进的拉力角色的企业家保持紧密的联系,从他们的经验中进行学习和模拟。当然关键的还是在既有的机会——工作中获得有利的位置。这样个体选择的关键就是在惰性和努力上的选择,当然要注意惰性是个贬义词,但中性地看应该是不努力的效用,就像工作一样,一般而言,不工作也具有正向的休闲所带来的效用。

也可以考虑个体在能力上的差距:第一部分个体具有较高的天赋,这部分个体可以很轻松地获得更高的人力资本积累;第二部分个体可以通过更加的努力而获得相当的人力资本积累;第三部分个体有着高的天赋,但由于过度的不努力或没有展示努力的机会而只是获得了一般的人力资本;第四部分个体由于天赋相对较低或条件限制而只能通过更加的努力但也只能获得一般水平的人力资本积累;第五部分个体则在主观上更强调自身的休闲所带来的效用,也就是惰性较足;而第六部分个体无可回避的是能力不足,即使努力也无法获得工作所需要的最低人力资本水平,这部分个体往往只能在失业之中。

对于这些有差别的个体,面对下一期"创造性破坏"所带来的新的机会和压力会有着不同的"命运",也就是匹配成功的概率有所不同。可以预期的是天赋较高的个体具有理论上较高的匹配概率,但这也取决于他的天赋是否能够保证他的人力资本还能适应新的机会;如果不能保持那么这将取决于他的效用函数中对努力程度和消费的偏好,如果努力则可以适应新的机会,不努力则将下降到一个较低的人力资本层次,对应地获得相对较低层次的工作,也就是被部分退化和破坏的工作。

而对于通过努力而获得高人力资本的个体来说,必须更加努力从而保持高的人力资本,但并不是所有的个体都能够或愿意付出更高的努力:其一,可能是代价太大而无法承受,应该说每个人都是有能力的局限的,也可以认为存在临界值效应,一旦达到了一个临界值后再要突破可能是有难度的,这个临界值部分与个体本身的能力有关,也跟所处的环境有关,比如很难指望在人类社会的初期没有受到相当训练的个体提出"牛顿定理";其二,个体也许可以达到这种努力程度,但对于他而言,这种努力所付出的代价太大,因而从最优选择而言,没有必要选择这种很高的努力程度。所以对于这部分群体而言可能就会产生分叉,进而出现差别:部分适应了新的机会,部分被退化。对于那部分天赋较高而只是处于一般人力资本的个体而言,他们的潜能应该是可观的,一旦有机会他们可以通过一定的努力而提高自身的人力资本水平,从而进一步获得新的机会。而对于其他的个体则可能状况会恶化,部分个体通过继续努力,仍然能够保持一般要求的人力资本水平而获得一般的工作机会;而对于部分个体可能会处于离要求越来越远的境地,这可能是无法回避的现实。这样也看到了随着新的机会来临的时候对不同个体的不同影响。对于部分个体而言这提供了更好的机会,而对于部分个体而言则是挑战和灾难。在机会面前个体的差距会被放大。

以下对上述的描述做一些基本分析。设定有两种工作,新的工作机会(N)和原有的工作机会(O),工资分别为w^N和w^o。新旧工作是随着技术的不断创新而更替的,创新会形成新的工作机会,原有的工作机会退化,也就是被破坏,从新的工作变为旧的工作。设定新旧更替的强度为创新的强度γ,也就是新创造的产品能有更高的产出和更高的生产效率。新的工作岗位所需要的是熟练劳动力,主要包括两个部分,一部分是新增加的劳动力,主要是学校或专门培训所生产的社会新增加的劳动力,还有一部分是从下一个层次的工作岗位上转换过来的部分劳动力,这些劳动力可以用l^N表示。在旧的或仅仅是被退化一次的工作岗位上的劳动力设定为一般的劳动力,用l^o表示;而被退化一次以上的劳动力可以认为是不熟练的劳动力,直接地设定为失业,表示为l^U,设定失业时个体不进行任何改变努力时所能获得的收入为w^u。

对于处在旧的工作岗位上的劳动力可以选择保持在原有的岗位上,也可以进行努力而到新的工作岗位,设定如果要进行新的岗位选择只能直接跳到下一阶段的新创造出的工作岗位上,当然这样选择具有一定的代价,他们要丧失当前的工作和工资收入。

而对于处于当前新的工作岗位上的劳动力的选择同样的可以是保留在当前的工作上,但随着下一阶段的创新来临,只有部分劳动力能够直接地转换到新的工作岗位,而部分劳动力将随着创新的实现而被退化到旧的工作岗位中。

设定新的劳动力能够直接地适应创新所需求的工作岗位的要求,而被三次退化的劳动力将会直接地处于失业之中。对于失业的劳动力可以选择不做任何努力只是获得收入w^u,也可以选择进行提高自身适应能力的努力,努力取决于两个方面,第一是自身的素质和能力,第二是努力程度,随着努力程度的增加获得重新工作的机会越大,但设定他只能获得当前旧的工作,而无法直接适应当前层次最高的工作要求。

对于个体 i 而言,在时刻 t,选择的关键是努力程度 e_t^i。目标当然设定为效用最大化。效用由两部分构成,分别是由努力而获得的消费 c_t^i 和由努力而导致的负效用。这样可以设定为: $u_t^i(c_t^i, e_t^i)$。在这个结构中努力程度提高消费是通过这么一个过程的:努力 e_t^i 可以提高个体的人力资本 h_t^i,而人力资本的提高可以使得个体获得新的机会的概率 $\Pr(h_t^i)$ 提高,设定机会的匹配的概率的分布函数为 $F(h_t^i)$。在新的机会中可以认为有着更高的预期工资收入 $E(w(h_t^i)) = \int w(h_t^i) \mathrm{d}F(h_t^i)$。同时个体的人力资本积累和天生的能力 b_t^i 有关,但也得注意到这个天生的禀赋除了与生俱来之外还和前期的学习有关。人力资本受创造性破坏的作用会被退化,退化的幅度同样设定为 γ,这样可以设定人力资本的积累为: $h_{t+1}^i = h(h_t^i, e_t^i, b_t^i, \gamma)$。工资和人力资本的关系可以设定为: $w^j(h_t^i)$,这表示在第 j 种层次上工作的具有一定人力资本的个体的收入,这时 j 属于 N(新工作), O(失业), U(原先工作),而且是逐步退化的。由于并不能确切地知道函数的具体形式,只能做一些设定或简单的分析。在这里可以设定为,对于人力资本的积累,初始人力资本越高,下一期的人力资本水平越高,同样的是努力程度和天生能力,不同的是退化幅度,更新越快,退化的速度也会越快。而对于工资收入,在层次 j 上的个体,一般的人力资本越高,工资越高,但存在一定的临界值效应,可能关系不是简单的线性关系,到一定程度上可以更替到上一个层次,比如 O 到 N,也可以保持性的 O 到 O, N 到 N,而 N 到 O 和 O 到 U 表明被退化, U 到 U 表示保持。

个体在具有一定的人力资本 h_t^i 和工资收入为 $w^j(h_t^i)$ 的状况下,也就是在 j 层次工作上,可以做如下选择:努力,这样保持原有的层次;特别努力而获得跳跃;不努力而被下降到下一个层次。考虑努力程度是可分的,这样这种选择的 Bellman 方程为:

$$V(h_t^i) = \underset{e_t^i}{\text{Max}} \{ u_t^i(c_t^i, e_t^i) + \beta E_{t+1} V(h_{t+1}^i(h_t^i, b_t^i, e_t^i, \gamma_t)) \} \quad (6.14)$$

而一旦努力程度是离散的,努力程度只是分为努力 e_t^i,特别努力 $\overline{e_t^i}$,不努力 $\underline{e_t^i}$,则 Bellman 方程为:

$$V^N(h_t^i) = \underset{e_t^i, \underline{e_t^i}}{\text{Max}} \{ u_t^i(c_t^i, e_t^i) + \beta E_{t+1} V^N(h_{t+1}^i(h_t^i, b_t^i, e_t^i, \gamma_t)), u_t^i(c_t^i, \underline{e_t^i}) \\ + \beta E_{t+1} V^O(h_{t+1}^i(h_t^i, b_t^i, \underline{e_t^i}, \gamma_t)) \} \quad (6.15)$$

$$V^O(h_t^i) = \underset{\overline{e_t^i}, e_t^i, \underline{e_t^i}}{\text{Max}} \{ u_t^i(c_t^i, e_t^i) + \beta E_{t+1} V_O^O(h_{t+1}^i(h_t^i, b_t^i, e_t^i, \gamma_t)),$$

$$u_t^i(c_t^i, \overline{e_t^i}) + \beta E_{t+1} V_O^N(h_{t+1}^i(h_t^i, b_t^i, \overline{e_t^i}, \gamma_t)),$$

$$u_t^i(c_t^i,e_t^i)+\beta E_{t+1}V_O^U(h_{t+1}^i(h_t^i,b_t^i,e_t^i,\gamma_t))\} \tag{6.16}$$

对于在当前最高层次的个体而言选择的结果设定为两种,要不就努力而适应下一阶段的新工作,要不就不努力而被退化为次一阶段的工作,也就是旧的工作,但不会直接到失业。

对于当前处于一般工作的工人的决策是选择特别努力而实现跨越到最新的工作,一般努力保持在一般的工作中,和不努力而退化到失业状态。

对于这个方程的解法取决于对函数形式的设定,一般可以根据动态规划的方法对 Bellman 方程求导从而得到一阶条件。在这里只是对方程所作的一定描述:在方程中,决定的因素为努力程度,而努力程度具有两方面的效应,其一,可以增加人力资本的积累,这为下一期提供了保证,更高的人力资本一般地可以提高下一期获得更好工作和更高工资的期望值;其二,同时也带来了效用函数中的负效用,越努力直接的效用损失越大,而且还得考虑个体的能力上的承受能力。同时有可能的是,个体的人力资本的积累和努力程度也存在一定的关联,在能力范围内的人力资本积累会使得努力程度所获得的进一步的人力资本积累变得更容易,学习的效率会更高,但一旦超过个体的能力而只是努力获得的人力资本可能使得进一步的资本积累难度增加。这样随着技术的推移,个体的能力上的差别和努力程度都会被进一步地显示和放大,在结果上,个体的收入差距越大。但可以看到,这些复杂的关联使得一般的模型只能说明差距会被扩大,而忽略了动态的增长过程,应该看到的是这个过程可能是存在反复的。由于个体的差距存在部分个体会从下一层次的工作跳到上一层次的工作,也有部分个体从上一层次的工作下降到下一层次的工作,随着技术的创造性破坏的过程的加剧,这种变换会来得更频繁而使得增长过程中的差距不断地变化。当然,如同物理模型揭示的,整体上,收入差距还是被拉大了。

5 结 论

分析表明,收入差距扩大过程并不是简单的单调扩大,而更多地体现为振荡式扩大,即在收入差距整体扩大的趋势中会有一定幅度的回调。若经济增长放缓,差距会有所缓和,原因是创造性破坏的程度也会削弱。我们用物理模型模拟了这个振荡扩大的过程,这事实上揭示了通常采用的定点状态分析方法所存在的缺陷。它没有对过程进行分析,忽略了动态过程的表现特征。振荡扩大过程也否认了经济的趋同假设,本质上存在着发散趋势,尽管未必是无限扩散。

我们的主要贡献是方法上的,特别指出了对过程进行动态分析的方法,揭示了定点状态分析方法的缺陷。从熊彼特的"创造性破坏"思路出发,阐述了增长过程中收入差距会扩大的社会基础、机理和经验证据,对差距扩大的形式进行了重点探讨,认为更多地体现为振荡,而不是单调的扩大。这种振荡式扩大与经济增长过程中蕴含的"创造性破坏"机制有关:在动态竞争过程中,个体之间的差距将被拉大,而一旦技术创新强度下降,动态竞争的强度将减弱,个体之间的差距会在一定程度上缓解,从而出现振荡扩大的形式。

第7章 增长过程中收入差距的经验分析

——中国行业工资差异的振荡扩大过程与美国的简要证据

1 引 言

对于差距的分析一般用回归方程的方法,在经济增长理论中主要围绕收敛或趋同(convergence)展开,而较少用方差进行衡量,原因可能是认为方差分析方法太过简单。但本研究却试图用方差的方法来解释增长过程中的收入差距扩大过程,原因在于趋同分析在计量中采用的是回归分析方法,这种分析方法对数据的依赖程度很高,不但要求有较多的数据和变量,而且对于一个回归方程而言,必须控制一些变量,比如对收入进行估计,将技术作为解释变量,但这个过程中其他变量一般也会发生作用,这就要求对其他变量进行控制,因而对数据的需求增加。但变量的选择存在很多问题,可能变量之间很难恰当地分离,这同时会导致回归方程的稳健性难以保证,也就是说不同的控制变量进入方程会得出不同乃至相反的结论;并且对于一个回归方程,一般是参数估计,但在很多时候隐含的设定未必能够满足,特别的,回归方程的形式很难有充足的理由认为是为研究人员所确知的。所以本研究试图避开这些计量上的缺陷,主要用方差的方法衡量和分析收入差距的变动过程。

2 中国行业工资差距:数据和方法

可获得的数据主要包括《中国统计年鉴》中从1978年到2002年有间断的16个行业职工平均工资数据和整个社会的平均工资,有效样本为17,而对于"其他行业"由于是后来增加的行业指标所以有效样本为10。这样就可以用单个行业的工资与整个社会的平均工资相比而得到各行业的相对工资水平。

对原始数据进行处理的理由是排除价格要素的影响,更加清楚地表现行业之间的差距。因为可以预料,随着时间的推移,每个行业的工资一般都是在增加的,增加的原因部分归于经济的增长,而部分归结为物价的上涨。为了更好地衡量行业之间的差异,对原始数据和平均水平进行比较,从而得到相对工资水平。具体的方法是:在某年度 j 行业 i 的平均工资的绝对数值为 $W_{i,j}$,而该年度全社会平均工资水平为 $W_{.j}$,可以获得行业 i 在年度 j 的相对工资水平 $w_{i,j}$,也就是 $w_{i,j}=W_{i,j}/W_{.j}$,这时设定年份(也就是样本数目)为 T。文中的分析主要针对这些已经处理过的数据展开。

这些数据可以从两个角度进行分析。其一是每个行业存在着各年度的相对水平,可以对各行业的相对水平再作分析。每个行业的一些基本的描述性指标,主要包括最小值(Mini)、最大值(Maxi)、平均值(Mean)、标准差(Std)和它们变动过程中的一些基本形态波度(Skew)和峰度(Kurt)(见表7-1)。在这些指标中平均相对水平值得关注,这表明该行业的相对水平高低,而最大值和最小值可以衡量变化的范围和幅度,标准差则反映了该行业相对水平的变化程度。

表 7-1 中国行业平均工资(1978—2002 年)的描述性统计

	样本	最小值	最大值	平均值	标准差	偏态系数	峰态系数
农林	17	0.52	0.81	0.6542	0.0855	0.069	-0.789
采掘	17	0.88	1.27	1.066	0.1293	-0.015	-1.046
制造	17	0.89	0.99	0.9486	0.0325	-0.470	-0.836
电力	17	1.08	1.49	1.324	0.1036	-0.834	0.694
建筑	17	0.83	1.19	1.049	0.1040	-0.793	-0.256
地质	17	0.99	1.22	1.111	0.0698	-0.135	-1.012
交通	17	1.09	1.33	1.224	0.0864	-0.292	-1.788
批发	17	0.75	0.91	0.8073	0.0540	0.655	-1.037
金融	17	0.94	1.54	1.237	0.2371	-0.070	-2.002
房地产	17	0.89	1.42	1.198	0.1905	-0.560	-1.323
社会服务	17	0.62	1.17	1.003	0.1756	-1.660	1.296
卫生	17	0.93	1.19	1.074	0.0870	-0.108	-1.342
教文	17	0.89	1.08	0.9986	0.0505	-0.414	0.528
科研	17	1.09	1.54	1.265	0.1592	0.374	-1.418
机关	17	0.97	1.13	1.042	0.0489	0.048	-0.994
其他	10	1.00	1.21	1.133	0.0607	-1.407	1.864

资料来源:《中国统计年鉴(2003)》,中国统计出版社,2003 年。

这种方法是围绕着不同的时间点计算的,考察每个行业的工资水平和

相对差异。对于某个行业,其相对工资的平均水平可以这样计算:

$$\text{Mean}(w_{i,\cdot}) = \sum_{j=1}^{T} w_{i,j}/T \qquad (7.1)$$

最低收入则是在各年份中该行业的最低相对工资水平,对应得到最高收入,而间距则是最高收入和最低收入之差,也可以在一定程度上反应变化程度。方差则衡量各年度该行业的相对工资水平与相对工资的平均水平的整体发散程度,一般的统计描述是这样的:

$$\text{std}(w_{i,\cdot}) = \sqrt{\sum_{j}(w_{i,j} - \text{Mean}(w_{i,j}))^2/T} \qquad (7.2)$$

其二是时间序列分析。在获得了不同行业的相对工资差距的同时,可以将年度作为一个观察点,这样每个观察点上可以有 15 或 16 个样本,这些样本值也就是行业的相对工资水平,在此基础上不考虑行业的具体特性,主要考虑这些行业构成的时间序列所反映出来的变化过程。这也可以衡量随着时间的推移收入差距的动态变化过程。这个过程也可以从一些基本的统计指标得到衡量和反应,包括最高相对收入水平和最低相对收入水平、相差的幅度(range)、标准差、方差,以及动态的波度和峰度。对应的可以得到相关的统计指标计算方法,不过此时主要是对全社会(各行业)进行汇总,设定有 N 个行业,将单个行业作为一个观测数值。在这里不考虑某个行业的具体特征,而是考察各个行业构成的整体之间的差别,主要考虑的是各年的差距,一定程度而言,是综合衡量指标。其方差可以用(7.3)式衡量。

$$\text{std}(w_{\cdot,j}) = \sqrt{\sum_{i}(w_{i,j} - \text{Mean}(w_{i,j}))^2/N} \qquad (7.3)$$

可以看到,对于这样一组时间序列样本而言,实际上各项统计指标的实质就是对各个行业进行同等权重加权。两种方法对样本进行处理的角度不同,第一种方法是直接对时间加权,考虑在观测的年份中行业所体现出的一种大体水平,而第二种方法则是对每个年度的各个行业进行加权,从而得到整个变化趋势。

我们也可以找到专利申请数目的连续的时间序列数据(1985—1999),包括中国国内居民的申请数目(CHINA),国外居民的申请数目,和两者之和的总的申请数目(TOTAL)。这些数据主要用来部分衡量创造性破坏的程度。

3 中国行业工资差异的经验结果

可以看到行业间工资存在差异,这可以从描述性统计指标中看出,特别注意到不同行业工资的变动趋势。其中一直呈现上升趋势、收入最高的是金融保险业、科学研究和综合技术服务业;电力、煤气及水的生产和供应业则始终保持在较高的水平;交通业也同样保持较高的水平,并有着逐步上升的势头;房地产则从原来的不足平均水平上升至较高的水平。始终处于劣势的是批发零售业、制造业、农林牧渔业;建筑业、采掘业则从高于平均水平下降至较低水平。农林牧渔业的工资在绝大部分时间内处于社会各行业的最低水平,而且相对水平不断下降。

从行业的差距看,普遍认同的那些技术变化不大、需求相对保持不变的农业处于收入上的劣势,相对收入水平一直很低,《中国统计年鉴》提供的数据表明,2000年和2002年农林牧渔行业专利的授予量分别为2 068、1 989项,在整个社会专利量增长的背景下出现下降趋势;而最为突出的例子是科学研究和综合技术服务业的水平逐步攀升,金融服务业和一些基础设施行业的相对收入水平一直保持着较高的比例,这也大致印证了垄断势力可以使得行业收益较高。创造性破坏蕴涵着凭借垄断利润和研发才能获得高收入,在国内则体现为保护程度越高、自然的垄断实力越强则收入越高,但未必是效率最高;不过和直观认识有所不同的是,能直接体现创造性破坏的、从事技术研发的从业人员的收入水平逐渐提高。而农业等领域由于主观和客观原因研发和技术创新强度较差,所以收入最低,这也大体上体现了创新能力越差、垄断势力越低的行业收入水平越低的结论。对于少数行业而言处于被破坏的地位,而对于部分在被破坏的行业就业而无法实现行业技术提高或转换到别的行业的劳动者而言,他们的生存状况确实在恶化。

在行业平均收入相对水平所组成的一个时间序列(1978—2002年)中,每年有15个数据,在1993年后增加1个数据。主要用两个指标衡量具体年份中的收入差距:极值(最大、最小)和整体上的方差。结果表明(见表7-2):从时间序列的趋势看,收入差距是扩大的,但这个过程是个振荡过程。无论是从间距还是从方差上看,1978年到1989年差距呈缩小趋势,但此后到1994年,收入差距的两个指标显示是扩大的;1995年和1996年出现了反向变动,从间距看,最低收入的农业相对水平增加,同时最高收入从金融保险业替换为电煤水等基础设施行业,相对水平呈现反向变动。

同样的,在1998年也出现了反向变动。这些反向调整幅度都不是很大。这样大致印证了增长过程中收入差距在振荡中扩大的结论。

表7-2 中国工资差距的衡量指标(1978—2002年)

	样本	间距	最小值	最大值	平均值	标准差	方差	波度	峰度
1978	15	0.74	0.64	1.38	1.0029	0.18151	0.033	-0.022	0.663
1980	15	0.73	0.62	1.36	1.0052	0.17333	0.030	-0.190	1.096
1985	15	0.55	0.68	1.22	1.0018	0.15275	0.023	-0.625	0.093
1989	15	0.51	0.72	1.23	1.0226	0.12905	0.017	-0.687	0.981
1990	15	0.55	0.72	1.27	1.0415	0.14153	0.020	-0.532	0.804
1991	15	0.55	0.71	1.26	1.0394	0.14630	0.021	-0.586	0.653
1992	15	0.58	0.67	1.25	1.0540	0.15104	0.023	-1.297	1.847
1993	16	0.68	0.61	1.28	1.0566	0.17422	0.030	-1.108	2.056
1994	16	0.86	0.62	1.48	1.1282	0.22268	0.050	-0.646	0.645
1995	16	0.79	0.64	1.43	1.0896	0.20640	0.043	-0.435	0.316
1996	16	0.77	0.65	1.42	1.0908	0.21370	0.046	-0.373	-0.129
1997	16	0.84	0.67	1.50	1.1369	0.24586	0.060	-0.177	-0.412
1998	16	0.82	0.61	1.42	1.1041	0.23127	0.053	-0.368	-0.090
1999	16	0.86	0.58	1.44	1.1046	0.24453	0.060	-0.450	-0.213
2000	16	0.90	0.55	1.45	1.0976	0.25212	0.064	-0.405	-0.153
2001	16	0.98	0.53	1.51	1.0941	0.26771	0.072	-0.305	-0.092
2002	16	1.03	0.52	1.54	1.0888	0.27599	0.076	-0.186	0.012

资料来源:《中国统计年鉴(2003)》,中国统计出版社,2003年。

再分析专利申请量的时间序列数据特征。整体变化趋势和宏观增长的趋势相对吻合。改革开放之初到1984年,主要是在农村实施改革试点,体现在专利申请量上增长幅度也不是很大,增长速度相对缓慢,由于是在低收入群体之间的改革,所以收入差距在减少。从数据看,1989年专利的申请量出现下降,同时收入的差距在该年降到最低水平。从1989年开始,专利申请的数量开始明显增加。从1991年开始,专利的申请数量开始快速增加,国内居民的申请增加速度延续到1993年,这几年同时也是国民经济快速增长的时期,也是收入差距急剧扩大的时间段。1995年到1996年专利的申请数量从总量上看是增长的,而且增长的幅度很大,但特别要注意的是,这主要是由于国外居民的申请数量上的急剧增加,相反的,在2001—2002年,国内居民的专利申请在数量上绝对地减少,相对应的是收入差距出现回调性缩小。此后也出现类似的小幅度回调特征。这表明专利的申请和增长与收入差距存在内在关联。有关中国行业工资差异的间距、方差、标准差及专利数量的图示见图7-1。

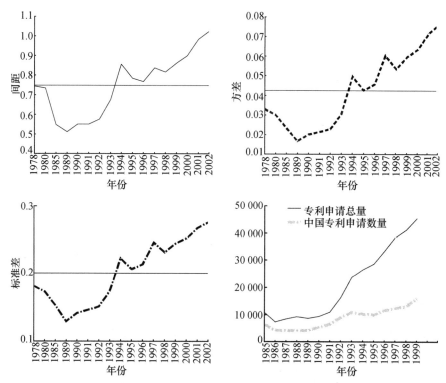

图 7-1　中国行业工资差异的间距、方差、标准差及专利数量

资料来源:《中国统计年鉴(2003)》,中国统计出版社,2003 年。

4　美国收入差距的简要证据

对于收入差距,最为普遍的是用基尼系数(GINI)进行衡量。这里选取美国的数据进行分析,主要考虑到其样本具有一定的代表性,而且数据量较大,准确程度较高,而且美国是创新强度最大的国家。图 7-2 是用基尼系数衡量的自 1947 年到 2001 年美国家庭的收入差距。从图形直观地看,美国家庭收入的基尼系数呈现出振荡扩大的过程。收入差距在 1954 年出现了变化,此前收入差距水平一直比较高,然后一直递减到 1965 年,随后达到局部最高水平 0.374,此后逐步回调,在 1960 年代末基尼系数达到比较低的水平;此后收入差距则不断扩大,在收入差距整体不断扩大过程中也有一定的反复和调整,比如在 1990 年小幅度的下降。整个过程呈现收入差距扩大趋势,但其中有着多次反复和变化。

再分析工资收入差距。选择美国全职劳动力的工资收入,时间段为

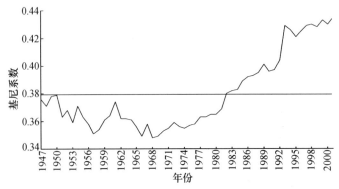

图 7-2　美国家庭收入的不平等程度（1947—2001）

资料来源：美国劳动部网站，www.bls.gov。

1967—2001 年。分别分析总的收入差距、分性别的收入差距，同样用基尼系数进行衡量，有总的基尼系数（GINI）、男性基尼系数（GINM）和女性基尼系数（GINIF）。总的趋势（见图 7-3）与理论判断一致：工资收入差距不断加大，但变化过程不是单调增加的，而是呈现出振荡扩大特征。分别出现了两次明显的回调：1970 年前后和 1990 年前后。这和美国经济的走势大体相当：1970 年代前后美国经济增速放缓，而在 1991 年下降至较低水平。但此后随着信息技术创新推动的持续快速经济增长，工资收入差距不断加大，但在整体趋势加大过程中，1995 年、1998 年和 2000 年出现了小幅度的回调。这大体上和美国经济的技术创新周期和经济增长速度变动一致。

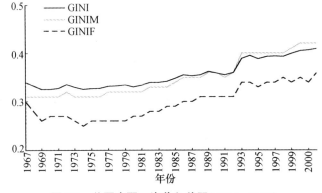

图 7-3　美国全职工资收入差距（1967—2001）

资料来源：美国劳动部网站，www.bls.gov。

一个很有意思的现象是，女性的工资收入差距水平持续低于男性，但也在不断拉大,而且有进一步向男性工资收入差距水平逼近的趋势,女性收入差距的振荡程度也更大。可能的原因是,技术创新更多的是在男性之间展开,因而男性之间的创造性破坏程度更强,而女性相对稳定。而随着女性参与程度提高,彼此之间的竞争更加激烈,因而工资收入差距也越来越大。

对比家庭收入和工资收入,大体上可以印证,在绝对差距及差距振荡的强度上,总收入差距都要强于工资收入差距。这是因为总收入中包含财富收益,其中"领先者"的"在位优势"更为明显。

5 结论与启示

经济增长的过程是创造性破坏过程,也就是动态竞争过程。技术创新是经济增长的动力,而技术创新会对劳动技能提出更高的要求。因而在这个动态竞争过程中会有着不同的收入状况,对于有创新能力的个体而言,如果成为企业家,收入一般会提高;对于更多的劳动者而言新的技术推动下的增长过程中也会有着不同的收入状况。对于适应新技术要求的个体能够继续适应经济发展过程,很可能会在新的机会面前获得更多的机会从而进一步提高自身的收入状况;而对于部分主观或客观上被"破坏"处于退化和边缘的劳动者则往往会丧失自身在社会分工链中的地位,最极端的是丧失工作,一般可以看到这部分个体收入状况会恶化。这个扩大的过程并不是简单的或固定的趋势,更多的是振荡扩大的过程,在扩大的趋势中也会出现一定幅度的回调。

中国改革开放后所呈现的收入状况大体上也印证了这条"适者生存"规律。处于收入最为劣势的群体是在一些技术创新能力相对较差的行业,最突出的是农业,事实上农业领域所进行的创新活动很少;而直观上处于优势的个体主要是直接在创新行业工作的科技人员。就个体而言似乎是自己直接创业的个体经营者获得的收入最高,而最低的收入阶层则是原来国企改革中丧失原有岗位、而在技能上无法适应新的技术要求的那部分个体。

一个直接的启示则是应该鼓励更多的人从事创新活动,而国内创新能力不足也是一个明显的事实。直接从事创新者能够在一定时间内获得垄断势力,从而有着高的收益。这对于一个社会发展来说也是内在的动力。所以应该鼓励更多的人从事创新活动,而政府可以考虑为创新活动提供更多的支持,主要是提供一个公平和有效的竞争环境,对于创新活动的主体保障其正当的权利,比如适当保护知识产权,也应该考虑为有创新动机的个体提供适当的帮助,比如提供融资便利等。

对于个体而言,核心启示是要不断提高自身的适应能力,社会的发展过程主要是竞争的过程,为了自身更好地生存和发展就必须不断地提高自身的竞争能力,不断获取技能和再学习的机会。

第 4 篇

创造性破坏与周期性增长

第8章 产品更替、创造性破坏与周期性经济增长

本章以熊彼特的创造性破坏思路为基础,将宏观经济中的长期经济增长和短期经济波动统一为周期性经济增长过程。接着,追述创造性破坏概念的生态学根源,并将生态学的结论和方法引入经济学分析,其中竞争是生态学的核心,所以分析种群之间的多种关系,并对照阐述技术(产品)之间的竞争替代类型。用数值模拟方法描述的动态替代过程和美国经济增长的经验分析表明,经济增长更多地体现为周期性经济增长。

1 引　言

长期以来,宏观经济学通常划分为长期分析和短期分析,分别考察总产出的长期趋势和短期波动,前者被称为经济增长理论,后者则为经济周期理论。在分析长期经济增长时,总是设定短期经济波动是既定的,即遵从充分就业假定,主要探讨长期趋势、经济增长的根源和差异;而分析短期经济波动时又假设增长的趋势是给定的,侧重研究短期波动的幅度和成因。然而这种处理方式存在着明显的缺陷:宏观经济学似乎由两个没有关联的独立研究领域组成,忽略了经济增长和经济波动之间的关联,并没有将宏观经济视为一个有机整体进行全面研究,因而将长期经济增长和短期经济波动进行结合成为当前一个极有挑战性的研究前沿和方向。

一个直观的想法是:长期经济增长和短期经济波动是同一问题的两个方面,都是经济动态变化过程中的特征,经济增长是前向趋势,经济周期则围绕趋势波动,那么用"周期性经济增长"来共同描绘这个动态过程会更恰当。长期经济增长趋势未必是稳定或固定不变的,通常具有不确定特征,直接体现为周期性波动,或者认为经济增长过程是螺旋式攀升的过程,在此过程中,经济增长速度周期变动,因而用周期性增长来描述动态变化过程更有意义,这样增长和周期就可归结为同一个过程,直接考虑周期性

经济增长,而不是将两者割裂。

实际上早在20世纪40年代,熊彼特就指出经济增长和周期波动具有内在关联。熊彼特在"创新理论"中提出,创新在推动经济增长过程中同时会形成不同长度的经济周期。他的经济发展理论建立在创新理论之上,主要分析长期经济增长;在此基础上进一步用创新理论来阐释经济周期,他特别采用了历史分析方法,印证了不同程度的创新在推动经济增长的同时,会形成不同长度的经济周期。他认为经济增长和经济周期都可以归结于创新活动。如果将创新活动视为技术变迁,小的技术变动则可认为是技术冲击,这就是经济波动的一个重要思路;而大的技术变迁能够带来持久的经济增长,从而形成大的经济周期。总的来看,经济系统往往都处于程度不等的技术变迁之中。

Kydland and Prescott(1982)研究了技术冲击对宏观经济的影响,并形成了真实经济周期(RBC)分析框架,不仅在方法上将长期经济增长和短期经济周期进行统一,而且在内涵上也将两者连接起来。在方法上,对短期经济波动的分析更多地从总量方法转向长期经济增长所采用的 Ramsey 分析方法,也就是具有微观基础的一般均衡模型。Kydland 和 Prescott 对20世纪80年代以前的观点进行了辨析,这些观点认为,经济波动是在经济增长过程中各种要素叠加而形成的,而且主要是货币因素在起作用。他们否定了将变量的系列(time series)视为因素叠加的观点。Prescott 认为,将这些数据区分为趋势和对趋势的偏离被证实是有益的,但在他自己看来,对趋势的偏离在后来被称为波动,主要是一种操作性的概念,而不是外界所谓的理论。他认为 RBC 的核心论点是——经济增长和经济波动同属一个现象。[①]

如果将他们所说的技术冲击视为技术创新过程的一种表现形式,那么可将这种波动归结到熊彼特创新理论,从而能将经济增长和经济波动更好地连接起来。但尽管 RBC 对技术冲击及其影响做了开创性的研究,却并未对技术变迁的形式做更深入的研究,只是设定技术冲击服从一个简单的随机分布。相比而言,Aghion and Howitt(1998)对技术变迁做了更为全面的研究。他们对近年来有关增长和周期的结合研究做了回顾,认为更恰当的描述应该是:技术的"创造性破坏"(creative destruction)会同时导致经济增长和经济周期波动,两者具有一致的根源,而 Aghion 和 Howitt 的目标是将宏观经济学纳入他们一直倡导的以"创造性破坏"为特征的熊彼特增长

---

① 这是 Prescott 给笔者回信所作的解释。

模型基础之上。

"创造性破坏"思路与"创新"理论具有类似之处,两者都由熊彼特提出,因而在研究中时常被不加区分地使用。但"创造性破坏"比"创新"更进了一步,强调了创新是个新旧交替过程。"创造性破坏"思路在新增长理论中得到了更广泛的应用,因为"创造性破坏"强调了结构变换;在具体含义上,它更为现实地说明创新所得的垄断利润是暂时的,源于创造的对先前的"破坏",最终也会被后续的创造所破坏;在表现形式上,由于厂商获得的垄断利润是暂时的,在创新成功之后会考虑竞争对手的行为,从而改变其自身的利润函数和研发决策。

本章的第二部分是文献综述,对既有的将长期经济增长和短期经济波动进行结合研究的进展作一个说明和评述。这些文献几乎是围绕着熊彼特的思路展开的,或应用了创新理论,或运用了"创造性破坏"思路。这些思路包括了熊彼特所论述的创新中存在的集群现象(或成群现象,cluster)、创新过程中的调整过程、创新的程度划分、金融和不完全金融市场对创新的作用等。但这些文献对创造性破坏的具体形式和过程都有所忽视,而这是导致经济周期性波动的重要根源。

因而第三部分将考虑"创造性破坏"的具体形式和动态特征。追踪以"创造性破坏"为特征的熊彼特增长模型所蕴含的生态学含义,将生态学和经济学进行对比研究,围绕着"创造性破坏"的竞争和进化含义,探讨产生周期性增长在生态学上的根源,特别考虑种群关系与技术(产品)替代之间的相似性,在比较分析的基础上揭示经济增长过程中产生周期波动的原因。借鉴生态学上的结论和方法,对技术和产品的"创造性破坏"过程进行模拟分析;并特别引入了竞争的多种类型,这些竞争类型的引入进一步丰富了经济学分析的内涵,并且将经济系统的复杂特征更加真实地描述出来。

在下一章我们进一步提供了一些经验证据,选取美国的经济增长作为分析样本,在方法上则应用了一些非参数的 Kernel 估计,拟合经济增长过程。这些经验分析表明,很难认为存在着经济增长理论中所说的均衡增长路径,而更多的应该是周期性经济增长。

2 文献综述:长期经济增长与短期经济波动之间的关联

将长期经济增长和短期经济波动进行结合研究已成为当前宏观经济学研究的一个热点领域,同时也是个前沿问题。这些研究主要围绕着熊彼特的思路展开,方法上主要以熊彼特内生增长模型、特别是多部门的熊彼特增长模型为基础。这些研究思路主要有:创新的集群效应、创新过程中的调整过程、对创新强度和技术类型的划分、不完全市场的作用等。绝大部分思路都源于熊彼特,部分则是对熊彼特的观点进行补充和修正,对创新过程做了更翔实的分析,特别是不完全市场思路非常独特。这些研究将长期经济增长和短期经济波动在一定程度上连接起来了。

2.1 创新过程中的集群现象:企业家一起行动与创新成群出现

Shleifer(1986)区分了发明与对发明的实施(或类似于金融期权所描述的"执行",implementation),实质上是将熊彼特的发明和创新有所区别的观点进行进一步分析。Shleifer 主要讨论不同部门的企业是否会将已经在不同的时间内获得的发明在同一个时间一并实施和应用:如果存在同时实施和执行的情形,那么将存在总需求较高的时点,并形成更高的需求、更快的经济增长;相反,在不实施和执行的时间段,增长速度则比较慢。这样就形成了多个均衡点,周期性增长由此产生。其中,预期是形成周期性增长的重要因素,仅当这些不同部门的企业家同时预期到需求会提高的情形下,他们才会无意识地一起行动(执行)。有所不同的是,熊彼特认为创新主要是创造需求,而 Shleifer 则认为,企业及其创新在现实生活中更多的是适应市场,所以导致了对总需求的共同预期和依赖,集体行动变得更加有利可图,进而使得周期性增长均衡存在。应指出的是,Shleifer 的分析潜在设定了不同技术的互补条件,但他并没有对此加以重视。

Francois and Lloyd-Ellis(2003)直接将创造性破坏和动物本能(animal spirits)联系起来,尝试着建立内生周期增长模型,这种分析思路很接近熊彼特的创新会呈现成群现象的观点:创新一起出现,就会不断涌现并形成创新浪潮。在多部门熊彼特增长模型中,各部门进行单独的创新活动,但会同时形成创新活动的"集体行动",从而形成一般意义上的高峰和低谷,繁荣和萧条。Francois 和 Lloyd-Ellis 就是在 Shleifer 研究的基础上做了进一步研究,很多结论也类似于 Shleifer,但在研究方法上更进了一步,同时特别考虑到了 Shleifer 在最后提到、但没有进行研究的问题——技术创新成群出现从而显现出整体经济具有很强的"活力"。他们试图建立一种允许技术研发被储藏的内生周期增长模型,即一个基于熊彼特的创造性破坏为特征、有 R&D 投入和创新的内生增长模型;他们直接用凯恩斯所指出的类似于"动物本能"的特征来描述经济增长所具有的周期性增长特征,用"创造性破坏"和"动物本能"的命题来沟通增长与周期之间的内在关联,并试图解释是否存在着经济周期对经济增长的反馈效应,以及增长过程中的复苏(uptown)与衰退(downtown)是否对称等问题。

2.2 创新过程中市场与投资的调整

Matsuyama(1999)认为新古典增长模型和熊彼特增长模型描述的是增长过程中的不同方面,新古典模型主要强调资本积累,而熊彼特增长模型强调创新,但实际上两者往往是周期交错的,所以得出"在周期中增长"(growing through cycles)的结论,这意味着经济增长过程通常是不稳定的。Matsuyama 在两种增长模型基础上做了进一步推论。在经济增长理论中,新古典增长模型主要分析资本积累的作用,所以他称该区间为 Solow 区间,在 Solow 增长模型中由于资本的边际收益递减,经济增长必然会在达到定点状态之后停止;而熊彼特增长模型主要以创新(创造性破坏)为主要特征,经济系统由于研发和创新而会有均衡增长路径(balanced growth),他称此区间为 Romer 区间。他的特别之处在于:提出了第三种状态的存在——"周期波动",它介于前两种状态之间,并在其中来回切换,而且经济系统主要处于第三种状态。他对不同状态作了具体分析:在 Solow 区间,由于投资较高和产出较高,经济增长速度会较高;相反,在 Romer 区间,由于部分资源投入到创新活动,经济增长速度会有所下降。导致创新活动和增长速度等发生变更的原因是市场的变化,只有市场到达一定规模时,创新才有可能;而一旦更多的厂商进行研发决策和创新,并进入市场,此时市场将会过度拥挤,单个厂商所能获得的份额和利润有限,创新逐渐变得不再有直接的诱惑。

Evans *et al.*(1998)尝试解释在经济增长过程中周期出现的可能性,他们的切入点是投资决策。所采用的分析框架是垄断竞争模型,同时增添了生产领域的不同中间产品之间关系的互补条件,初始新生产一个产品存在一定的固定成本。他们认为,存在着对随机干扰不同的预期,在这种状况下,经济体系会存在多重周期均衡,均衡状态具有不确定特征。他们设定了两种状态:高投资水平和低投资水平。产生投资状态变动的原因是对经济系统中随机干扰的预期。在预期不确定条件下,经济增长就伴随着波动的过程,产生高峰或膨胀的机制在于自我加强(self-fulling)的预期,而在两个区间来回转换称为周期性增长,他们认为这就是形成大波动的机制。

2.3 突破性技术进步与周期性增长

技术进步按程度可以划分为普通的技术改进(improvement)和具有强

有力推动作用的"根本性突破"(breakthrough,或 general purpose technology,GPT)。普通的技术改进对经济的影响有限,经济的增长速度相对平稳,但突破或根本性的技术进步则会对经济系统产生根本性的影响,形成持久而强有力的经济增长。

Helpman and Trajtenberg(1994)就用 GPT 的"播种"和"收割"形象阐述了 GPT 的研发投入和获得收益的过程,他们分析经济增长的动态过程及其动态特征,特别是增长过程中会产生周期的原因及表现方式。GPT 可以视为经济增长的发动机:大的技术进步具有广泛的应用前景并能够带动后续的技术创新,所以会形成长时期的高速经济增长,推动经济的繁荣。经济周期会在 GPT 推动持久的经济增长过程中内生出现。他们将大的技术进步细分为两个阶段:大的技术创新到来是第一阶段,主要是具有巨大突破的技术研发成功;第二阶段是在这项大的技术进步来临之后,以补充为主要特征的技术创新随之而来。在以补充为特征的产品创新到达一定程度时(这表明存在阈值效应,threshold effect),又一次新的技术创新浪潮会随之而来。GPT 为主要特征的经济增长可以解释历史上重大的技术进步所形成的长时间的繁荣和萧条。

Cheng and Dinopoulos(1996)则将技术细分为突破与改进,由此分析产生周期性增长的原因和过程,他们所构建的是内生周期理论,由多部门的熊彼特增长理论模型自然拓展而成。新产品所蕴涵的技术含量决定了是否存在着定点状态:大的突破——GPT 的到来决定着周期的产生,如果技术改进的递减收益程度高(比如技术改进带来的成本高于技术突破所带来的成本),则存在唯一的定点状态,这时只存在大的技术突破,而没有一般的技术改进,此时也不会有经济周期;相反,如果技术改进的递减收益程度较低(如某些技术的改进相对于突破的成本要低),则不存在定点状态,此时稳定的创新模式就产生了确定性的内生经济周期。但他们这种研究对大的突破做了很强的外生设定,同时这种经济周期也不是以繁荣和萧条为特征,而主要是经济波动。

Aghion and Howitt(1998)在 GPT 的基础上考虑社会学习(social learning)因素,实际可以看作是 GPT 的传播和应用过程。通常的观点是将一项创新过程划分为发明和应用两个过程,而他们将创新细分为三个过程:第一,发明阶段,GPT 必须首先被发明,而且只能是大的技术,并具有很强的应用前景;第二,试验阶段,为了创新,企业家必须获得试验的"模板"(template),在此基础上学会该项大的技术;第三,应用阶段,在试验的基础上将大的技术进步应用到具体部门中。在这种划分下,所有的部门存在三种状态:第一是没有获得试验的"模板";第二是获得了模板但尚未发现怎么实施和应用;第三是成功实现了转换,并开始大规模地应用 GPT,从旧的技术跳到新的技术层次,获得真正意义上的创新。整个过程是逐步完成的,并且是不稳定的,是在不断波动的。他们分析的着眼点是有多少部门获得了转换,并用这些部门占所有部门的比例来分析动态过程,那些处于转换过程和已经完成转换的部门的比例以及其线性自治微分方程是分析的关键和基础,在此基础上可以进行动态分析和比较静态分析。他们的研究认为,社会学习的过程通常比较缓慢,所以要在一定的年限后才会达到一个高峰。

2.4 不完全市场、风险与周期性增长

熊彼特认为,金融和货币资本在企业家实现创新过程中有着很重要的作用,熊彼特也被认为是"金融的发展与经济增长"领域的早期代表人物之一。但从现有的研究看,很难从正面印证某个要素具有重要作用,因而当前很多研究人员尝试着从另一个角度分析该问题:考察金融市场不完全状况下经济系统所具有的特征,然后对照市场完全的理想状态进行对比分析。不完全市场问题是当前经济学的研究前沿领域之一,在这类研究中,经济增长和经济周期时常被内在连接起来。

Angeletos and Calvet(2001)在 Ramsey 模型基础上引入不完全市场因素,分析市场的不完全对整个经济系统所可能的影响。经济系统中通常存在着生产和技术冲击,由于金融市场是不完全的,无法对这些风险进行恰当的定价,也没有对应的资产来规避和防范此类风险,因而无法有效地抵御这些冲击。经济主体出于预防性的动机会考虑增加储蓄,从而在增长过程中会产生周期性波动。一旦有无法规避的风险存在,无效率的行为就可能存在:由于个体存在差异,通常所作的假设——"个体相同"(identical)就无法满足,特别对于厂商而言,必须承受无法规避的风险。因而,汇总所得的总量水平不能到达市场完全条件下的水平。整个经济系统就可能处于低效状态:投资处于次优状态,经济处于"贫困陷阱"和内生周期波动之中。Angeletos and Calvet(2003)则主要在标准的新古典模型基础上分析无法规避的生产风险对经济增长的影响。由于市场的不完全,无法规避的生产冲击引致经济增长过程中出现经济周期,并且会使得周期的幅度和维持的时间分别被放大和拉长。

Heaton and Lucas(1996)从金融市场角度分析了总量上和微观上的无法规避的冲击(这些冲击包括了技术的波动和个体的收入不确定性所构成

的冲击)所具有的影响,此时市场是不完全的,特别地,他们考虑了金融市场存在交易成本条件下经济体系中个体的行为特征和这些冲击对收益、风险及消费的影响。

2.5 文献评论

从最新的研究进展看,在以创造性破坏为特征的经济增长过程中,有多种因素可以导致经济的周期波动,这种动态特征越来越多地引起了经济学家们的关注,周期性经济增长过程成为当前经济学研究的热点。从增长过程看,确实很难认为经济系统存在着确定性的增长轨迹,而更多的应该是周期性增长过程;很难认为长期的经济增长和短期的经济波动(冲击)是分离的,经济增长和周期本身是同一经济动态过程的两个内在相连的方面。经济增长的过程内生地存在着周期变换。从理论上而言,经济学在对同一个过程的两个方面做"专业化"研究之后,必须强化结合研究,特别是对这两个方面的内在联系和相互影响做更进一步的研究,包括周期性增长过程的特征和形成方式、增长对周期的影响、周期波动对增长过程的影响等。

这些研究广泛采用了创新理论和创造性破坏的思路,实际上就是对技术进步进行深入研究,试图揭开技术进步的"黑匣子",但这些研究的一个明显的缺陷是,对技术的创造性破坏所可能的形式并没有进行深入和明确的研究,往往设定新创造的技术和既有的技术之间是简单的替代关系或者是互补关系,这是个普遍采用的核心假定,但对这个核心假定表现得过于随意。正是过于简化的假定和对技术与技术之间内在关系的忽略,影响了对经济系统的更深入的理解和认识。这些简化的假定在真实经济周期的研究中同样存在,真实经济周期模型对技术冲击做了更为简单的设定——随机独立同分布(i.i.d)。但不同类型的技术及同类型技术之间的不同替代关系显然会产生不同形式的作用和影响,这种技术冲击直接影响着经济系统的长期和短期特征,因而有必要对经济增长的内在动力——以创造性破坏为特征的技术进步做更进一步的研究。

3 竞争类型、创造性破坏过程与周期波动:
周期性增长的生态学解释

熊彼特所提出的"创造性破坏"概念直接源于生物学,这种动态竞争被认为是经济系统变化的本质特征之一,而竞争也是生态学和生态系统的核心内容,因而可以考虑生物学、特别是生态学与经济学之间的联系。同时,因为生态学研究具有可重复和可控制等自然科学的特点,取得了诸多有意义的论断,因而本研究将借鉴生态学的结论,并应用生物数学的方法对经济系统进行分析,在此基础上更贴切地分析技术替代过程及对经济增长动态过程的影响。

3.1 生态学与经济学的内在联系

生态学(生物学)与经济学具有内在的一致性,经济系统和生态系统同样如此,在一定程度上可以说,经济系统只是生态系统的一个部分。它们在研究方法和具体内涵上都有着诸多近似之处,因而在分析创造性破坏过程中,本研究将引入生态学的方法和结论。在方法上,主要以动力系统方法研究系统变化过程,用微分或差分方程刻画变量的变换过程,再从方程或方程组中分析定点状态和转换动态,这是动力系统的通用分析方法和程序,同时还采用数值模拟的方法模拟整个变化过程。在经济学中,这种范式得到了越来越广泛的应用,而生态学应用得更为充分。

在含义上,生态学和经济学的很多结论有着惊人的相似之处。最基本的是"创造性破坏"的进化含义。创造性破坏概念源于生态学,旧的结构会被新的结构所替代,在生态学上这就是进化过程。随着时间的推移,环境会随之改变,总有部分个体或种群会在生态系统中消失,只有能够适应环境变化的个体或种群才能继续生存下来——"适者生存"。在生态进化过程中,新的物种或种群会出现,一般称为"突变"过程,从微观上解释则是基因发生变异。这个进化过程就是新老更替过程,熊彼特在生物学体系之外创造了"创造性破坏"这个词汇来描述这个新老更替过程。经济系统也可以被看作存在进化过程:经济增长过程等同于进化过程。之所以有经济增长是因为有了新的产品(技术),或者产品(技术)类型增加或者质量提高。技术可以视为一种产品,所以一般情况下我们不再加以区分。

竞争理论是生态经济学的核心,也是以"创造性破坏"为特征的内生增长理论的核心。张大勇和姜新华(2000)较充分地回顾和总结了生态学和进化研究中的竞争理论。竞争理论往往等同于生态学理论,竞争贯穿于整个生态学,竞争机制也就是生态进化机制。生态学所研究的竞争理论远远比经济学丰富和现实,生态学研究中还有种竞争,称为"似然竞争"(apparent competition),这是经济学完全没有涉及的,但在经济学中却隐含了这种竞争方式。"似然竞争"指的是物种之间通过捕食者为中介而形成的竞争方式,物种之间间接存在负作用,不同于上述的资源为中介形成的竞争方式,主要的形式是"捕食者——猎物(诱饵)——猎物",在这个过程中存在着多个猎物,猎物之间存在负作用,但他们的作用方式是通过捕食者形成的。

将产品和技术等同于物种和种群,不同的产品和技术并不是孤立存在的,而更多的是相互作用。它们所竞争的是生存空间,至少是在人类(或企业家)有意识作用下的竞争手段和体现方式,这种生存空间可以认为是消费者的消费份额。有生命力的产品和技术能够在竞争中取得竞争优势,会有更多的消费支持。在生态学中,物种和种群不断地进行生存空间竞争,既有的物种和种群的结构会发生变化,部分会被退化。在环境等因素作用下,通过遗传而发生的基因突变会形成新的物种,逐步生长而达到一定规模后会形成新的种群。这种结构变化的微观基础是基因发生了突变,更内在的原因是环境改变加剧了竞争的激烈程度,从而天然地生成了更具生命力的新个体。同样,在经济系统中也可以进行类似的描述:在经济系统中,部分产品具有绝对或相对的优势,能够在竞争中占有更多的市场,而部分产品由于竞争能力不足市场份额会逐渐下降。在既有的产品之外,总有企业家为了垄断利润会努力引入新产品,新产品总会出现。这些新产品产生过程可视为突变过程,因为产品要不就是全新的,要不就是在原来的基础上做了改进而形成的,具有更强的适应能力(有着更好的"基因"),否则就不会有存在的价值。总的来看,经济系统的变化过程同样是通过竞争实现的,整个作用方式也与生态系统相似,新产品(技术)的出现是关键,如同基因突变是进化的关键。

突变具有很强的随机性,因而生物进化过程通常不会平稳,很难预测基因会在哪一个时点发生突变,同样很难预测究竟是哪一种基因会发生突变;对照经济系统,经济增长过程也很难认为是平稳的,增长的动力在于新产品或具有新特性的产品出现,至于哪一种产品会出现及何时出现也难以预测,经济系统尽管存在着人类有意识的控制努力,但并不表明经济增长过程能够进行人为的控制。

即使企业家有意识的研发和创新活动可以在一定程度上改变新技术和产品的到来,但技术和产品之间的创造性破坏形式同样具有多样性,正如种群之间的关系并不是简单和单一的,因而需要考察种群之间的关系和产品之间的关系。

3.2 种群关系、技术(产品)替代及动态模型

我们通过具体刻画物种(种群)之间的关系,并对照研究技术(产品)

之间的关系,在此基础上对技术的创造性破坏过程作更精细的描述。创造性破坏刻画的是不同的技术之间的相互作用过程,所以我们分别参照考察单个、两个和三个种群之间的多重关系。

1. 单个种群

单个种群的生存模型不考虑其他因素的影响,一般用线性增长模型表示,这是生态学上最简单的例子;如果考虑生态系统因素,则用 Logistic 模型刻画,表示为:$\dot{N} = NF(N)$,其中 N 表示种群的数目,$F(\cdot)$ 为变化速度函数。最简单的线性增长模型中 $F(N)$ 是常数 g,直接可以得到种群数目。通常物种(种群)会受到整个系统的资源制约,而不会无限制地增长,因而用 Logistic 模型来描述物种的变化过程更准确:$\dot{N} = \alpha N(K-N)/K$,其中 α 表示内禀(endowment)增长速度,而关键是引入了容纳量 K,一般称为负载量(carrying capacity),该方程的重要特征是物种密度(数量)会逐渐增大到系统的容纳量 K,但增加的速度不断降低。这两类简单的方程在经济学中得到了充分的应用,对于线性增长模型,"平衡增长路径"就是这种形式,因而初值已知情形下物种在时刻 t 的密度为:$N(t) = N(0)e^{gt}$;而第二类模型是存在"定点"(steady state)状态下的基本形式,方程的解为:$N(t) = K/[1+(K/N(0)-1)e^{-\alpha t}]$,关键的特征是该方程存在唯一的均衡点 K,在 $N = K$ 点上系统是稳定的,整个动力系统是渐进稳定的,所以在求得定点状态之后可以求得收敛速度。这是宏观经济学、特别是增长理论在方法上的背景,同时也是生态学上最基本的处理方法和最简单的结论。因为考虑的是单个种群的变化,除了对整体系统的影响外,不再考虑其他因素的作用,特别是不考虑相关物种可能的影响。但比较而言,生态学在此基础上做了进一步研究,考虑在同一个生态系统中的其他物种可能的行为和可能的作用,继续探讨物种之间的相互作用。

2. 两个种群与两项技术(产品)

在生态学中对物种和种群的关系一般按照竞争的程度进行划分,最基本的是对两个物种或种群进行划分。可以划分为(陈兰荪,1988):第一,捕食者—被捕食者(诱饵)(Predator-Prey),这种关系说明两种种群之间的竞争是直接的,但又是单向的,捕食者的生存至少是部分地建立在被捕食者基础之上,捕食者可能还有别的生存渠道,也可能只有被捕食者一种来源,此时被捕食者种群灭绝的可能性加大;第二,寄生物—寄主(Host-Parasite),在生态学中寄生虫就是通过这种方式生存的,特别是病虫等,主要依附于寄主,一旦寄主由于过多的寄生物而无法生存时,两者都可能无法生存,在"竞争中共存"是这类关系的特征之一;第三,两种种群相互竞争

(competitive),但不直接发生作用;第四,两种种群互惠共存(mutualistic and commensal),种群间互相补充,体现在食物链中,两个种群以同一个食物为生,但各自获取的部分不同,所以某一种群获得了食物之后会对另一种群有益,彼此之间没有直接竞争和冲突。

生物学上用微分方程描述两种种群的变化过程,最简单的是两种群互相作用的 Volterra 模型(也称为 Lotka-Volterra 模型):

$$\dot{x} = x(b_1 + a_{11}x + a_{12}y) \tag{8.1}$$

$$\dot{y} = y(b_2 + a_{21}x + a_{22}y) \tag{8.2}$$

其中,x,y 分别表示两种群 X,Y 的密度;而 b_1、b_2 在生态学上表示为内禀增长率(自然生长率),指的是在既有的生存环境下,没有其他因素干扰所具有的增长速度;对整个系统具有决定性作用的是参数 a_{ij},参数的符号表明种群之间相互作用的类型,而参数的大小则决定了相互作用的程度。

对于(8.1)式和(8.2)式构成的二维动力系统(2 个微分方程),可以分析是否存在唯一的均衡点,并考察其稳定性。参数已知的动力系统可直接得到显示解。设定物种间的关系满足这种形式(或渐进地符合),就可以用现实生态系统所能观察到的数据进行拟合,得到拟合参数,并分析拟合优度。事实上,这种收敛过程可视为波动过程:从一个初始状态到假设唯一存在的定点状态通常需要时间,而且随着越来越逼近定点状态,收敛速度通常越慢。一旦存在着干扰,如果系统是稳定的,会继续趋向定点状态;而如果系统是不稳定的,就会偏离定点状态。这种方法依赖于定点唯一存在的假设,实际是对动力系统的函数形式的设定及参数的范围。这些问题在生态学研究中更为充分,生态学比较注重分析系统的稳定性问题及动态特征。

两种群相互作用的模型可以用 Kolmogorov 模型表示:

$$\dot{x}_1 = x_1 F_1(x_1, x_2) \tag{8.3}$$

$$\dot{x}_2 = x_2 F_2(x_1, x_2) \tag{8.4}$$

陈兰荪(1988)归纳总结了(8.3)式和(8.4)式构成的 Kolmogorov 模型的稳定性问题。主要是全局稳定的充分条件,如果两种群都是密度制约的,也就是 $\partial F_1/\partial x_1 < 0, \partial F_2/\partial x_2 < 0, \forall x_1 > 0, x_2 > 0$,那么两种群相互作用的 Kolmogorov 模型就是全局稳定的,而不会存在周期轨道。对这个基本的模型加以拓展,主要考虑存在一阶连续偏导的情形,也就是种群相互作用的程度。此时可能存在奇点,并且可能有着周期轨道,某个种群也可能被灭绝($x_i \leq 0$)。还可以进一步地考虑有投放或常数收获率(生态学上的外在增加的情形)的捕食者—被捕食者模型,以及具有时滞的两种群相互作用的模型。随着考虑的问题越来越复杂,模型越来越接近现实,同时出现周期解的可能性也加大。

可以近似地将两个种群等价于两项技术或产品。不同类型的技术(产品)之间有着几乎类似的相互关系,特别考虑存在一项技术条件下,新产生一项技术(可看作引进一项技术)。这两项技术在同一个系统和环境之中,所以一般会有着相互作用,即使没有直接的关联,也会间接地发生作用。如果这项技术表现为最终产品,它们必然要在消费市场上争取有限的消费额度。直接的作用和关系则可以类似地进行如下分类:第一,直接的生存竞争,两项技术为了资源展开竞争,同部门和类型的技术之间的竞争属于这种类型,它们通常是抢占同一个有限的市场。第二,捕食者—被捕食者竞争,这种情形下,新技术可以认为是捕食者,而原有的技术为被捕食者,新技术逐步挤占既有的市场。如果两项技术几乎是同一个类型的,原有的技术被完全替代是可能的,如果或多或少存在着一定的差异,原有的技术还有部分的生存空间。如同在生态圈中部分种群数量会减少,但随着数量减少,密度下降,捕食者觅食难度增加和被捕食者被捕获概率降低,所以总能在一定范围共同存在,在经济系统普遍存在着新老技术(新旧产品)共存的局面。第三,寄生物—寄主竞争,两项技术在竞争中共存,新的技术依附于原有的技术,新的技术主要以补充为特征,但这种补充也会使得原有的产品份额减少,它们之间具有竞争关系,一方处于优势地位,寄生物主要通过寄主获取生存空间,但竞争的双方具有相互依存特征,一旦寄生物太多,寄主也无法生存。产业链上的主导技术和附加技术可以视为这种关系。第四,互惠共存,新的技术的产生使得原有的技术的市场份额能够得以加大,同时既有的技术的拓展也有利于新技术的应用,它们之间没有直接的竞争关系,可能存在间接的竞争关系,主要是对整体资源的竞争,但新的技术会拓展新的生态空间,这部分抵消了整个系统资源的竞争压力。不同的部门、行业或类型的技术之间的关系属于这种类型。最突出的是新出现的计算机技术与零售业,计算机技术的提高可以用于零售业从而提高零售业的效率,而零售业的效率提高会使得计算机的销售成本更低并得到更广泛的应用,这两者之间的关系是相互促进的。当然技术与技术之间的关系也不是简单和明确地属于哪种关系,往往为多个关系的交叉和混合关系。一项新的技术和在整个经济体系中的原先的技术的关系取决于技术的特征和类型。

在"创造性破坏"过程中,熊彼特主要描述了新的技术(产品)直接替代旧产品的过程,新出现的技术创新是捕食者—被捕食者之间的关系,而且这个替代过程是即刻完成的;此后的多部门熊彼特增长模型主要设定所创新的各种新技术之间没有什么关联,不考虑可能的互惠共存关系和彼此之间的相互作用;对于大的技术创新(GPT)模型,主要认为是新出现了一个"寄主",可以逐渐地产生更多的"寄生物",同时这些寄生物之间又是互惠共存关系。

"创造性破坏"主要考察的是新产品替代原有产品的过程,但这个过程中只是简单考虑了两种产品(技术)之间的关系。但更客观地看,"创造性破坏"的过程中新产品和多种产品之间存在复杂的作用。更具体地分析变化过程有助于揭示整个经济系统所具有的动态特征,因而我们进一步考察生态系统中多个种群之间的关系,从而了解经济系统中多种技术(产品)之间的多维关系。

3. 多个种群与多项技术

生态系统本身是个复杂系统。最微观的是基因,不同个体基因不同,基因在遗传过程中还可能发生变异,从而产生新的特征;不同的基因构成不同的个体,生态圈中个体的数目和品种繁多;有着相近特征的个体构成种群,类似于宏观生态学。种群首先与环境相作用,种群依赖于所生存的环境,从生态圈中获得生存的资源和能量,同时影响着生态环境。如果在获得外部资源的同时也形成新的资源,那么将对整个生态圈有着正面的促进效应,而一旦更多的是掠夺或占有和数目膨胀,则会破坏生态圈。对种群的分类可以发现,种群之间有着多种不同的作用和影响。即使在确定性状况下,也存在复杂特征,一旦考虑到不确定因素,生态系统将更为复杂。为了简单起见,下面初步考虑由三个种群所构成的生态系统。

设定初始时刻有两种群在生态圈中占据主导地位,分别用 x_1, x_2 表示,它们共处一个生态环境中,发生相互作用,可以用两种群相互作用的 Kolmogorov 模型描述它们的关系。在此基础上引入第三个种群 x_3,此时三种群之间的关系就更加丰富。一般地表示为:

$$\dot{x}_i = x_i F_i(x_1, x_2, x_3), \quad i = 1, 2, 3 \tag{8.5}$$

设定三种群之间的作用形式可以用线性化方法来表示,则(8.5)式可以改写为三种群的 Lotka-Volterra 模型:

$$\dot{x}_i = x_i \left(c_i + \sum_{j=1}^{n} a_{i,j} x_j \right), \quad i, j = 1, 2, 3 \tag{8.6}$$

其中,c_i 表示种群 i 的内禀增长率,大于 0 表明内禀出生率大于死亡率,反之则反是;$a_{i,j}$ 表示种群 i 对种群 j 的作用系数,大于 0 说明 j 种群对于 i 有正面影响。如果 $a_{j,i}$ 同样大于 0 表明种群 i 和 j 之间的关系是互惠的,等于 0 则表明没有明显作用,小于 0 则表明是负向作用,更多的是竞争关系;对于 $i=j$ 时参数 a 的值,主要衡量种群是否是密度制约型的,大于 0 表明随着密度的加大反而有利于繁殖,等于 0 说明与密度无关,小于 0 则表明是密度制约型的。可以很简便地拓展到 n 种群的模型,含义和表达类似。

对于两种群存在 3 种类型关系:捕食者—被捕食者(寄生物—寄主),相互竞争,互惠共存关系。对于三种群之间的关系会变得更为复杂。即使考虑捕食者—被捕食者关系,也存在着 34 种关系。考虑一般的关系:决定关系的主要因素主要是 $a_{i,j}(i\neq j;i,j=1,2,3)$,而常数的内禀增长率不会影响种群之间的关系,种群是否是密度制约也不影响种群关系的种类,种群间的关系主要通过参数的符号体现。

我们可以作类似的分析,新出现的技术(产品)和原来的技术(产品)间也存在着多种类型的复杂关系。新的技术和原有的技术可能是直接的寄生物—寄主(捕食者—被捕食者)关系,或竞争关系,或互补关系。当新技术和既有的一项技术是捕食者—被捕食者关系,而和另外一项技术是竞争或互惠共存关系的情形下,所具有的动态特征特别值得关注。可以直接过渡到经济增长领域中:新出现的技术(技术 3)和既有的一项技术(技术 1)是替代关系,"创造性破坏"直接地破坏该项技术(技术 1)的市场;而和另外一项技术(技术 2)是互惠共存的关系,这样,将有两项技术(技术 2 和 3)与技术 1 保持着同样的竞争替代关系,至于技术 1 和 2 之间的关系,还可以做更多的区分。

4. 功能反应与非线性特征

对种群之间的作用形式作线性设定主要是从问题的简化处理角度考虑,生态学研究意识到该设定存在一些缺陷。在捕食者—被捕食者关系中,保持线性设定,捕食率与食物密度成正比,当食物无限增加时,单位时间内每个捕食者吃掉的食物无限增多,捕食者永远处于吃不饱的状态(陈兰荪和陈键,1993),这与客观自然界情形不符。因而在生态学中,种群间引入了功能反应特征。两种群有功能反应状况下的种群数目可以用下列动力方程表示:

$$\dot{x}_1 = x_1 F_1(x_1,x_2) = x_1(c_1 - a_{11}x_1) - \phi(x_1)x_2 \qquad (8.7)$$

$$\dot{x}_2 = x_2 F_2(x_1,x_2) = x_2(-c_1 + a_{21}\phi(x_1) - a_{22}x_2) \qquad (8.8)$$

其中,$\phi(x_1)$ 表示为捕食率。这样对 $\phi(x_1)$ 进行分类,一般分为三种功能反应形式。第一种功能反应是具有门槛(阀值)效应的功能反应,将 $\phi(x_1)$ 表示为① $\phi(x_1) = ax_1$,当 $x_1 \leq \overleftrightarrow{x}_1$;② $\phi(x_1) = a\overleftrightarrow{x}_1$,当 $x_1 > \overleftrightarrow{x}_1$。生物学的试验表明这种功能反应适合于研究低等动物的行为。第二种功能反

应的函数形式为 $\phi(x_1) = \alpha x_1/(1+\beta x_1)$。第三种功能反应的函数形式为 $\phi(x_1) = \alpha x_1^2/(1+\beta x_1^2)$。第一种功能反应说明初始捕食率是线性增加的,而达到一定程度后不会改变;第二、第三种功能反应说明随着密度的增大,捕食率会有所下降,这两种功能反应的变化过程有一定的差别。但这三种功能反应的引入都使得整个动力系统直接变为非线性的动力系统,非线性的动力系统产生不稳定或周期解的可能性加大。

经济系统同样存在功能反应。任何一项技术和产品都不会有无限膨胀的过程,初始扩张时速度会比较高(也可能是在途中加速),而到达一定程度后增速放缓。最直接的例子是资本边际收益递减规律,在消费函数中也存在着边际消费效用递减规律。

考虑三个或更多种群和更多关系组合的功能反应对研究复杂的系统更有所帮助,同时分析的难度也会随之增加。

3.3 动力系统的动态变化过程和稳定性

动力系统是否存在稳定解以及解的唯一性都是重要的研究对象,对过程作具体分析则可以更多地揭示其动态特征。通常是用转换动态(transitional dynamics)和收敛方法分析转换过程,但这种处理方式存在一些问题,也是经济增长理论广泛采用的动态分析方法的缺陷所在:动力系统未必是稳定的,甚至未必存在唯一的均衡点(定点)或均衡增长的路径。随着动力方程数目的增加,方程的维数加大,整个系统更为复杂,系统不稳定的可能性加大。一般的增长理论模型由于做了很抽象的假定,得出的方程往往能够满足稳定性条件,可以得到增长速度,但即使在这种简化的设定下,随着变量逼近所假设存在的稳定均衡点,收敛速度也是递减的,在渐进稳定过程中速度变缓,有不平稳特征。所得到的增长过程同样可视为动荡过程,增长过程和周期波动本身都是这个动力系统变化过程中的特征。如果考虑到随机因素,系统在受到外在因素的干扰下,出现大的波动和周期特征的可能性增加。

考虑技术(产品)的替代过程就会使经济增长轨道具有更丰富的动态特征。"创造性破坏"通常是逐步实现的,新产品并不会马上替代(完全替代)原有产品,新技术同样也是逐步替代原有技术。事实上,在熊彼特的创新理论中,创新就包括了新市场的形成——一个新的产品先是出现,然后逐步扩大到一个新的市场,这都是创新不可缺少的过程。从小规模的产生到大规模的扩散才构成了整个创新过程,没有明确的证据表明整个过程是确定性的或者是平稳的。

周期性增长有着三种形成方式。第一,假设增长最终是稳定的,那么到达定点状态的过程是渐进的,到达均衡点位置的时间会比较长。在收敛过程中,多重因素会影响系统的动态特征,但外在的因素(冲击)一般不会破坏系统的稳定性,只是暂时性地使系统偏离原有的运动轨道,最终系统会回到原有的运行轨道。第二,系统是稳定的,但均衡并不是唯一的,而是存在多重均衡。假设系统存在多个均衡点,那么决定均衡点的一个重要影响因子是初值,初值会决定既定的动态方程会最终趋向于哪一个均衡位置。在系统运行过程中如果突然有个外部冲击,只要冲击足够大,大到改变轨道的时候,则会使得均衡点的位置发生变化,并且改变它的运动轨道。这种运动特征改变,在生态学中可以解释为:个体基因的变异会使得种群的生存条件发生改变,其他种群的变化方程也随之改变;对应的,有些外部冲击会改变经济系统的运行轨道,最明显的是战争,同样,新技术的产生可以改变既有的经济系统,从而形成新的经济增长过程。第三,这个过程本身就是不稳定的。随着动力系统的维数增加或动力方程时间的滞后引入,产生混沌和分叉(bifurcation)的可能性加大。

已有的经济增长理论都做了很强的假定,将动力系统的维数降低:在Solow模型中一般为一维,即资本积累的动力方程;以Ramesy为基准分析框架的新古典模型则是二维动力系统,即厂商的资本积累方程和消费者的消费变动方程;有人力资本在内的动力系统则是将整个系统变为三维的动力系统;而创造性破坏为特征的新增长理论将不同的产品和行业简单地汇总在一起而形成单个动力方程,加上消费的变化方程,最终也主要是二维的动力系统。

如果将内生增长理论的创新的技术或产品本身加以细化,区分技术的差别和相互作用的种类,并对技术产生和扩张及被"破坏"的整个中间过程加以分析,可以看到增长过程将有更复杂的动态特征。

3.4 三项技术(产品)所构成的系统动态特征和动态过程

生态学广泛采用了数值模拟的方法,经济学也开始逐步应用,所以下文用模拟的方法分析系统变化动态特征,包括有种群变化的进化生态系统和技术相互作用的经济系统。

情形一:技术之间是完全竞争关系,初始具有两项技术,此后在某个时刻如同基因突变一样新产生一项技术,整个系统由三项技术构成。该模式可以等同为以"产品多样化"为特征的技术进步的内生增长过程。增长理论通常将该过程设定为平稳过程,模型如下:

$$\dot{x}_i = x_i\left(c_i + \sum_{j=1}^{n} a_{i,j} x_j\right) \quad i,j = 1,2,3 \tag{8.9}$$

May 和 Leonard 在 1975 年曾经研究了纯竞争的三种群模型(陈兰荪,1988),其中 $c_i = 1, a_{ii} = -1, i = 1,2,3; a_{12} = a_{23} = a_{31} = \alpha \neq 1; a_{13} = a_{21} = a_{32} = \beta \neq 1$,在这种对称性质的特殊设定下,存在着多个平衡点,其中三种群的平衡点为 $E_c(1,1,1)/(1+\alpha+\beta)$。系统的平稳性结论是:① $\alpha+\beta < 2$ 时,均衡点是局部稳定的;② $\alpha+\beta = 2$ 时,任何一个大于 0 的初始值,最终系统都会趋于三维空间平面 $x_1 + x_2 + x_3 = 1$;③ $\alpha+\beta > 2$ 时,再附加设定 $0 < \alpha < 1 < \beta$,此时系统存在唯一的均衡点,而除该点外,在三维空间中,所有轨道都在极限集内,出现极限环。非对称竞争模型中出现极限环的可能性更大,同时也可能出现"奇怪吸引子"(混沌解),混沌解已经被 Vance 在 1978 年得到。

求显示解比较复杂,这里主要通过设定一些参数并用 Matlab 软件来模拟整个过程。第二种情况趋于三维平面解,最终显然会趋于平稳状态,而对于第一种情况和第三种情况,选择性地进行模拟,先分别取参数为 0.8、1.1 和初值为 0.6、0.3、0.02。整个过程模拟的结果如图 8-1 所示,在最上面的线是三个变量的算术和,简单地认为是系统总量。图中显示出整个变化过程并不平稳。初始状态最强大(数目最多)的种群变化最为独特,随着新种群出现,最强大的物种数量在初始阶段反而会增加,相反,初始处于中间状态的种群逐步趋向灭绝。但初始最强大的种群最终还是在经历高峰之后逐步灭绝。新的种群变动过程类似于 Logistic 曲线,而总和曲线则出现反复变动,这在一定程度上印证了增长过程通常是振荡的。

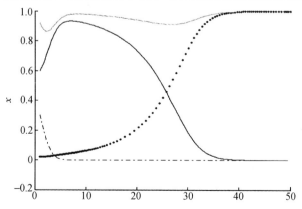

图 8-1 三种群的竞争的过程模拟

注:最上面那条曲线是其余三条曲线的算术平均和,表示整个系统容量。

而对于第三种情形,动态过程来得更为有意思,模拟参数 0.9、1.5、初值为 1.5、1.2、0.2 的系统特征,结果见图 8-2。图 8-2 显示变化过程更为复杂:除了初始处于最优状态的群体出现简单的减少直至灭绝外,另外两种群的变动都出现振荡的特征。系统总量的振荡更为频繁。

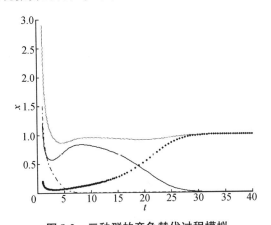

图 8-2　三种群的竞争替代过程模拟

注:最上面那条曲线是其余三条曲线的算术平均和,表示整个系统容量。

从数值模拟看,种群变化不是简单的平稳过程,而且如果再考虑新种群出现的时点不确定,整体系统容量通常会有着更多的振荡变化。

情形二:初始时刻,两项技术(产品)类似于两种群构成一个系统,分别设定为技术 1 和技术 2,这两项技术不属于同一类型的技术,它们之间的关系属于互惠共存。在某个时刻系统再引入一项新技术(技术 3),这项技术如果是不同类型的,此时与技术 1、2 之间主要是互惠共存的;但更多的是类似于"创造性破坏"思路,新技术和既有技术之间主要是竞争和替代关系。考虑新引入的技术 3——它的产生过程如同基因突变,一旦引入新的技术,该项技术与技术 2 有着一定相同之处,比如同属一个类型或是比较高质量的同种技术,技术 3 和技术 2 主要的关系是竞争替代关系,而且新出现的技术 3 比技术 2 具有优势,这种优势可以体现为更高的内禀增长速度,在它们之间的关系上,技术 3 替代技术 2,最直接和容易处理的关系是"捕食者-被捕食者"。这种设定下,技术 2 就像一种诱饵,既有的市场份额越大,新技术 3 的存在空间越大。技术 2 作为被捕食者,所开拓的市场对后续的相类似技术有正向作用。但后续技术的出现及不断扩张将逐步减少技术 2 的生存空间,技术 2 属于被"破坏"的技术,很可能被完全替代和"灭绝"。再考虑新"创造"的技术 3 和技术 1 之间的关系,由于技术 2 和技术 3 类似,可以得到技术 3 和技术 1 同为互惠共存关系。

此时三种群构成的动力系统方程可以表示为：$\dot{x}_i = x_i F_i(x_1, x_2, x_3)$，$i = 1, 2, 3$。其中 $a_{ii} = \partial F_i / \partial x_i < 0$，$a_{12} = \partial F_1 / \partial x_2 > 0$，$a_{21} = \partial F_2 / \partial x_1 > 0$，$a_{13} = \partial F_1 / \partial x_3 > 0$，$a_{31} = \partial F_3 / \partial x_1 > 0$，$a_{23} = \partial F_2 / \partial x_3 < 0$，$a_{32} = \partial F_3 / \partial x_2 > 0$，暂时不考虑功能反应，并设定种群是密度制约的，可用线性逼近。

在该系统中，被捕食的群体一定条件下会灭绝，而占据捕食者地位的新种群逐渐扩张，逐步替代被灭绝种群的生存空间，替代过程通常需要时间。用一些特殊的数值模拟出整个系统的动态过程（见图8-3）。[①] 选择既有的两种群的初值方法是：模拟两种群的变化过程，得到趋于稳定情形的数值，然后在两种群稳定系统内再引入极小的第三种种群的初值，分析三种群系统的变化特征。很有意思的是，整个变化过程中出现了回调过程：主要出现在被捕食者趋近于被灭绝的时候，这表明对于整个系统而言，多样性是重要的。其经济含义是，过度集中所形成的垄断对于整体经济不利，引入新产品会促进整体经济的增长，并提高社会福利。产品创新将会形成新一轮的经济增长，开始新的增长周期，实际上就是GPT产生后的过程。在这个简单的例子中，"创造性破坏"过程并不平稳，新的GPT带动经济增长，同时伴随着波动和振荡，新出现的GPT意味着新的一轮振荡开始。

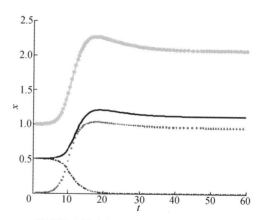

图8-3　三种群呈现捕食者与被捕食者关系的动态变换过程

注：最上面那条曲线是其余三条曲线的算术平均和，表示整个系统容量。

情形三：捕食系统。既有的两种群是竞争关系，新出现的种群以先前两种群为食物。在经济系统中可以理解为：新出现的技术替代既有的两种

[①] 整个动态方程参数值分别为：0.1，−0.6，0.4，0.6；0.15，0.2，−0.5，−0.7；0.18，0.35，0.8，−0.6。

技术。这个过程可能出现混沌解。用数值方法进行模拟可以得到图 8-4。①在图形中可以看到整个过程是动荡的过程,而系统总量同样出现振荡特征。

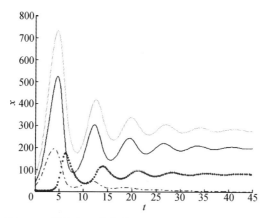

图 8-4 捕食者—竞争者多重关系的动态振荡过程

注:最上面那条曲线是其余三条曲线的算术平均和,表示整个系统容量。

3.5 短期冲击与长期趋势关系——环境和系统的解释

在周期性增长的分析框架下,增长和周期同属一个过程,增长过程中一般包含了波动,②这只是解释了从增长到周期之间的关系,而没有说明波动对增长的作用。

借用生态学意义来阐释短期波动对长期增长的影响:如果波动的幅度很小,可以等同为环境污染对物种的影响;而如果冲击很大,这种冲击将改变整个生态系统。小的环境污染会部分改变系统和物种的变化过程,对部分种群的生长形成负面影响;但某些种群在经历了短暂的环境污染后,却能从中获得更多的生存机会,种群以更快的速度增长。总体而言,很难断定小的污染对整个系统的影响,但从简单的个体生长过程中或许能得到一定的启示:短时期的小冲击有利于物种的长远的生长和增长,小冲击促使个体形成抵御外部干扰的能力,在大冲击来临时能有一定的适应能力。但这种分析不适于大的冲击,一旦冲击程度很高,大到改变整个生态系统时,

---

① 整个动态方程参数值分别为:1,-0.001,0.001;1,-0.0015,-0.001,-0.01;-1, 0.005,0.0005,0。参数选择是在模拟中确定的,目的是为了揭示这种情形所可能的特征,并显示这种动态特征的可能性。

② 严格来说,这种波动不等同于周期波动,宏观经济学中涉及的周期都不是严格意义上的周期。

长期趋势也会随之改变。大的环境改变曾经使得生态系统中极为强盛的恐龙灭绝;系统的破坏会使整个生态圈的种群普遍受到损伤,负面影响显著。经济学中同样可以找到类似的历史事件:1930年代的"大萧条"和1970年代的"石油危机"。这些大的冲击改变了整个经济系统的正常运行轨道,即改变了整个趋势,Perron(1989)的分析表明这两个特殊的"冲击"改变了整个增长趋势,具有结构变换效应。至于战争,特别是大规模的战争改变经济运行轨迹更为明显。同样,技术进步主要具有正面效应,这种"创造性破坏"的技术也可以改变整个趋势,原来处于平缓状态的"循环流转"社会在重大的技术进步推动下,形成新一轮的高速经济增长。对重大技术进步的历史分析可以找到类似的证据。

所以大致可以得到以下结论:不能认为长期的增长和短期的波动(冲击)是分离的,经济增长和经济周期本身是同一个经济系统动态变化过程的两个内在相连的方面。

4 结 论

上文的分析表明,技术进步具有创造性破坏特征,新旧技术之间更多的是竞争替代关系,由此推动的经济增长过程可以等同为生态学的系统进化过程,它通常会有周期特征。本章将生态学和经济学进行对比研究,借用生态学的结论,将物种类似看作技术或新创造的产品,而产品(技术)之间的竞争等同于种群之间的竞争,将丰富的竞争类型和关系引入经济系统,通过竞争实现的进化过程可视同为技术进步推动的经济增长过程。研究已证实该过程通常并不是简单的平稳过程:"创造性破坏"无论是创造还是破坏,更多的时候是渐进的,而且通常有着直接的结构转换。即使系统能够达到定点状态、并且是稳定的,但具有"创造性破坏"效应的创新的产生通常是随机的,如同新的物种受到基因突变是随机产生的。既有的研究对研发成功的概率做了太强的假定,一般假定为 Possion 过程,但事实上,产品和技术的创新,往往可以等同为生态学上的基因或种群"突变"过程,很难认为这种"突变"是平稳的。退一步说,即使假设"突变"是平稳的,但新出现的物种(种群)与生态系统既有的物种(种群)存在着多重竞争和共存等各种复杂的相互作用,这足以导致整个变迁过程具有复杂特性。

在多部门熊彼特增长模型中,对技术进步的假定要比真实经济周期模型更为真实,但对产品(技术)之间的作用同样做了过于简单的设定。在一般的多部门熊彼特内生增长模型中,所有新创造的产品和技术之间的关系都是互补的,这在生态学中看来是不恰当的,也与实际经济有所不符。新出现的产品(技术)之间的关系和种群(物种)与种群(物种)之间的关系类似,各种产品(技术)并不是简单、及时和马上完成替代或补充的,更为现实的是,它们之间存在着多种关联方式,不同的作用形式具有不同特征的变更过程,而周期性的波动几乎必然存在于整个过程。一般的经济增长理论忽略了新创造产品(技术)和经济系统既有产品(技术)之间的多重关系。在"创造性破坏"的过程中,"创造"和"破坏"的作用也存在着多重形式,并且是逐步实现的,周期性经济增长就出现在这个过程之中。

对美国经济增长的经验分析印证了上述结论:经济增长过程中并没有出现完全固定的增长速度,确定性的平衡增长路径确实没有出现;相反,反复波动是经济增长过程中一个极其显著的特征。技术创新的波动和所具有的动态竞争——创造性破坏特征使得经济系统在时间纬度上呈现出盘旋增长过程。经济增长和经济波动同属于一个动态过程——周期性经济增长。

总之,本文重新复古了熊彼特的思想,延续熊彼特的传统将生态学的方法和结论应用到经济学之中,进一步考察了技术变迁过程,对技术的创造性破坏过程做了更为恰当的刻画。将生态学中的多种竞争形式引入经济学,这拓宽了经济学分析的内容,使得技术(产品)替代过程的动态特征更丰富和真实,在此基础上将长期经济增长和短期经济波动连接起来,将经济变迁过程统一到周期性经济增长过程。当然本研究只是初步揭示技术变迁的"黑匣子",对宏观经济的动态过程做了一些尝试和探讨,而对创造性破坏的过程也做了一些设定。但对新旧技术(产品)、包括不同技术(产品)的价值汇总方式并没有深入研究,这将是一个值得进一步研究的方向。

第9章 创造性破坏的强度波动与增长的波动

——源自美国的经验证据

1 数 据

本章将采用美国的数据来尝试解释周期性增长或不规则的经济增长过程。选取美国进行分析的原因主要是考虑到数据的可获得性问题。首先分析各年度 GDP 增长速度,也就是基本的增长率。对于 GDP 的增长有着两种衡量方法:现值和调整后的增长。现值就是采用当年价格所核算出来的国民生产总值并在此基础上和上一期的总值相比而得到相对变化速度;而调整的 GDP 主要是排除价格因素,在美国的数据中主要是用 1996 年作为基准价格来衡量。在图 9-1 中可以看到,现值增长速度(g)在 1930 年到 1945 年中出现了大的波动,到 1952 年左右出现明显的反弹,而此后到 1980 年前速度加快,1980 年后速度趋缓。而排除价格因素后,调整后的增长速度(g_ad)波动来得更为明显和频繁。

2 非参数估计结果

在这里特别考虑用非参数的 Kernel 估计来平滑增长速度,在 TSP 中软件自动选择的带宽(bandwidth)中参数的数目 k 分别为 28.05 和 22.35。经过这种处理后,整个增长过程在图 9-1 中表现为实线所连。相对而言,现值衡量的增长速度相对平稳,但从直观上看有着明显的结构变换,体现为 1980 年后速度递减。而经过调整的增长速度更突出呈现出上下波动特征,但这种上下波动不能等同于数学上或物理上的周期,因为它的变动规律并不完全规则。从这种简单的处理和直观上可以大致认为经济增长过程包括了波动过程,两者紧密相连:经济增长的长期趋势并不是确定的,即使是经过了 Kernel 平滑处理,也很难认为长期趋势是确定的;而来回振荡和波动则更为直观。

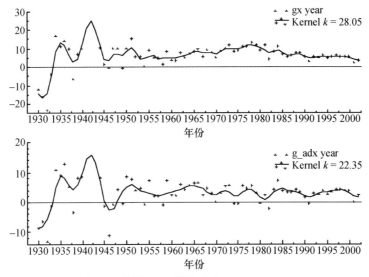

图 9-1 美国 GDP 增长速度（1930—2002）

资料来源：www.nber.org。

用季度的数据同样可以看到类似的特征，数据区间选取从 1947 年第二季度到 2003 年第三季度。在图 9-2 中可以更清楚地看到增长速度的变化趋势，同样的波动特征更加明显：未经价格调整的现值增长速度平滑后出现明显的速度变化；而剔除价格因素的增长速度来回摆动过程更为明显。值得注意的是两变量的调整周期大致为 8—9 年。

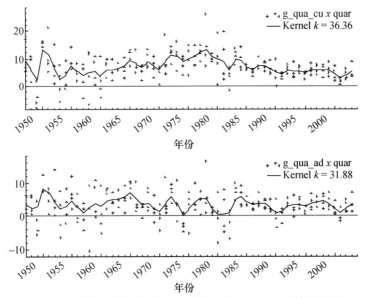

图 9-2 美国季度增长速度（1947 年第二季度—2003 年第三季度）

同样可以直接考虑各经济变量的总量特征,分别考虑这些经济变量的季度数据(如图 9-3 所示):现值的 GDP(GDP_CU)和调整后的 GDP(GDP_AD)、生产指数(IP)、就业总量(Emp)、商品销售量(Sales)和实际收入(Income)。直观中可以看到,除了现值的 GDP 呈现的是抛物线增长过程外,其他变量在增长过程中都大致出现了结构的变换,这种变换体现为增长速

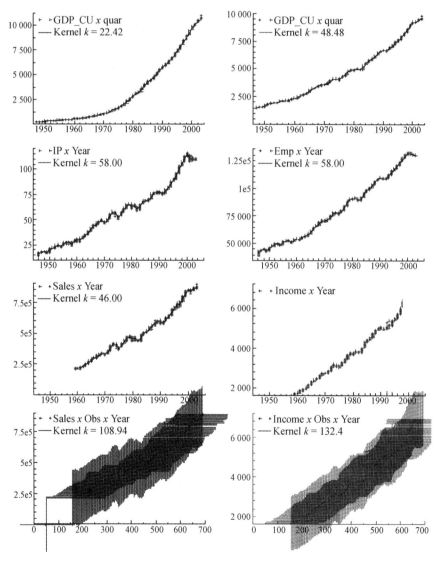

图 9-3　总量变动过程(GDP 为季度和其他变量月度数据 1946 年 1 月—2003 年 8/9 月)
资料来源:www.nber.org。

度发生变换和数值的绝对意义上的下调。大体上看,1970年以前是一种增长过程,1970年到1990年是一种增长过程,1992年以后又是一种增长过程。对于1970年左右发生的变化,确实可以认为"石油危机"和1930年左右的"大萧条"等少数几个大的短期冲击具有长期的影响。短期冲击是否具有长期效应的关键取决于是否影响或改变了系统结构,所以是否有着结构变换是分析增长过程所必须注意的。结构变换往往也意味着增长过程的改变,可能的是,原有的增长过程结束,新的一轮增长即将开始。这种结构变换在计量上也引起了特别的关注,一旦存在结构变换,如果不加以注意,很可能会得出错误的结论:对于时间序列而言,可能将一个非平稳的过程视为平稳过程;进行回归处理也可能得到各项指标都显著通过检验的回归方程,但实际上是错误的,从而得到虚假的结论。

3 专利与创造性破坏

美国的专利申请(patent_app)和授予(patent_grant)数据(1790/1840—2001年)同样呈现了波动中增长的特征,而且值得注意的是近年来这些指标的增长速度在加快。为了方便与后面的分析进行对应,对1930年以后的专利申请和授予单独在图9-4中表示。大致上也可以看到,专利

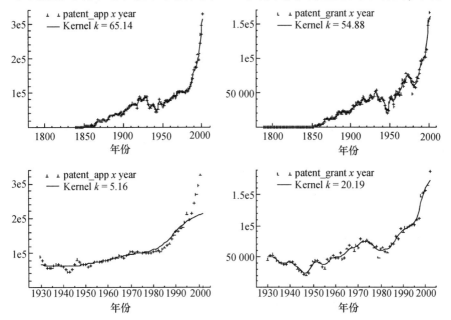

图9-4 美国专利数目的变化(1790—2001)
资料来源:美国专利和商标局,www.uspto.gov。

的数量无论在申请还是授予方面都随着整个增长的波动而对应地波动,也很有可能存在着结构的变换。

同时研发经费也可以看作推动技术创新的一个指标,在研发经费中有两种度量方法,其一是政府投入,其二是公司投入,它们的总和则是社会的研发投入。对于每一种度量和指标分别有现值和经 1996 年价格调整后的数据。如图 9-5 所示,类似的可以看到研发投入具有波动特征,总量的指标(rd)没有经过调整时,明显存在结构变换:1955 年到 70 年代中后期速度比较缓慢,然后加速,到了 90 年代后出现回调,然后再急剧加速;相对而言,经价格调整后的研发总投入来得更为平缓,特别的,似乎存在着这么一个调整过程,70 年代到 80 年代只是一个短暂的冲击,到 90 年代以后回到正常速度。政府的研发投入(rd_fe)波动来得更大,主要是回调过程来得更为普遍,而公司的研发投入(rd_com)符合波动增长特征,同样的有着结构变换特征。

研发支出的增长速度变动在图 9-6 中可以看到呈现更强的波动特征。

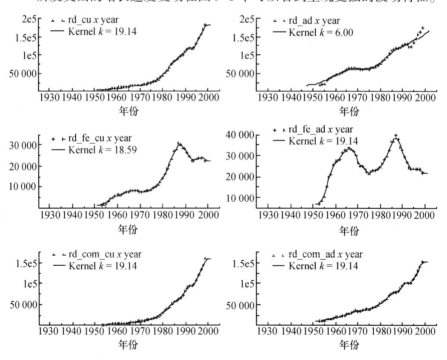

图 9-5 美国的研发(R&D)支出(1955—1999)

资料来源:美国国家自然基金网站,www.nsf.org。

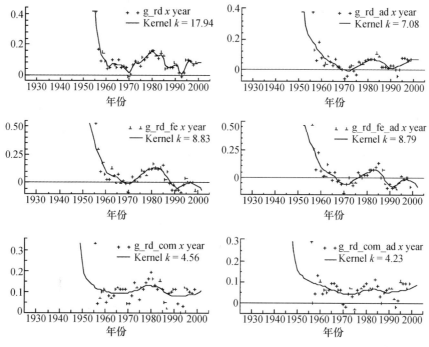

图9-6　美国研发支出增长速度(1955—1999)

资料来源：美国国家自然基金网站,www.nsf.org。

4　创造性破坏与经济波动

对于技术创新所形成的"创造性破坏"一般很难直接衡量,所以从可获得的数据和指标考虑,只能选择具有一定替代功能的指标来衡量,在这里主要用研发经费和专利数目来衡量。对于这些指标存在多种选择：可以选择现值也可以选择调整后的值,可以选择绝对值也可以选择指标的对数值,可以选择增量也可以选择增长速度,可以选择当期值也可以选择时间的领先或滞后值。对于这种多项选择,本研究采取的准则是在不考虑结构变换的时候,尽量采用增长速度,因为这个指标是我们所直接关注的,而对于时间的领先和滞后、不同指标的选取等主要依据数据"开采"的方法获得。而在现值和调整值上的选择则主要采用调整值,因为尽管现值反映了很多真实信息,但同时可能蕴涵了过多的价格信息,不排除采用现值可能使得所研究的两个或更多变量之间的显著关系更多的是由价格因素所形成。

数据"开采"(1955—1999年)结果表明,调整后的增长速度和领先一期的公司研发支出的增长速度(调整后的值)及滞后三期的专利授予速度具有最强的关联,这样也就可以将增长速度作为被解释变量、领先一期的公司研发支出增长速度和滞后三期的专利授予增长速度作解释变量,从而得出回归结果。这种结果表明专利要经过3年之后才对增长产生显著的作用;在研发支出上主要是公司的研发支出对增长有作用,但这种作用似乎是反向的,公司的研发支出根据已经发生过的整体经济增长速度进行适应性的调整。同时滞后的专利速度和研发支出的增长速度没有显著的相关关系。

$$G\_AD = \underset{(3.613,0.629)}{2.274} + \underset{(1.758,9.239)}{16.242} G\_RD\_CAI + \underset{(2.221,0.023)}{5.2E(-2)} G\_PA\_G\_3$$

$$R = 0.426 \quad R^2 = 0.181 \quad A - R^2 = 0.138 \quad F = 4.26 \quad DW = 1.537$$

此回归方程中拟合系数下面括号中第一个估计参数是变量的显著性系数 t,第二个为方差。

对于当年调整后的增长速度和研发支出及专利授予增长速度,回归结果表明这种关系很差(图9-7),尽管公司研发支出的增长速度在变量上显著,但从方程拟合而言,拟合度几乎为0;而专利授予增长速度的变量显著性系数很低,方程拟合度为负。

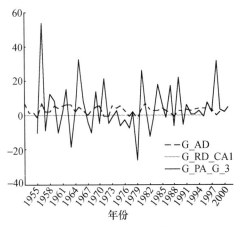

图9-7 回归方程的诊断

5 结 论

以创造性破坏为特征的技术推动的增长过程可以等同于生态学的变化过程。应用生态学的结论而将物种类似看作技术或产品,可以看到,这个进化过程也可以等同于经济增长过程。这个动态过程不能简单地认为是平稳过程:创造性破坏无论是创造还是破坏,更多的是渐进过程,同时直接会产生结构转换。而且即使这个过程能够达到定点状态、并且是稳定的,但对于有创造性破坏效应的新的创造产生也可能是随机的,新的物种受到基因突变和新的产品获得研发成功将会开始新的一轮增长过程,这样整个过程会呈现周期性增长特征。既有的研究对于获得研发成功的概率做了太强的人为设定,一般设定为 Possion 过程,但事实上产品和技术的创新,在生态学上往往可视为基因或种群"突变"的过程,很难认为这种"突变"是平稳的;同时,即使假设"突变"是平稳的,新出现的物种和种群,与生态系统已经存在的物种和种群的多重相互作用也会使得整个变迁过程具有复杂的特征。

在多部门熊彼特增长模型中,对产品(技术)之间的作用所作的设定过于简单。在一般的多部门熊彼特内生增长模型中,新创新的产品和技术是互补的,这在生态学中看来是不恰当的,这种过于简单的设定也与实际经济有所不符。本研究考察了该设定的真实性,实际上也强调了创造性破坏过程中不同技术和产品所可能的不同变化过程。新出现的产品和技术类似于种群(物种)与种群(物种)之间的关系,而它们的关系并不是简单、及时和马上完成替代或补充的,更为现实的是,它们之间存在着多层次的关联,不同的关联有着不同的动态过程,而在这个过程中周期性的波动几乎是必然的。一般的经济增长理论忽略了新创造产品和技术与经济系统已经存在的产品和技术之间的多重关系。在"创造性破坏"的过程中,"创造"和"破坏"的作用也存在着多重形式,并且是逐步实现的,周期性增长往往就出现在这个过程之中。

美国的数据部分印证了这个结论:从美国的经济增长过程看,并没有出现完全固定的增长速度,确定性的增长路径确实没有出现。相反,反复波动成为经济增长过程中一个很明显的特征。作为增长动力的技术变量:研发支出和专利,同样呈现出波动与增长交替的过程。更进一步的,这些变量之间也存在着一些关联:研发支出对增长速度的影响滞后一期,而专利的授予变化率则要经过三年后才发生作用,部分地可以认为这个指标具有领先意义。技术上的创造性破坏和本身的波动使得经济的动态过程呈现的是周期性增长过程。增长和波动同属于一个动态过程。

第10章 创造性破坏与劳动力市场的波动
——理论及经验证据 ①

1 劳动力市场(失业)过度波动之谜

失业理论一直是宏观经济学力图解释的难题。Shimer(2005)的测算表明,经过 HP(Hodrick-Prescott)处理的失业率波动(u)是劳动生产率的将近10倍,而加上岗位空缺(v)之后,空岗失业比率(v/u,通常也称作劳动力市场的宽松程度指数,tightness of labor market)的波动要高于劳动生产率波动的20倍。因而如何解释失业率如此高的波动成为近年来宏观经济学和劳动经济学的热点问题。

由于基于搜寻匹配的一般均衡失业模型在过去二十多年得到了长足发展,MP 模型(Mortensen & Pissarides's Search and Match model)业已成为宏观经济学的一个基准模型,时常称为教科书的均衡失业模型。RBC 模型(真实经济周期模型)无法解释劳动力市场的波动问题,MP 模型曾经被寄希望能够解决该问题,但 Shimer(2005)的研究却对 MP 模型提出了重大的挑战,认为搜寻匹配模型对劳动力市场波动的解释能力同样不足,被称作 Shimer 批判。MP 模型的创立者之一——Pissarides(2009)将目前的宏观经济学模型难以解释失业的过度波动的问题称为"失业波动之谜"(unemployment volatility puzzle)。

搜寻匹配模型强调了交易摩擦,客观上更真实地反映了经济活动中一个重要特征——通常没有集中的瓦尔拉斯集中撮合者,更多的交易是通过交易双方花费时间和精力完成的,各自都在寻找交易对象,但并不总是能达成匹配,也就是交易过程中存在着多种摩擦因素。搜寻匹配模型将该交易过程用摩擦的形式加以衡量,所以更符合直觉,交易过程更加真实,并且

---

① 本章文献综述部分主要以钟春平,"失业波动之谜与搜寻匹配理论的进展"(《经济学动态》,2010年第6期)为基础。

通常的搜寻匹配模型具有微观基础:交易双方都在谋求各自最大化的利益(效应或者利润最大化)。搜寻匹配理论在 Diamond(1984)、Motensen and Pissarides(1994)、Pissarides(2000)及 Acemoglu and Shimer(1999)之后,越来越得到了宏观经济学和劳动经济学的重视,并且搜寻匹配理论不仅在劳动经济学得到了普遍的应用,在货币经济学、婚姻市场和金融市场等都得到了广泛的应用。

是对搜寻匹配模型进行修正,还是重新寻找产生失业率过度波动的新理论成为了宏观经济学和劳动经济学的一个重要的研究挑战。

2 搜寻匹配模型的基本研究范式与研究方法

Mortensen and Pissarides(1994)[1]基本上确立了基准的搜寻匹配模型,他们分别分析了岗位的设立和破坏的最优决策,并对均衡结果的失业率、岗位空缺率等作了相应的分析。Pissarides(2000)对搜寻匹配模型做了较为系统的梳理。Acemoglu and Shimer(1999)对搜寻匹配模型进行了研究,比如风险偏好系数和失业保险等的影响,并成为研究社会保障等研究的一种重要范式。Rogerson et al.(2005)则对搜寻理论作了较为完整的总结和回顾。

2.1 模型的基本方法与求解

搜寻匹配模型大多有着类似的设定:两个主体,即家庭(消费者,劳动者)、厂商;家庭最大化效用(简化为收入)、厂商最大化利润;家庭选择工作与否,如果工作,则获得相应的工资收入 w,如果不工作,则在家里工作或者获得社会失业保障收入 b,失业者进行工作搜寻;厂商选择是否设立岗位,每设立一个岗位需要相应的成本 c,而一旦招收到工人,则表明完成匹配,进行生产活动,得到相应的产出 y,获得的利润为 $y-w$,而没有招到工人,则匹配失败,厂商需要支付 c 的损失。设定工人和厂商的贴现系数一致为 r,工人失业的值函数为 U,而得到工作的值函数为 $E(w)$,厂商设立岗位但没招到工人的值函数为 V,而设立岗位并且成功匹配、进行生产的值函数为 F。一般性设定工人总数为 1,失业工人为 u,同样岗位空缺为 v,劳动力市场的宽松系数(岗位与失业比)为 $x=v/u$,而单位失业工人找到工作的概率为 $p=f(x)$,即匹配函数 $M=M(u,v)$,匹配函数满足规模收益

---

[1] 该文的引用率已在千次以上。

不变设定。因而,对应的单位岗位匹配(招收到工人)的概率为:$q = f(x)/x$。同时,无论是就业还是岗位都面临一定的概率 s 被破坏。

主要刻画定点状态(又称为稳态,steady state)的状况(所有的值函数对时间 t 的导数为0,即为不变,$dU/dt = 0$,$dE/dt = 0$,$dV/dt = 0$,$dF/dt = 0$):

$$rU = b + f(x)(E(w) - U) + dU/dt \quad (10.1)$$

$$rE(w) = w + s(U - E(w)) + dE/dt \quad (10.2)$$

$$rV = -c + f(x)/x \times (F(w) - V)/dt \quad (10.3)$$

$$rF(w) = y - w + s(V - F(w)) + dF/dt \quad (10.4)$$

这四个值函数决定着家庭的劳动决策和厂商的岗位设定。由于关注的是定点状态,在该状态下,失业率的变化由减少部分的(找到工作的)和增加部分(岗位被破坏部分)组成,方程可以相应地表示为:

$$du/dt = -u(1 - f(x)) + s(1 - u) \quad (10.5)$$

在定点状态下,失业的变化为0,从而得到均衡的失业率(u^*)水平为:

$$u^* = s/(f(x) - s) \quad (10.6)$$

因而 x 是关键,一旦得到 x 之后,可以根据均衡的失业率水平 u,并进一步得到岗位空缺率 v。模型的求解方面还借助了一个设定:自由进出设定,这意味着岗位空缺的值(V)趋向为0,否则如果有正的利润会有新的岗位设立,负的利润厂商会降低岗位设置,从而得到岗位空缺的值 $V = 0$。将此条件带入方程 V,从而得到:$F(w) = c/(xf(x))$。该方程的含义很直观:设立岗位有成本 c,而招到工人的概率为 $xf(x)$,所以岗位的价值就是预期的机会成本。将 $F(w)$ 和 $V = 0$ 代入 F 的值函数中可以得到:

$$(r + s)c = (y - w)xf(x) \quad (10.7)$$

得到该方程之后,U、E、x 和 w 都是未知待定参数,而其他变量 r、s、y、f 都是外生变量。但只有三个方程,还不足以解方程。因而还存在着一个关键设定:工资的决定是由纳什谈判机制决定的。假设工人的谈判能力为 β,则工资应该满足:

$$w = \operatorname{argmax}(E - U)^{\beta}(F - V)^{\beta} \quad (10.8)$$

根据纳什谈判可以相应得到工资水平。通常可以得到 $E - U = \beta(E + F - U - V)$。这表明,工人得到的工资水平在家庭工作(失业保险)和实际生产能力之间做一加权平均。该方程的含义是,工人具有一定的选择,比如可以选择失业,从而需要获得一定的租金(rent)。而厂商如果未找到工人,匹配失败,存在着一定的损失。

这样,四个未知变量、四个方程,从而可以获得唯一的均衡解。在求解的过程中,值得注意的是,所得到的是块状递归一般均衡模型(block recursive equilibrium)。厂商和工人的决策并不是直接求得,而是通过 x 得到的,得到 x 之后,根据定点状态水平求得失业率,再求得岗位空缺率,因而称为块状递归方法[1]。

2.2 模型分析与数据模拟

在均衡解的基础上,可以进行比较静态分析,探测变量之间的相互影响。比如劳动生产率(p)的扰动对关键变量 x 或者 u、v 等的影响。但如果模型的均衡解不是显示解,得到明确的结论比较困难。此时更多地会采取数据模拟的方法。

由于模型中参数较多,而且数值模拟目的是对模型的说服力进行估计,因而通常是设定大部分参数的值,在此基础上获得特定变量的变化的影响,比如劳动生产率 p 的随机变动对失业率、岗位空缺率和岗位空缺对失业率的影响,而设定其他参数值给定。而且对获得的变量进行同样的 HP 滤波处理,获得波动程度,而不是整个变化轨迹。显然如果模型产生的波动率与从实际经济数据获得的标准差越接近,模型的解释能力就越强。

在数据模拟过程中,参数的选取(外生变量,如贴现率、休闲值、匹配函数、工人的谈判能力、岗位空缺的成本)和随机变量的产生较为重要。在参数选取上,要尽可能地符合经验事实或者既有的证据。比如贴现率要和现实的利率有所关联,在工人的谈判能力选择上,要尽可能和 Hosis 准则(Hosis Rule,表明分散经济和集中决策是一致的,从而满足均衡是最优设定)。虽然参数选择具有一定的主观性,但也并不是完全随机。其次是随机扰动的产生,作为数据模拟,通常需要产生一系列的随机变量。通常用的是马尔可夫或者 Ornstein-Uhlenbeck 过程。需要尽可能地跟实际经济中的冲击(扰动)保持一致,比如自相关系数、方差等。

假设经济冲击主要源于生产率冲击,设定变化 1 个百分点,那么就可以选择产出增加一个百分点。选择了外生变量和初值,随着每个随机变量的产生,根据状况的变化分布得到每一个阶段生产率的值,并可以将这些数值带入模型内,根据方程获得相应的内生变量的数值,如 u、v、v/u 等。通常可以得到一系列值,Shimer 先将前面 1 000 个数值排除,而得到后面 212 个数值,将这些数值当作 1951 年到 2003 年各个季度的数值。得到了

---

[1] Mezio and Shi(2009)专门证实了存在随机扰动和工人在岗搜寻状态下,块状递归均衡存在,并且唯一存在。

一系列数值之后,可以将这些数值进行 HP 滤波,消除趋势的影响,从而获得波动范围。不断重复产生这些过程,比如 Shimer 重复了一万次。从而获得比较好的均值和方差。

从数据模拟方法得到这些变量值之后,可以与实际经济或经验结论进行比较,衡量模型的解释能力。

3 相关文献及评述

本节是对当前最新的主要进展做一概述,并对可能的问题进行说明。研究主要围绕搜寻匹配理论展开,包括 Hall(2005,2009)的工资粘性、就业高弹性与新雇佣工人工资决定等结论;Pissarides(2009)的非工资弹性结论;Shimer(2009a,2009b)的工资弹性和劳动力楔子解释;Mortensen and Nagypal(2007)等对 Shimer 的回应、对内生破坏率和工作转换等可能的解释;Menzio and Shi(2009)结合在职搜寻(on-the-Job Search)和定向匹配(Directed Match,对应随机匹配)的研究等。

3.1 招聘和就业中的粘性工资——Robert Hall 的研究

Hall(2005)侧重从厂商的招聘和岗位设立中寻找工资粘性的证据,并在粘性工资设定下主要分析就业波动。他的结论是,粘性工资能较好地解释就业波动。他的研究和 Shimer(2005)的研究结论完全不同,因而到底哪一种研究结论更为可信、说服力更强,引起了诸多学者的研究兴趣。

Hall 的研究偏离了经典搜寻匹配模型中的纳什拍卖机制,而引入了粘性工资设定,从而使得生产率的冲击对劳动力市场有着放大效应。

主要的偏离是在工资设定上,得到工人的保留工资为:失业时的收入和休闲与工作的函数值之差。同样,得到厂商的保留工资水平为全部预期的收入。从而认为,介于工人和厂商之间的保留工资水平为谈判解集。Hall 没有采取通常的纳什谈判解,认为这种谈判只是工资决定中很少的一种方式,而分别得到了在平稳状态(没有冲击,或者冲击固定不变)与存在着不同程度冲击状况下的工资水平,并且证实,在特定的条件下就是模型的均衡解。

由于方程并没有显示解,他采取相应的参数值进行数据模拟。其中一个最主要的结论是,他所测算出来的岗位空缺率(v/u)与工资水平的弹性为 9.4,而 Shimer(2005)测算所得的是 7.2。岗位空缺率(v/u)对生产率冲击的弹性为 1.8,而 Shimer 测算所得的是 1.7。因而 Hall 的模型得到了更强的劳动力市场波动的结果。

Hall 近年来接着对劳动力决定做了经验上的研究,特别强调了新近招收的工人是否具有谈判实力,他们(Krueger and Hall,2008)的问卷调查表明,通常情况下,新近匹配的工人大部分没有谈判实力。

Hall(2009)再度对劳动边际产出和劳动的时间价值的周期波动进行了研究,并且寻找更多的微观证据,他得到的结论表明,失业率在经济不景气的时候通常会比较高。他还对 RBC 模型和 Shimer(2009)关于劳动楔子的研究进行了比较。整体上,Hall 认为 MP 模型仍然具有说服力。

3.2 劳动工资刚性及劳动楔子(wedge)

Shimer(2005)在评估了搜寻匹配模型的解释能力之后,提出了劳动楔子,并做了大量的研究,认为工资刚性可能是导致劳动力市场波动和搜寻匹配模型失效的主要原因之一。楔子侧重衡量劳动力供给和需求上的差距,分别衡量了决定劳动力供给的边际消费休闲替代率,和决定劳动力需求的劳动边际产出。而且衡量的楔子通常会随着劳动生产率的波动而产生相应的波动。

从直观上看,由于劳动力寻找工作和岗位招聘工人都存在着搜寻和匹配的过程,需要时间来完成,可能可以为劳动力的过度波动提供一个可能的解释。但在 Shimer 看来,由于在搜寻匹配模型中,工资决定是根据纳什谈判实现的,这意味着工资可以根据生产率的变动而进行相应的调整,使得工资水平可以进行较为灵活的调整,这种调整的结果是劳动力市场变得很有弹性。正是这种弹性导致了搜寻匹配模型解释能力大幅度下降。

Shimer(2009b)对劳动力市场和经济的周期波动做了总结。对劳动力市场的工资决定、均衡水平及其效率、技术冲击的影响等都做了较为完整的研究。厂商的决策中不仅仅包括了先前的生产决策,而且包含了"招聘"(招收工人)决策。在先前的搜寻匹配模型中,厂商固定的以外生的 c 成本设立新岗位,而 Shimer 将厂商的招聘决策内生化。在家庭方面,Shimer 类似地将家庭视为一个大家族,选择多少比重的成员去工作,多少成员不工作,大体上类似于 RBC 模型中的劳动可分设定。在求解方法上,类似于 RBC 模型中税收的影响。RBC 模型中税收会引起扭曲,而搜寻匹配中由于交易摩擦(工人和厂商搜寻匹配摩擦),也导致楔子存在。同样的,他分析了生产率冲击的影响,包括尽可能地做各种方式的拓展,比如劳动力参与、工作时间可分、引入资本等。但数据模拟的结果显示,模型的说服力和现实经济差距明显,意味着搜寻匹配理论的解释能力有限。他进一步尝试着变更效用函数的形式及引入物质资本,但数据模拟的结果依然显示,模型的解释能力有限。

他将劳动工资决定作为一个重要的原因,认为模型解释能力差的主要原因是纳什谈判使得劳动工资太有弹性,因而试图寻求劳动力工资决定的形式,在此基础上再探讨搜寻匹配模型的说服力。他将真实工资(real wage, $w(s,t)$, s 为时刻 t 下的冲击)设定为上一期工资水平与当期劳动工资的加权,当期的劳动工资(他称作目标工资 $w^*(s,t)$)是通过纳什谈判实现的。

$$w(s,t) = z w(s,t-1) + (1-z) w^*(s,t) \qquad (10.9)$$

不过值得注意的是权重 z 的决定并没有严格说明,这个权重和刚性程度有着直接的关联。在这种设定下,技术冲击对劳动力市场波动的程度会大大加强,暂时的正向技术冲击需要一定的时间才能反馈到工资水平上,从而使得就业数量持久性地提高,即部分地存在着工资价格粘性,使得工资水平较低,对劳动力的需求会有所增加。并且在调整的过程中,所衡量出的劳动楔子是负的,与他所测定的经验事实相吻合。由于并没有很充足的理由确定上期工资占真实工资的比重,他不断变更权重值,发现随着刚性越强,冲击的放大效应越强。

搜寻匹配模型的说服力得到了较大程度上的提高,对他所研究的劳动楔子有较强的解释能力。Shimer 的核心结论是完全竞争的模型对就业波动解释能力有限,需要引入粘性工资设定或者工资刚性,一旦引入这些设定,搜寻匹配模型对劳动力市场的波动的解释能力就有大幅度提高。

3.3 劳动工资粘性是问题的答案吗?——Pissarides 的质疑和解释

作为 MP 模型的倡导者之一的 Pissarides,针对 Shimer 的劳动工资刚性设定,做了一个针锋相对的回应和研究(Pissarides,2009)[①]。他将岗位的创造和破坏过程都加以内生化,即如果技术冲击较大,使得劳动生产率低至岗位没有存在的价值了。他将这些条件应用到岗位和工资决定之中,从而得到工资决定方程。同时,他根据 PSID 和 CPS 的数据测算出获得了工资和岗位空缺率(v/u)和生产率波动(技术冲击)之间的弹性,结果显示实际上的弹性系数大约在 0.1 和 0.6。他认为,劳动工资刚性结论难以成立,及时对模型进行一定的修正,包括添加解雇的成本等等,都难以达到放大

[①] 该文早先是由 Econometric Society 会议上的演讲稿形成的,与 2009 年最终在 Econometrica 刊发的版本有所差别,其演讲稿包含了一些启发性的思想。

冲击的效应。纳什谈判机制产生了工资的周期波动,但这种周期与岗位创造无关。

他首先将不工作的群体和比率排除,认为将这个因素纳入工作的变换并没有太多的帮助,主要的原因是,这部分的波动相比而言较小,而就业和失业的波动比这部分状态的波动要大,因而将劳动力市场的进出排除在外对问题没有实质性的影响。他的分析主要建立在定点状态之上,并且利用了劳动力市场的数据测算各自的方差,以此衡量波动的程度。

接着他建立了岗位内生破坏的搜寻匹配模型。主要的变化体现在两点:第一,会改变定点状态的失业率,此时失业率 $u = (s + rG(R))/(s + rG(R) + f(x))$。与一般模型的差别就在于在外生(系统难以避免的)岗位破坏率的基础上,增加了内生的岗位破坏率。如果生产率低于 R,岗位对厂商而言没有保留价值,会被破坏(合约解除,厂商减少该岗位、原先在此岗位的工人失业)。第二,变化就在内生岗位破坏的决定上,类似于工人的保留工资水平,厂商也存在着保留的生产率水平,只有高于此水平,岗位才会被设立(创造),而低于此水平,岗位将被取消或者不被设立。

在求解上,主要是用数值模拟进行的,测算出保留生产率水平 R 为 0.94,并在此基础上测算出生产率冲击和失业率对工资的弹性。测算表明,生产率冲击对工资的弹性为 0.97,而工资对失业率的弹性为 -0.36,也就是周期的失业率增加一个百分点,工资将降低 2.15 个百分点。

他对基准的模型进行变更,并采用不同的数据再度进行测算的结果并没有太多的改变。他在这些模型分析中得到一个结论:认为不同状态的工人受到的冲击不一致,工作处于转换状态的工人(失业到就业)工资和周期同比例波动,而一直在工作的工人工资变动的幅度只有一半(用工资生产率弹性衡量)。在工资决定中纳什谈判不完全符合实际,但却很好地刻画了新近达成匹配工人的工资水平。

由于工资实际上是有弹性的,至少是岗位刚被设立和从失业到就业的工人的工资水平是会随着生产率的冲击而变动。因而他得到结论是,工资刚性不是问题的关键。相反,他早先的研究认为如下因素将有助于解决失业波动之谜:考虑工人的在岗搜寻、将行业(部门)的冲击差异和不对称等特征刻画出来、考虑需求冲击。

在他最终的文稿中,将这些因素都排除在外,而引入了一个培训成本,用以解释失业波动之谜。显然引入额外的成本和摩擦使得劳动力市场效率下降,从而加大了整个市场的波动。但培训成本的引入在一定程度上却偏离了搜寻匹配模型的本身含义与特征,并且培训成本的经验证据及其普遍性都有待于进一步考证。

3.4 Mortensen et al. (2007)对 Shimer(2005)的质疑:参数选择等问题

作为 MP 模型的另外一个标志性人物——Mortensen,针对 Shimer(2005)的研究,做出了相应的回应(Mortensen and Nagypál,2007)。他们侧重分析参数选取是否合理,并且在此基础上探讨其他可能的原因。他们认为价格刚性可能不是解释过度波动的主要途径,而且强调岗位空缺和失业率之间不应该像 Shimer(2005)推出的那样会出现同方向变动的情况,贝弗里奇(Beveridge)曲线应该是向右下方倾斜的。

他们认为 Shimer 的结论主要是由以下两个因素造成的:第一,在参数选择上,劳动生产率与匹配的机会成本之间存在着很大的差距;第二,找到工作的概率对工资形成了过多的反馈效应。认为在就业的机会成本上参数设置过高,还需要考虑雇佣和培训工人的成本。同时,他们也对 Hall 等人的研究提出了质疑,认为他们的结论主要依赖于如下设定——谈判实力的波动只依赖于很少的总量冲击。同时他们还认为这些研究都忽略了岗位的破坏和岗位之间的转换(job-to-job),而过度简单地认为失业波动主要集中在寻找工作的概率上。

他们对 Shimer(2005)的计算提出了质疑,认为,经验上得到的结论无法支持 Shimer 的结论。第一,认为隐含设定生产率冲击是导致失业和岗位空缺的唯一因素,而实际上,利率和岗位破坏同样是波动的根源。第二,岗位到来(arrival rate,外生设定的新增岗位)设定太高,这和事实不符。第三,匹配函数弹性。Shimer 选的匹配对岗位空缺的弹性是 0.28,而他们测算的概率为 0.551,找到工作概率对生产率冲击的弹性是 1.004,为 Shimer 的 2 倍多。第四,就业的机会成本。也就是选择不工作的收益,Shimer 选的是 0.4,选择的依据是失业保险收入。而考虑到休闲和家庭生产,该参数值应该远超过 0.4 的水平。第五,人员转换(turnover cost)成本。认为 Shimer 可能忽略了人员转换的成本,比如招聘工人的成本、培训成本和解雇成本等。一旦引入这些成本,会改变厂商的设岗的值函数,从而放大生产率冲击对劳动力市场的反应程度。

同时,他们对刚性工资设定提出质疑,包括 Hall(2005)的研究。首先很难认为刚性工资是双向理性的;其次,在经验上,新招收工人的工资通常应该是受到周期影响的,而不是固定不变的。他分别考虑了非经常性(infrequent)工资谈判和策略工资谈判的情形。

进一步,他们考虑了其他可能的因素。首先考虑贴现率的波动可能的影响,认为有可能会放大劳动力市场的波动。其次考虑岗位破坏,但他们也分析得出,即使考虑到岗位破坏也不足以产生足够大的劳动力市场的波动。接着,对工作之间的转换研究,也就是考虑到在岗换工作的情形。他们分别考虑了无雇佣成本和有正的雇佣成本的情形。认为存在着工作转换和雇佣成本时,生产率冲击可以放大劳动力市场的波动。

他们总的结论是,劳动工资可能被过度强调了,而实际上 MP 模型基础上,考虑工作的破坏和岗位转换就可以解释失业、岗位空缺的波动,及用 Beveridge 曲线衡量失业和岗位空缺之间的关系。

对于参数的不同设定,可能会得到不同的结论。Hagedorn and Manovskii(2008)就对参数和数据模拟采取了和 Shimer(2005)不一样的方式,从而得到了 MP 模型和现实数据很吻合的结论。特别地,他们测算出的家庭生产或非市场活动的收益为 0.955(工资的市场收益为 1.054,因而两者之间的差仅为 0.375),而工人的谈判能力很低,设定的参数值为 0.052,测算所得为 0.056,在这种情况下,MP 模型的解释能力很高。

不过显然,家庭生产如此之高,值得商榷,同时工人的谈判能力极低,也值得进一步研究。而且他们所测算的结果是,模型所得的失业率、空岗率,以及岗位与失业率比率的波动要强于实际经济模型,意味着 MP 模型不是低估了生产率的冲击对劳动力市场的影响,而是过度放大了这种影响。

3.5 在岗搜寻(on-the job search)和定向搜寻匹配(directed-search and match)

Menzio and Shi(2009)试图将工作之间的切换纳入搜寻匹配模型之中,即就业的工人会进行在岗搜寻,而直接从一个工作到另外一个工作,此时,工人的状态变换就包括了失业(EU)、找到工作(UE)和工作到工作(EE)。他们认为,根据美国劳动力市场的实际状况,需要把这三种状态都纳入考虑,并且这种工作之间的转换相当重要,一旦将这三种状态纳入考虑之后,搜寻匹配模型的说服能力将得到显著提高。比较而言,他们的模型比 Shimer(2005)的模型增加了内生的工作转换状态(EE)。

模型的另外一个特点是,一旦考虑在岗搜寻之后,模型也改变了匹配方式:在工作的工人不会找条件更差的工作,因而搜寻变得更为直接,匹配也不再是随机的。在他们看来,模型显著的优点是,分散的均衡和有计划的集中均衡是一致的,这保证了均衡是有效率的。此外,方程求解也更容易。在模型特点上,跟一般的模型有所不同的是,他们设定合约是完全的,规定了工人在合约期末可以进行搜寻,再决定是否和原来的工作续约,如果找到更好的工作,他们会选择转换工作,如果没有,工人和厂商之间可以继续续约,保持原先的匹配。在求解的过程中,他们刻画的是双方保持匹配的值函数,并且证实,集中的均衡就是分散搜寻匹配的均衡。均衡不仅仅存在,并且是唯一的。

从测算结果看,劳动生产率冲击因素可以解释40%的失业到就业(UE)的波动,几乎完全的就业到失业(EU)的波动,因而整体上可以解释80%的失业率波动,30%的岗位空缺波动,并且可以很好地解释失业和岗位空缺的负向相关关系。从而认为总的生产率冲击是美国劳动力市场上周期波动的根本原因。他们的解释是,一旦有着冲击,比如正向的生产率冲击,生产率水平会提高,EU会降低并且会增加厂商提供的工作岗位;同时,模型还显示,生产率单位的提高,所带来的劳动力的提高幅度只有0.65,而不是一般模型的0.73;生产率冲击的效应弹性也有所差别。

因而,他们认为,要更妥当地衡量生产率冲击对劳动力市场的影响,需要更加全面地考虑劳动力的转换,如果将工作之间的转换视为外生的,将会低估找到工作的概率(f)对岗位/申请比例(实际上就是岗位/失业者和在岗搜寻者)的影响。从而低估了生产率冲击对劳动力市场的影响。

一旦加入在岗搜寻,显然会更加符合现实,而且,很显然的,一旦加入在岗搜寻,会使得市场更加"拥挤",搜寻的人更多,劳动力市场的变换更频繁。但在方法上,会变得更加复杂,特别一旦考虑市场面临整体冲击和个体更难以遇见的冲击时,均衡的存在性和唯一性都将是个更难的技术问题①。

3.6 搜寻匹配理论模型的刚性价格及周期波动的经验研究

Menzio(2007)用搜寻理论解释价格的刚性。微观数据显示,原材料的价格波动较高,而成品的价格波动较低,他力图解释这个现象。侧重分析在买卖双方搜寻与匹配的交易过程中,短暂的生产成本扰动对价格的影响,他发现,冲击的程度决定着价格是否进行调整及其调整的模式。

---

① 在方法上,Shi试图建立存在着分布情形下,块状递归均衡仍然是存在的,并且是唯一存在的。比如Shi(2009)研究了定向搜寻的影响,他的分析侧重解释工资随着工作年限不断上涨的事实,并建立了一个随机块状递归均衡。Gonzalez and Shi(2009)则试图将学习因素引入,解释保留工资随着失业时间增加而下降,而在方法上则证明块状递归均衡是存在的。而Menzio and Shi(2009)在一般意义上证实包括在岗搜寻情形下,随机均衡是唯一存在的。

同样,也有更多的经验证据去验证其他因素对劳动力市场的波动,比如 Jaimovich and Siu(2009)尝试着从发达国家的人口变化角度解释劳动力市场的波动。他们认为年龄的构成在很大程度上影响了就业的波动,并且认为解释能力在 1/5 到 1/3 之间。

3.7 文献评述

随着争论的不断深入,搜寻匹配模型进行不断修正,研究结论越来越丰富,传统的失业波动问题吸引了更多的关注,但整体而言,失业过度波动之谜仍有待进一步揭示,该问题仍然是国际宏观经济研究的前沿领域。

对于搜寻匹配模型,由于是一般均衡模型,有效解决了原先就业理论中的非均衡问题,在分析框架上研究失业波动无疑具有价值。同时,搜寻匹配模型很直观地将交易中的摩擦加以衡量,符合通常的直觉。此外,搜寻匹配理论建立在微观决策主体最优决策的基础上,因而具有较好的理论前景,同时也面临不少挑战及可能的突破方向。

4 创造、破坏及岗位的创造性破坏的劳动力市场波动

将岗位的内生变动引入劳动力市场,有可能部分解释劳动力市场的变动。主要是将内生岗位(机会)来临、岗位破坏引入搜寻匹配模型,并在此基础上探讨劳动力的波动。侧重是岗位的设立及岗位的破坏,侧重从供给方面研究岗位的内在变动,从而分析劳动力市场的波动。早先的模型更多地从劳动者角度分析其最优决策,而对厂商及岗位的分析有限。考虑到创造性破坏效应,厂商的岗位决策会考虑被破坏的情形:

$$rF(w) = y - w + s(V - F(w)) + \text{prob}(x)(V - F(w,p)) + dF/dt$$

其中,$\text{prob}(x)$ 为具有 x 生产效率的工人离开原先岗位的概率。进一步分析岗位设立决策(J_v),在决策的时候,也会预计到未来岗位被取代的概率:

$$J_v = -c + f(x)/x \times (F(w) - V)/dt + \text{prob}(x)(B - J_v) + dJ_v/dt$$

其中 B 表示破产的价值。

岗位空缺 v 包括了新创立(newly created)、被破坏(destroyed)、主动离职(quit)及外生分离(seperation exogenously)等。或者可以将被破坏分为两种情形:受生产效率破坏及被劳动者(匹配效率)破坏。

因而劳动力失业变动及岗位空缺的变动变更为:

$$du/dt = u - x = \text{quit} + \text{separation} + \text{layoff} - \text{finding}$$

$$\mathrm{d}v/\mathrm{d}t = v\ -xv = \text{newly created} - \text{filled}$$

即失业变动由辞职(quit)、分离(separation)、临时辞退(layoff)、减去找到工作(finding)等四大部分组成;而岗位空缺则由新创造(newly created)减去招聘到工人(filled)等两大部分组成。

新创造与破坏过程需要进一步分析。破产或者退出变量事实上变动非常大,体现为分离变量的波动非常大。可以分析厂商"关门"或者破产决策:

$$rB = -Z + y(p) - w + \mathrm{d}B/\mathrm{d}t$$

B 为关门决策,Z 为清算价值。

此外,创造性破坏刻画了变动过程,需要将岗位的变动及就业状况的过程加以拆分才能复原整个变动过程。比如岗位,不仅有空岗和岗位招聘到工人这两种状况,而且包括岗位预备设立(厂商新设立)、岗位即将被取消(厂商被清算)的状况。在预备设立的时候,通常对未来的盈利状况只能是进行估计,并不能预知具体的获益水平。此外,岗位本身存在着创造性破坏,新创立岗位的同时,有不少岗位被破坏了,包括和工人的匹配,可能存在着不匹配的情形,因而可能先辞退工人,然后马上开始招聘新的工人。

就业状况也包含更多的情形:除了一般的就业和失业,还包括主动辞职、被动辞退、临时辞退以及不可避免的分离等状况。主动辞职更多地相当于在职搜寻,意味着就职者获得了更好的工作机会,转而进行工作到工作之间的转换。被动辞退通常包括合同到期或者岗位(厂商)本身无法继续维持下去,与破产和清算决策具有一定的相似特征。临时辞退则更多表明的是,短暂让工人脱离岗位,一旦形势好转,将再度招回原先的工人。而不可避免的脱离主要包括死亡、生病等无可预料的情形。

5 初步经验证据:美国的数据

由于中国的数据相对较为缺乏,我们侧重分析美国劳动力市场的数据。美国劳工部自2000年12月份开始,收集岗位空缺,因而数据从该时点开始,所选取的数据自2000年第一季度开始,直到2009年第四季度。获取的是月度数据,因而样本总量为107个。

5.1 劳动力市场波动(对数再滤波处理之后)的描述性统计

表 10-1 提供了经过对数及 HP 滤波估计(采用 129000 作为 Lambda 的取值)后的描述性统计指标,其中特别重要的是标准差。可以看到,失业(uln_uln_1)及岗位空缺(vln_vln_1)的波动幅度都较大,分别在 13.7 和 13.4 个百分点,分别反映出劳动力市场的供需方波动大体一致。

表 10-1 劳动力市场波动的描述性统计

变量	样本	均值	标准差	最小值	最大值
uln_uln_1 失业率	107	$-5.88E-07$	0.137	-0.24420	0.294206
vln_vln_1 岗位空缺	107	$4.06E-07$	0.134	-0.28159	0.243162
eln_eln_1 就业	107	$5.35E-07$	0.012	-0.03732	0.018304
outlabor~n_1 离开劳动力市场	107	$-2.50E-07$	0.006	-0.01167	0.016105
sepeln_s~n_1 分离	107	$-1.43E-07$	0.046	-0.10351	0.105041
hireln_h~n_1 雇佣	107	$2.58E-07$	0.055	-0.12533	0.116948
quitln_q~n_1 辞职	107	$2.36E-07$	0.102	-0.22457	0.166610
layoffln~n_1 临时解散	107	$-1.11E-07$	0.072	-0.17669	0.207827
sepe_exo~n_1 外生分离	107	$-1.04E-06$	0.216	-0.73327	0.363802

数据来源:根据美国劳动调查数据(bls)处理所得,对数基础上 HP 滤波。

在其他变量上,就业绝对数(eln_eln_1)的波动相对较小,标准差大约在 1 个百分点。离开劳动力市场,即劳动力市场的参与程度指标(outlabor~n_1),显示出较小的波动幅度,远远低于 1 个百分点,只有 0.6 个百分点。而分离(sepeln_s~n_1)的波动幅度将近 5 个百分点,雇佣(hireln_h~n_1)的波动幅度大致为 5.5 个百分点。值得注意的是,离职(quitln_q~n_1)的波动幅度相对较大,为 10 个百分点。临时解散(layoffln~n_1)波动的幅度在 7 个百分点。而外生性的分离(sepe_exo~n_1)波动幅度非常大,高达 21.6 个百分点。

从劳动力市场波动程度看,各组成部分差别较大,将有差异的各组成部分拆分,再分析各部分的差异及对整体劳动力市场的影响,有可能对劳动力市场的波动做更恰当的分析。

如表 10-2 所示,岗位空缺的波动与自动辞职具有最高的相关系数,高达 0.9055,而与外生分离相关程度很低,为 0.0192,在所列举的各变量中相关系数最低,大体反映了纯粹意义上的外生分离含义。

失业波动与岗位空缺具有很高的相关性,系数高达 -0.9575,而失业波动与离职波动的相关系数也很高,高达 -0.9293。

这大体反映,离职将是一个非常重要的劳动力市场波动指标,与失业和岗位空缺都有着很强的相关性。

表10-2 各岗位空缺相关变量的相关系数

	vln_vln_1	quitln_q~n_1	layoffln~n_1	sepeln_s~n_1	sepe_exo~n_1	uln_uln_1
vln_vln_1	1.0000					
quitln_q~n_1	0.9055	1.0000				
layoffln~n_1	-0.4655	-0.5005	1.0000			
sepeln_s~n_1	0.7328	0.7906	0.0573	1.0000		
sepe_exo~n_1	0.0192	-0.0613	-0.0466	0.1890	1.0000	
uln_uln_1	-0.9575	-0.9293	0.4671	-0.7485	-0.0206	1.0000

数据来源:根据美国劳动调查数据(bls)处理所得。

5.2 相关变量及影响因素

我们获取了美国的国民收入账户(NIPA),并根据相应的时间区间获取相应的数据,同时,采取对应的方法,首先取对数,然后再采取 HP 滤波估计,进而将长期的趋势分离,获得波动数值,进一步地可以获得描述性统计指标,包括均值、标准差、最小值及最大值(表10-3)。

表10-3 相关影响变量的描述性统计

变量	含义	均值	标准差	最小值	最大值
uln_uln_1 (unemployed)	失业量	$-5.88E-07$	0.136932	-0.24420	0.294206
vln_vln_1 (job opening)	岗位空缺	$4.06E-07$	0.133732	-0.28159	0.243162
piln_pi_ln_1 (person income)	个人收入	$2.32E-07$	0.019009	-0.04039	0.028724
wageln_w~n_1 (wage and salary)	工资及福利	$-8.91E-08$	0.021901	-0.04696	0.037030
payln_pa~n_1 (wage + compensation)	工资加奖金	$6.24E-08$	0.018054	-0.04275	0.028998
dpiln_dp~n_1(DPI)	可支配收入	$2.85E-07$	0.012025	-0.02901	0.051248
dpiln200~n_1 (DPI at 2005 price)	2005年价格的可支配收入	$2.14E-07$	0.009828	-0.01808	0.038555
hourearl~n_1 (hour earning)	每小时报酬	$-1.38E-07$	0.010557	-0.02901	0.025208
weekearl~n_1 (week aver earning)	平均每周报酬	$-2.36E-07$	0.006855	-0.01473	0.011931
profln_f~n_1 (final production)	最终产出	$1.83E-07$	0.026126	-0.07744	0.043351

续表

变量	含义	均值	标准差	最小值	最大值
capln_ca~n_1(capacity index)	产能系数	2.85E-07	0.030061	-0.08044	0.062124
proindex~n_1(industry prod index)	工业生产指数	1.92E-07	0.029268	-0.08398	0.049250
asset_in~n_1(income on asset)	资本收入	1.74e-07	0.0668435	-0.1276956	0.1196394
cln_c_ln_1(comsum expen)	消费支出	-2.67e-08	0.0146677	-0.0354328	0.0247183
priceln_~n_1(pdpi/pdpi2005)	物价水平	-1.52e-07	0.0070269	-0.0133324	0.0204415
taxln_ta~n_1(personal tax)	个人税收	2.99e-07	0.104232	-0.217813	0.1574197
ui_suran~n_1	失业保险	-4.90e-08	0.117718	-0.2843041	0.2750275

数据来源:根据美国劳动调查数据(bls)及美国国民收入统计数据(NIPA)处理所得。

将可能的影响要素一一加以处理,并获取可能的信息。工资及收入方面,几个指标都显示出相应较小的波动幅度,而资本收入、税收及失业保险方面的波动幅度较大。个人收入、工资及福利、工资加奖金等三个指标的波动分别为1.9、2.2及1.8个百分点;可支配收入、不变价的可支配收入及每小时报酬波动分别为1.2、1.0及1.0个百分点;而每周平均报酬的波动降至0.7个百分点。各种工资报酬的指标显示了一定的工资方面的价格刚性。

值得注意的是,资本收入波动较大,达到6.7个百分点,大体意味着金融市场波动较大,可能需要进一步将金融市场纳入宏观经济模型,这样才能更完整地解释宏观经济变量的变动。

生产方面,几个指标大体波动幅度较为一致:最终产出、产能系数、工业生产指数等三个指标的波动幅度分别为2.6、3.0及2.9个百分点。

此外在潜在的波动源上,值得关注的包括:税收及社会保障程度。在个人税收上,波动幅度达到10.4个百分点,而失业保险指标的波动幅度更高,为11.8个百分点。

5.3 失业波动的影响因素分析:工资与岗位变动的影响

我们尝试着探测对失业波动的影响因素,并探测工资是否对失业产生显著的影响。

在失业的波动上,我们探测到,厂商的利润、工人的离职及税收都具有较明显的影响。厂商利润大体反映着劳动力市场需求的变动;而离职一方面反映了劳动力市场的供给,另一方面也反映出创造性破坏的作用;税收的变动则显示了政府的作用。

在岗位空缺的波动上,同样,三个因素相应地会影响岗位空缺。岗位空缺可以视为劳动力市场的需求,这种需求同样受到厂商的劳动力需求、工人的转换及政府税收政策的影响。这三个因素对劳动力市场波动的影响效应见表10-4。

表10-4 影响劳动力市场波动的因素及效应

	(1) uln_uln_1	(2) vln_vln_1	(3) vln_vln_1
profln_f ~ n_1	-2.3429030 (0.3144205)	2.1210980 (0.3905080)	
quitln_q ~ n_1	-0.4833114 (0.0905830)	0.4463545 (0.1125040)	1.189534 (0.054397)
taxln_ta ~ n_1	-0.2691085 (0.0655849)	0.3009015 (0.0814560)	
Constant		-1.77E-07 (0.0045390)	1.25E-07
Adj. R^2	0.9231	0.8768	0.8182
样本量	107	107	107

注:括号内为标准差。

在工资价格上,工资的波动对劳动力市场也存在着显著影响(表10-5)。在当期的影响上,工资对失业波动、岗位空缺的波动及劳动力市场宽松指数等核心变量都存在着显著影响。进一步地,我们探测滞后多期的影响。同样可以发现,工资的滞后期对劳动力市场的核心变量都存在着相应的影响。

表10-5 工资变动对劳动力市场的影响

	$u'\_1(\ln, hp)$	v'_1	X'_1	u'_1	V'_1	X'_1
Wageln (NIPA)	-5.88346 (0.2055085)	5.619938 (0.2319451)	11.50342 (0.4024121)	-4.2981 (0.4690581)	4.987786 (0.4972331)	8.564725 (0.8950762)
-1				0.8555197 (0.1133588)	0.5486514 (0.1024726)	0.935727 (0.0998767)
-2				0.9612843 (0.1369997)	0.4110622 (0.1234282)	0.8130114 (0.1169062)
-3				0.6217664 (0.1755671)	0.4487834 (0.1465819)	0.7789428 (0.1579892)

(续表)

	$u'\_1(\ln,\mathrm{hp})$	v'_1	X'_1	u'_1	V'_1	X'_1
-4				0.4408488 (0.1708486)	0.1937755 (0.1303831)	0.5464118 (0.1507514)
-5				0.5033667 (0.1311016)	0.124975 (0.1257912)	0.4180338 (0.1280292)
-6				0.2214271 (0.0955741)	0.0844749 (0.0979788)	0.3540089 (0.1101502)
Adj. R^2	0.8844	0.8456	0.8841			
log likelihood				228.3578	191.4069	157.5214
样本量	107	107	107	107	107	107

注:括号内为标准差。

5.4 岗位变换及岗位空缺的影响因素

我们特别探测岗位空缺波动的影响。岗位空缺波动与离职的波动关联很大。如表 10-6 中,简单的回归可以看到,岗位空缺的波动可以在 80% 以上程度为离职波动所解释。

同样,岗位空缺的波动与厂商的利润水平紧密相关,滞后三期的岗位空缺水平本身也具有显著影响。

表 10-6 岗位空缺波动的影响因素

	(1) vln_vln_1	(2) vln_vln_1
profln_f ~ n_1	2.914219 (0.470098)	
ARMA ar		
L1.	0.464852 (0.098329)	
L2.	0.241513 (0.123844)	
L3.	0.223664 (0.102854)	
quitln_q ~ n_1		1.189534 (0.054397)
Constant		1.25E-07
Adj. R^2		0.8182
样本量	107	107

注:括号内为标准差。

6　结论及进一步研究方向

劳动力市场的波动依然是宏观经济学主要分析的难题之一,而更多地分析岗位之间的变动有助于部分地解释劳动力市场的波动,特别是失业与岗位空缺的波动。

岗位之间的变动使得劳动力市场的波动更为普遍,从而为解释失业波动之谜提供了一种潜在的可能。当然劳动力市场波动的完整解释仍然有待进一步深入。此外,对于岗位空缺的波动,目前仍然存在着诸多问题。数据的不完整使得研究较为困难;同时,对于厂商的活动也需要深入研究。

整体而言,劳动力市场的波动存在着如下可能的突破及后续研究方向:

第一,变量的分布。从方法上,搜寻匹配理论面临的一个挑战是变量的分布函数。最早先的搜寻匹配模型得出的结论是,期望收益(工资)要等于保留工资水平,这样,工资分布就不存在了,所有的工资等于保留工资水平即可,进一步地,保留工资水平会等于0。该结论通常称作 Diamond 悖论。因而近年来有不少研究在改变搜寻匹配模型的各种设定,寻找非退化的工资分布。在考虑工资分布的同时,个体如何进行有效的搜寻,搜寻行为的特征也值得进一步研究。事实上涉及个体的最优决策问题。个体在决策过程中需要获取更多的信息,而信息可能不能简化地设定为完全和已知的,而且整个分布,包括工作机会和工人的能力,都可能是未知的,并且可能是变动的(如 Gonalez and Shi,2008)。这就将信息收集的过程,即学习过程引入了决策之中。引入概率分布及其变动将会使得模型更加复杂和难以分析,但也可能是解决劳动力市场过度波动的一个方向所在。由于存在着信息收集和对分布函数的估计及其变更,可能使得整个交易过程变得更加困难,摩擦因素进一步加剧,从而产生了放大效应,加剧了生产率冲击对劳动力市场失业和岗位空缺的影响。

第二,岗位空缺的决定及其波动。在搜寻匹配模型解释失业波动的同时,劳动力市场的另外一个重要变量——岗位空缺率(衡量了厂商招聘努力和对劳动力的需求)的波动幅度更大,比如 Shimer(2005)所衡量的,岗位空缺率的标准差为 0.202,而生产率冲击的标准差为 0.020,意味着岗位空缺率对生产率的冲击反应更大。搜寻匹配模型对岗位空缺率的过度波动解释能力同样非常不足。即使考虑在岗搜寻和定向搜寻(Menzio and Shi,2009),对岗位空缺率的解释能力(用生产率冲击)也只有30%,尽管他们认为可以解释80%的失业率波动。这意味着目前的搜寻匹配模型及其修正的模型对岗位空缺的研究远远不够。客观地说,劳动力市场的波动,部分是由于家庭或者工人对不同的经济做出不同的决策所致,比如对收入效应和替代效应进行权衡,但同样需要进一步关注厂商的招聘(设立岗位)决策。面临不同程度的技术冲击,厂商为何会做出如此强烈的反应需要进一步研究。对该问题的研究可能不能仅仅局限在简单的岗位空缺方程(V),需要对厂商行为做更进一步的研究。重要的一点是,厂商对技术冲击做出的反应程度非常之大(20倍),在负向冲击时,岗位设立下降的幅度非常大,而在正向冲击时,岗位设立增加相当多,厂商的行为是非理性的,还是过度反应了?这都是极有意思的后续研究方向。

第三,价格(工资)的决定及价格刚性设定。在交易决定上,价格是重要决定变量,而在劳动力市场的失业过度波动之谜上,目前的一个重要的争议的焦点是工资报酬决定。工资如果是刚性的,那么很直观地可以得到,由于在负向冲击的情形下,生产率下降,劳动边际产出下降,厂商对劳动力的需求会下降,但工资水平居高不下,会进一步放大这种负向冲击,导致劳动力的需求进一步下降。但是难点在于在均衡模型下,刚性工资是如何形成的,而且要满足厂商和工人都是联合理性的,这成为研究的一个难点。一个重要的研究方向就是从厂商和工人的激励机制入手,研究工人的报酬方式是如何确定的。在Shimer(2009b)的研究中,设定了当期的报酬是上一期的报酬和当期目标工资(Nash谈判工资)的一个加权平均,但对于为何会有这种特征,并且权重如何决定,仍然需要进一步的研究。我们在尝试着将效率工资的模式一般化,设定报酬由固定工资和奖金(performance pay)两部分组成,在一定程度上可以印证一些事实,但对模型的整体说服力还有待进一步的研究。可能从报酬方式上揭开搜寻匹配条件具有很大的空间。应该说,搜寻匹配过程中,最主要的就是交易条件,而在劳动力市场上,这个交易条件的核心就是双方都能接受的价格——工资,对该核心的揭示应该是整个模型的关键所在。纳什谈判解存不存在,或者这种工资决定方式需不需要进行更妥当的设定都是研究的难点之一。因为一旦设定纳什均衡解,那么意味着双边都存在着一定的垄断优势,都存在着力图得到垄断利润或者租金的意图。但问题可能如Shimer(2005,2009b)所陈述的那样,劳动力的价格——工资水平变得太有弹性了,尽管有休闲和生产率的加权系数存在,这使得表面上,工资会有刚性,但整体上还是扩大了各变量对生产率波动的反应。直接设定工资有刚性是原先非均衡模型所作的设定,时常可见的是,通常设定价格或者名义价格是刚性或者是滞后的,这种设定下确实很容易得到劳动力市场乃至整个宏观经济具有过度波动的特征,但由于这种模型是非均衡的,因而并不令人满意,同时也不符合 Barro(1977)所作的批判,他认为非均衡模型不符合理性设定,理性的决策最终会趋向均衡结果。因而用均衡模型刻画出均衡交易的条件将是模型的另外一个关键所在。

第四,匹配过程及匹配函数。搜寻匹配模型用于分析劳动力市场时,更多地强调了搜寻行为,在搜寻过程中需要时间和相应的成本,这种摩擦导致了过度的波动。但对于匹配过程,可能做了过多的简化设定。通常的模型及其修正的模型都用了一个匹配函数($M = M(u,v)$)表示,并且认为该方程具有厂商的生产函数类似特征。在分散的市场中,是否能做如此简化的设定仍然值得进一步的研究。该简化设定将匹配函数当作另外一个"黑箱",当然能够使得模型分析更加简便,但可能也丧失了模型所要刻画的"摩擦"特征。Shimer(2007)就曾经采用了"盒子——球"的匹配模型,得到了一些额外的结论。同时,对于匹配函数,也存在着诸多争议,Petrongolo and Pissarides(2001)对相关的研究做了一个回顾,对匹配函数的存在性和稳定性等做了相应的介绍。事实上,搜寻匹配模型直观上具有微观特征,但匹配函数却在一定程度上说是一种总量模型,对整个模型的微观基础有所偏离。对于匹配特征,更多的研究集中在婚姻市场上,重点研究不同性别的个体在婚姻市场上是否是匹配的,或者是正向匹配还是负向匹配的。本质上看,匹配及匹配函数的分析隐含地将匹配行为建立在大样本的基础之上,认为最终会趋向一个稳定的特征,并可以用函数形式表示。但就一般特征看,搜寻行为试图达到最佳的匹配,而真正能达到最佳匹配的概率事实上是非常之地,在经典的"招聘秘书"问题中,能找到最好的秘书的概率只有 36.8%,这种微观的决策所得到的结论令人惊讶,意味着最优的搜寻行为通常情况下只能得到非最优的结果,非最优的概率高达 61.2%(Ferguson,2009)。一旦进一步考虑匹配行为和结果,会增加模型分析的难度,但不考虑匹配特征,而做过多的简化设定,可能是导致模型说服力下降的一个重要原因。如何妥当地处理劳动力市场岗位和工人之间的匹配行为将是一个重要的研究方向。

总体而言,失业及其波动仍将是宏观经济学和劳动经济学的一个重要议题,目前而言,在理论上并没有得到很好的解释,寻找劳动生产率或者技术冲击对劳动力市场的扩大机制是个主要的研究方向。而对于搜寻匹配模型来说,具有显著的优点,包括它是一般均衡模型、具有微观基础和直观支持;但挑战也相当明显,搜寻匹配模型重点刻画的是摩擦因素,包括劳动力寻找工作岗位需要时间、工人有着保留工资、存在着随机匹配因素等等，但这些"小"的摩擦能导致 10 倍以上的放大效应确实值得进一步考量。

　　未来的研究可能还包括如下三个方面，其一，对搜寻匹配模型进行修正，重点寻找传导和放大机制，即交易摩擦是如何导致劳动力的波动大幅度放大劳动力市场的波动；其二，可能是在搜寻匹配模型之外，寻找其他可能的解释，但可以借鉴 RBC 或搜寻匹配模型所刻画的具有微观基础的一般均衡模型，包括预期因素、信息的收集和最优决策、羊群效应等；其三，作为一个很有潜力的研究领域则是异质性研究，探讨如何在搜寻匹配之前同质性的个体，在搜寻匹配之后产生异质性的结果，如同 Gonzalez and Shi (2009) 所示，但异质性问题及其引发的分布问题仍然是个难点和值得进一步研究的重要议题。

第 5 篇

创造性破坏(竞争替代)、策略互补与整体效率：社会秩序与市场层面的研究

第 11 章 竞争替代、策略互补与规则(秩序)形成

——基于代际模型的分析框架及历史和文化的形成与影响

1 引言:个体(群体)之间的交互作用及系统的变化

个体(群体)之间通常不是独立存在,而是存在着交互作用,这在一般的经济模型中有所忽略。通常的模型中,代表性的决策主体通过市场进行交易,家庭、厂商和政府独立决策,通过价格信号做出相应的供需决策,最终通过市场中介完成交易,除了搜寻匹配模型将这个过程用匹配方程和纳什谈判加以刻画外,不同的家庭和厂商之间的交互关系并没有得到特别的研究,比如在家庭中,更多的模型是设定同质性的家庭,在厂商行为上,虽然研究了不同厂商之间的竞争关系,但对其交互关系还有待进一步深入研究。可以看到,无论是家庭还是厂商,既存在着竞争替代关系,也存在着一定的互补协作需要。如同动态不一致问题(Kydland and Prescott,1977),个体(群体)在做决策的时候,也不是跟"自然"之间进行博弈,更多的是不同的决策者之间的交互作用。不同于时间不一致问题的是,行为主体通常会考虑相关个体之间的行为,并且会考虑同一类型内部不同主体的行为,推断他人可能的行为,在此基础上对整体环境再做一定的判断,最终进行最优选择。在这个层面,决策过程类似于全局博弈(global game)。有所不同的是,我们将更多地描述主体之间所存在的多重关系,在此基础上分析规则的变动及系统的整体特征。

通俗地说,各行为主体之间存在着"做蛋糕"与"分蛋糕"两种决策,这两种决策分别体现着策略互补与竞争替代两者不同的关系。在"做蛋糕"的过程中,需要多个主体共同努力才能完成,因而需要更多的协作,也就存

在着策略互补关系；而"做蛋糕"的同时，需要"分蛋糕"，在"分蛋糕"过程中，个体之间主要是竞争替代关系，如果一方获取较多，另一方必然相对减少，因而存在着此消彼长的特征。这两种过程往往并不能在时间上分离，也就是说，并不是先考虑"做蛋糕"，然后再考虑"分蛋糕"，而是在既定的时间内，需要将这两种努力程度和时间进行最优决策。如果更多的努力用于"做蛋糕"（生产性活动），那么在其他人努力不变的情形下，整个生产性活动及产出会变得更大，但同时，可能由于用于争取"蛋糕"的时间和努力程度变少，其他人可能会用更多的时间和精力用于设置规则，从而获取了更多的"蛋糕"，而生产中努力程度更高的主体却获取了更少的"蛋糕"份额。如果行为主体更关注"分蛋糕"的必要性，或者过度强调了竞争替代的重要性，有可能使得更多的努力用于争夺"蛋糕"份额，而用于生产"蛋糕"的时间和努力变少，从而使得所有人的"蛋糕"都变小，生产过程中的协作与策略互补被忽略了。因而，行为主体之间存在着竞争替代（分蛋糕）与策略互补（做蛋糕）两种关联。

从经济意义上说，创造性破坏主要刻画的是有突破性的竞争替代关系，新创造的产品或者技术直接导致原先的产品或技术被退化，新产品或技术直接替换原先的产品或技术，对于厂商而言，原先垄断厂商将不会有垄断利润，而新的厂商取其而代之，获得垄断利润。不同于简单的竞争替代关系，创造性破坏意味着更高的产出，或者质量更高的技术及产品，使得整体社会的产出或福利增加。

策略互补描述的则是相互之间的合作与协调关系，意味着决策主体需要考虑与其他决策主体进行一定的合作。比如厂商决策的时候，即使是垄断厂商，同样得考虑和其他厂商，乃至竞争对手协调的问题。厂商需要考虑整个市场的规模，如何与非竞争性的其他厂商一起协助，使得市场能够扩大，比如创新一种新产品或者技术，该厂商需要使得其他厂商能够应用该类产品，并且尽可能地围绕该种产品，研发配套产品或者服务，从而扩大整个市场。对于同类产品或者技术，也存在一定的合作必要。需要遵循先前厂商已有的技术规范，同样，需要遵循市场的基本规则，不刻意剽窃先前厂商的专利或技术，不刻意通过低价格挤占竞争对手的生存空间。主要的考虑不仅仅是市场道德，而是通过这些规则，能够扩大市场规模，维持整个市场的长远发展。

在技术选择上，通常也存在着竞争替代与协作之间的交互选择，如果更多的厂商选择特定的技术规范，那么厂商之间进行协调，有可能在整体市场的拓展上获得进一步突破。但对于某些倡导其他技术规范的厂商而言,意味着接受某种技术规范需要放弃自身的技术,存在着竞争替代关系。这种关系在智能手机的系统中可以得以体现:当前的手机系统中,存在多个系统,如苹果公司自身的 iOS 系统、谷歌推出的免费的安卓(Android)系统以及微软公司开发的视窗手机(windows phone)系统。系统之争就是厂商产品之争,但是不同的系统差异很大,消费者对不同的系统存在着依赖,手机厂商也通常只是兼容一个系统,因而智能手机系统之间的竞争替代关系占据主导地位,而相互之间的互补协调关系相对被忽略了,这部分地限制了消费者的最优选择。比如,诺基亚公司在手机上一度具有领先优势,非常多消费者对其产品具有很高的认同度,但是由于它的手机只支持其自身的系统,而且很多时候不支持部分运营商的移动信号,在苹果公司 iPhone 的冲击下,诺基亚手机及其手机系统的市场份额急剧下降,也导致了原先持有该类手机的消费者更换手机的速度放缓,或者由于购买其他品牌手机而事实上持有了太多的手机,更换成本较高及换代相对缓慢使得整个市场规模没有得到更高速度的发展。参照经典的结论:垄断还是垄断竞争,都会使得价格高于完全竞争市场,从而导致社会福利的降低。该案例描述了创造性破坏的过程,特别是竞争替代的过程;同时,也显示了如何保持恰当的协调将是市场后续发展的一个重要问题。

对于单个家庭而言,这种既存在竞争替代又存在策略互补的复杂关系非常普遍,特别是在同一个团体或者共处同一环境背景下,这种关系非常普遍。在集体决策中,单个个体需要共同协作才能获得最大的产出,这就意味着个体之间是存在着策略互补关系的;同时,个体之间又是存在着竞争替代关系的,主要是在划分产出时,其他成员如果划分了更多的产出,那么留给该主体的收益就会减少。假设个体对自身的时间进行最优配置,一部分用于生产投入,其他部分用于划分收益。显然,选择用更多的时间投入生产,如果其他个体也用更多的时间投入生产,那么最终的产出会更高,从而存在着策略互补特性;但是,如果其他主体将更多的时间用于争夺产品的分配,那么投入生产时间越多的主体获取的产出有可能更少,竞争替代特性将有可能占据主导。

这种特性在宽泛的环境下,竞争替代与策略互补关系将会更加普遍,但同样更加复杂。在公共道路的使用上,行驶的车辆之间存在着竞争替代与策略互补共同作用的特性:在既定的道路上,通常行车空间有限,那么车辆之间是相互竞争的。比如双向一个车道,那么前行的车辆对后行的车辆而言,存在着竞争替代关系;相反方向的车辆对于这个方向的车辆而言也是竞争替代关系,一旦有车辆越过中间线,那么可能对逆向的车辆产生阻碍,相互之间是竞争替代关系。对于后行的车辆而言,存在着多种选择:跟着行驶与设法超越。跟随行驶意味着更多地强调了策略互补,将形成恰当的规则。如果前行的车辆确实发现自身的行驶速度较慢,对后行的车辆形成了阻碍,自动寻找地方避让,让后行车辆先行驾驶,那么虽然对他自身存在一定的损失,但对整体道路的使用效率有所帮助。如果后行车辆更多地强调竞争替代关系,那么可能会采取借助对向车辆或者其他不规则的方式进行超越,一旦超越,那么该车辆能以更快的速度前行,从而处于竞争替代中的领先位置,在一定程度上说,实现了"创造性破坏"。

问题就在于,如果更多的车辆强调竞争替代关系,超越成为一种主要动机及行为,而相互避让及遵守规则不再是主要的考虑点,也就意味着车辆之间策略互补被视为次要的,行车规则将有可能被破坏,随意变线及超车等成为主要的行车规则,混乱由此产生。由于混乱,所有的车辆都需要考虑其他车辆的超越行为,从而最终的行车速度有可能反而下降。因而需要考虑竞争替代关系与策略互补之间保持恰当的折中关系,以维持最优的资源配置问题。

在环境保护上,同样存在类似的关系。由于所有的家庭都共处一个环境圈,因而资源共享,如果其他家庭也遵循保护环境的策略,那么环境能够得到确实的保护,空气质量等将会得到改善或者维护,所有的家庭由此受益,由此,家庭之间存在着策略互补特征,需要家庭之间进行相应的合作,对环境采取一致的保护措施。但家庭总是需要利用自然资源,在利用的过程中,也通常会或多或少地破坏环境,如果其他人不使用,那么某些家庭使用自然资源,显然使用自然资源的家庭能够获得更高的收益,使用得越多,收益越大。而使用的家庭越多,竞争程度越激烈,收益相应越少。因而家庭之间存在着竞争替代与相互协作的多重关系。

在广泛意义的社会规则上,对竞争替代与策略互补之间的协调影响着规则的形成,决定着社会的效率。比如投票机制与军阀(军人)政治之间进行选择的问题:如果投票机制得到广泛认可,意味着社会居民更多地在该规则上选择"合作"与"遵守"态度,策略互补占据主导地位,竞争更多地在较高层次代理人之间展开。相反,如果社会居民选择的是不信任态度,更多地强调相互之间的竞争替代关系,那么有可能强人政治或者通过军事(武力、武装)来解决纷争和政治利益分配将可能成为主要方式和手段,相互之间的信任长时间内无法建立。

如果能够倡导出一种具有"创造性破坏"的规则,能够使得被破坏主体的利益得到弥补,而其他主体得到更高的收益,那么有可能这种规则的创新能够得到普遍的接受。比如改革如果能够使得所有人都满意,那么这种改革会受到所有人的欢迎,并通常会被接受。比如,从计划经济到市场经济的转变,从更长的时间区间看,30 年改革之后,社会总产出增加了,居民的消费水平提高了,在改革过程中,整体居民的福利都得到了提高,因而从计划经济到市场经济的改革整体上是一种创造性破坏,虽然在改革初期,部分群体受到了经济利益或者政治利益的损失。

从经济系统而言,最重要的制度与规则安排是税收,税收具有一般性,因而我们尝试着从税收制度角度探讨个体之间的交互作用,探讨相互之间存在的竞争替代关系及相互之间的策略互补关系,及在此基础上寻找最佳的创造性破坏机制。

在模型上,跨期模型可以较好地刻画不同代际之间的交互作用,因而我们尝试借助两期的跨期模型(OLG)进行交互作用分析,探讨在何种状况下,竞争替代关系会占据主导,何种状况下,策略互补会被考虑。

同时,我们借助这个模型,研究历史是如何起作用的,以及社会规则的演化过程。囚徒困境只是描述了这种交互关系的特征和结果,但对于交互关系及规则的变动并没有加以具体分析,因而我们试图通过 OLG 模型,对交互关系及规则的变动做深入研究,刻画均衡的特性及其变迁。

2 竞争替代占主导下规则的形成:惯性的作用与历史路径依赖

2.1 基本模型

参照通常的两阶段模型,每个家庭只存活两期,年轻时期和老年时期,年轻时期提供劳动力,获得工资收入,用以支付年轻时候的消费及储蓄,而老年时期没有工资收入。

跟一般的 OLG 模型不一样的是,我们设定,政策的决策权把持在老年人手上,也就是通常的老年政治,老年人可以决定税收或者转移支付的力度。决策者在年轻的时候,通常没有参与决策的权利,所以被征收了税收或者强制性交了转移支付 T_t。在老年的时候,他们成为决策者,也可以决定征税或者转移支付 T_{t+1}。

由于第一阶段前一代人已经设定了税率,即转移支付的力度;第二阶段,可以设定转移支付的力度,那么两代人之间主要是竞争替代关系。

$$\max(C_{1t}, C_{2t+1}, S_t, T_{t+1}) \quad U = u(C_{1t}, C_{2t+1}) = u(C_{1t}) + bu(C_{2t+1})$$

(11.1)

$$s.t. \quad C_{1t} + T_t + S_t = w_t$$
$$C_{2t+1} = R_{t+1} S_t + T_{t+1}$$

如果家庭视转移支付安排为既定,那么类似于通常的社会保障安排。如果 $T_t = T_{t+1}$,那么与现支现付的社保安排一致。

家庭最优决策条件:两阶段的决策,在年轻时候,设定 T_t 是预先设定的,需要选择的是消费 C_{1t} 和储蓄 S_t。在老年的时候,需要选择的是,消费 C_{2t+1} 与转移支付的力度 T_{t+1}。

其中:
$$R_t = f'(k_t); \quad wt = f(k_t) - k_t R_t \tag{11.2}$$
$$K_{t+1} = S_t \tag{11.3}$$

假设完全折旧。资本积累无需增加后面转移支付,可用资源只是储蓄,T 属于后续分配,不属于资本的来源。

家庭的最优决策需要满足一般的消费欧拉方程。
$$U'(C_{1t}) = bR_{t+1} U'(C_{2t+1}) \tag{11.4}$$

但对于 T_{t+1},仅仅通过预算约束和最大化家庭效用无法确定该值。假设 T_{t+1} 与 T_t 之间存在着关联,设定 $T_{t+1}(T_t)$。那么需要满足的条件为:
$$T'_{t+1}(T_t) = R_{t+1} \tag{11.5}$$

虽然在 t 期出生的家庭并不真正选择 t 期的转移支付,但由于转移支付存在的连贯性(后文将会进一步陈述),可以认为两期的转移支付存在着内在的关联,从而变成决定 T_t。当然,在这里我们并没有将两期转移支付的具体形式加以设定,在后文将进一步展开。

设定函数形式 $u(C_{1t}) = \ln(C_{1t})$,可得:
$$C_{2t+1} = bR_{t+1} C_{1t} \tag{11.6}$$

将 C_{2t+1} 和 s_t 分别以消费的欧拉方程和预算约束方程替换,可以将第二期的预算约束方程改写为:
$$T_{t+1} = R_{t+1}[(1+b)C_{1t} + T_t - W_t] \tag{11.7}$$

而在没有转移支付的情形下,定点状态(steady state)下资本积累的水平为:
$$k^* = (b/[(1-a)(1+b)])^{\wedge}(1/(1-a)) \tag{11.8}$$

对可能的转移支付分几种情形加以讨论分析。

情形1:年轻的时候不再预期转移支付。

改变的是老年时候的预算约束,而消费的欧拉方程不变。年轻时候的消费 C_{1t} 和老年时候的消费 C_{2t+1} 分别可从资本积累中求得。

改变的将是 steady state 的资本积累方程,假设没有人口增加,那么设

定效用函数的形式及生产函数满足 CD 函数形式下,

$$(1-a)k_t^a - k_{t+1}(1+b)/b = T_t \tag{11.9}$$

图形分析。存在着 T_t 意味着位置上移。相当于原先的动态变化图往左上方平移 T_t,因而有可能存在着两个均衡点,一个均衡点及没有均衡点的状况。

定点状态下,资本积累的决定方程为:

$$(1-a)k^{*a} - (1+b)/b \times k^* = T_t \tag{11.10}$$

情形 2:老年的时候获取等同数额的转移支付。

该情形完全等同于现支现付的养老保障体系。在一定程度而言,老年人会有所吃亏,并且可能在整体上弱化转移支付的影响,主要是由于利率(收益率)会呈现增加态势,而转移支付数额不变,意味着实际额度随着收益率的变化减少。

欧拉方程依然不变。决定均衡的条件变为:

$$C_{2t+1} = bR_{t+1}C_{1t} = S_t R_{t+1} + T_t \tag{11.11}$$

$$(1+b)/b \, S_t + T_t(1 + 1/(bR_{t+1})) = w_t \tag{11.12}$$

由 $S_t = K_{t+1}$, $R_{t+1} = f'(k_{t+1})$, $w_t = f(k_t) - k_t f'(k_t)$

代入方程,可以得到资本积累需要满足的条件为:

$$(1+b)/b k_{t+1} + T_t(1 + 1/(bf'(k_{t+1}))) = f(k_t) - k_t f'(k_t) \tag{11.13}$$

同样,有可能存在着两个均衡、一个均衡及没有均衡的情形。

均衡状态的资本积累为:

$$(1+b)/b \, k^* + T_t(1 + 1/(b f'(k^*))) = f(k^*) - k^* f'(k^*) \tag{11.14}$$

在生产函数满足连续、可微、单调递增及稻田条件下,均衡通常存在。

情形 3:老年时候获得一定增幅的转移支付。

如果设定转移支付以固定的速度(g)增加,那么可以证实,最优决策的家庭需要该增长速度与实际收益率 R_{t+1} 一致。这意味着在 t 代出生的个体要不吃亏,就必须获得与资本回报率一致的收益。

欧拉方程依然不变。预算约束方程为:

$$C_{2t+1} = bR_{t+1}C_{1t} = R_{t+1}S_t + gT_t \tag{11.15}$$

将 C_{1t} 代入年轻时候的预算约束方程:

$$S_t/b + g/(bR_{t+1}) \, T_t + S_t + T_t = W_t \tag{11.16}$$

因而决定资本积累的方程变为:

$$k_{t+1}(1+1/b) + T_t(1 + g/(b f'(k_{t+1}))) = f(k_t) - k_t^* f'(k_t) \tag{11.17}$$

在定点状态下,资本积累的决定方程为:
$$k^*(1+1/b) + T_t(1+g/(bf'(k^*))) = f(k^*) - k^*f'(k^*) \quad (11.18)$$
比较静态结论。

命题1:利率越高,时间贴现越大,年轻时候的消费越高,年轻时候的转移支付越大,老年时期倾向于征收的转移支付(税收)会越高;相反,如果工资收入越高,转移支付的激励相应会降低。

直观解释。(1)收益率(利率)越高,意味着年轻时被征收的损失在事后看来代价越大,所以需要的补偿也越高。(2)贴现越高,越看重老年时候的消费;(3)年轻时候消费越多,对未来的消费也会越多;(4)年轻时候被征收了更多,老年时候"报复性"征收会越多。

同时,可以看到转移支付的增加对整个社会资源配置(资本积累及消费等)的影响。

命题2:由于转移支付的存在,均衡的资本积累水平会下降。进一步地,有可能使得经济存在着两个均衡、一个均衡及不存在均衡的情形。

2.2 老年人的决策——动态不一致的产生

假设年轻时候,已经做了储蓄决策,并且预期可以获得固定增幅的转移支付,但到了老年时候,还可以重新选择 T_{t+1},分析可能的转移支付规模。

$$\max_{(C_{2t+1}, T_{t+1})} U(C_{2t+1})$$
$$s.t. \quad C_{2t+1} = R_{t+1}S_t + T_{t+1}$$
$$R_{t+1} = f'(k_{t+1})$$
$$K_{t+1} = St = W_{t+1} - C_{1t+1} - T_{t+1}$$
$$C_{1t+1} + S_{t+1} + T_{t+1} = W_{t+1}$$
$$T_{t+1} < W_{t+1}$$

极端情形:尽可能地压榨。使得年轻人消费尽可能地低,没有积累能力,当然此时有可能使得 S_t 变为0,从而使得资本市场不再存在,出现"民不聊生"的局面。

由于老年人在这种设定下,并没有对转移支付的约定,其储蓄的收益率由资本的边际收益决定,在资本市场上,老年人和年轻人之间的关联通过资本租借发生关联,因而有可能的是,老年人有激励去尽可能地榨取转移支付,直至转移支付的力度逼近年轻人的工资收入。

2.3 惯性的作用:"是还是非"选择的情形

假设决策主体只是选择需不需要继续征收这种税收或者转移支付,那么通常可以看到,拥有决策权的决策主体通常没有激励去改变这种转移支付的安排,直观的解释是,他们在年轻的时候已经被征收了这种税收或转移支付,那么显然在老年的时候需要得到正常的补偿。同时,如果他们拥有这种选择的权利,显然他们也没有激励去改变可以自然而然获取的利益。更高的转移支付对老年时期的消费及福利都具有正向作用,因而征收更高的转移支付有充足的激励。同时,在老年时期,老年人控制了转移支付的决策权,没有约束机制使得老年人减少这种转移支付。

这反映了竞争替代关系下,原先的规则可能会一直延续。除非转移支付太大了,以至于整个资本市场都会崩溃,比如年轻人不再拥有任何储蓄,在下一阶段也没有任何积累用于资本投入。特别是,如果转移支付逼近工资收入,意味着年轻人的消费都极其低,乃至无法满足基本的生活需求,这种状况下,老年人可能被迫改变原先的转移支付安排。

这在一些国家,特别是面临自然灾难的时候,有可能出现。比如老人政治占据主导,老年人控制了整个政治的核心,那么可能整个社会的资源配置主要以维持老年人的需求为主,而对年轻人的需求有所忽略,如果出现了自然灾难,可能受影响更多的是年轻人。

结论:初始的规则难以被改变,以竞争替代关系为主的决策者没有激励改变既定的规则。

2.4 交互作用与均衡的确定

需要考虑对生产的影响,隐性的相互协调和交互作用。主要考虑资本市场和生产方面的影响,老年人如果过度实行了转移支付,那么有可能使得均衡朝着低均衡变动。在资本市场和生产方面存在着共存特性,如果年轻人被过度压榨,那么可能在生产方面的产出会降低。

交互作用的方式。老年人需要将资金租赁给年轻人,年轻人用于生产投入。老年人的储蓄有相应的收入,而收益率取决于年轻人的生产。同时能否获得相应的转移支付或者税收,取决于生产产出。

$$Y = F(K_t, L_t) \tag{11.19}$$

代际之间的相互依赖,如果年轻的时候被征收了较高的转移支付或者税收,老年时候也会有更大的可能征收较高的转移支付,从而形成恶性循环。

老年人拥有的储蓄 S_t 就是在 $t+1$ 时期资本的主要来源。需要考虑的是,如果老年人及上一期的老年人征收了过高的转移支付,对生产所可能产生的影响。

有可能的是,榨取得越多,资本越稀缺,收益率越高。主要在资本的应用环节,有可能榨取越多,最终资本的边际回报率会越高。这样有可能形成恶性循环,比如老人政治体系中,一直维持低的生活水平,老年人一直压榨年轻人,导致生产产出很低。

2.5 关于创造性破坏的可能及其作用——对改革路径的解释和说明

在历史和文化惯性状况下,一次性地取消这种历史形成的不良规则可能对所有人来说都是有好处的,特别是对于未来代际(*overlapping generation*)的人更是如此。如果当代的老年人有所损失,那么进行一次性的转移支付,进行所谓的"一笔勾销",可能对资源配置有所改善,只是需要考虑集中决策的社会计划者能否找到恰当的资源,能否有着足够的执行力,同时,还需要考虑文化的背景。

改革的阻力及先前规则的惯性。虽然大多数人都能预期在改革中的福利改进,以及对整体资源配置的正向作用。但时常也可以看到,存在着诸多阻力,其中一个理由是,原先是这样的,为何需要从"我"这里开始?同时我们时常能听到的一个理由是,特色所在,所以难以改变。本质上,可以用上述模型加以解释:既然先前已经存在了,为何需要从这代开始改变?意味着先前已经有损失,那么按照先前的惯例,这种虽然不恰当的规则理应继续,否则这代人会遭受损失。

因而最好的改革模式,应该尽可能使得所有人的利益都得到补偿,如果能够设计出一种破坏足够强,新的资源配置足够弥补先前规则下利益有所损失的主体,那么这种新规则可能会得到更加普遍的认可。

如果当期获得的收益不足以弥补先前规则带来的损失,可以考虑向未来家庭提前支付,这样就可以向当前有所损失的家庭进行转移支付,这种安排也有可能使得新规则得以实施。

3 进一步考虑存在交互作用
——竞争替代与策略互补共同作用的资源配置

3.1 基准模型及基本设定

衡量策略互补,主要是相互之间存在着共同努力的倾向,存在着协作的必要,或者存在着一致的趋势。一损俱损,一荣共荣。比如在转移支付的决定上,如果一方努力争取,势必使得另外一方也会尽力争取;而一方努力程度减少,另外一方也有减少的倾向。当然,如果一方努力程度减少,而另外一方增加努力也会增加转移支付的额度(竞争特性),但可能未必会增加足够多,以至于弥补其他方面的损失。

同时,更多的策略互补应该在生产和福利方面得以显现。如果年轻人将更多的精力用于生产,那么产出会增加;老年人将更多的时间用于休闲,那么自身的福利也会增加。因而,相互之间减少非生产性的努力程度和时间耗费,对于双方而言都是有利的。就整个社会而言,更多地重视彼此之间的策略互补特性,将会帕累托改进整个社会的福利,提高资源配置的效率。

在模型刻画上,资本和劳动之间的相互作用刻画了两代人之间的互补关系,而转移支付可以刻画两代人之间的竞争替代关系。设定年轻人在工作上的努力程度(或者工作时间份额)为 $1-e_{1t}$,老年人花在生产(资本)方面的努力程度(时间)为 $1-e_{2t}$。那么策略互补: $d^2 F(K)/de_{1t}de_{2t} > 0$,生产方面需要共同努力,共同努力程度决定生产产出。竞争替代: $d^2 T/de_{1t}de_{2t} < 0$。各自的努力决定各自在转移支付中的份额。

主要考虑年轻人能够做出反馈,比如采取一定的对抗措施,采取偷税逃税,乃至进行政权更替情形的资源配置。

一方面,改变效用函数,主要将努力程度的负效用纳入考虑。

$$U = u(C_{1t}, e_{1t}) + bu(C_{2t+1}, e_{2t+1}) \tag{11.20}$$

另一方面,侧重改变生产函数。

$$Y_t = F(K_t, L_t)$$
$$K_{t+1} = S_t(1 - e_{2t+1}) \tag{11.21}$$

意味着老年人需要用相应的资源,以使其转移支付的决策权利得以保证和实施。同时设定完全折旧。对于 t 时刻出生的家庭而言,所需要做的努力决策为 e_{1t} 和 e_{2t+1},也就是 t 时刻为年轻人的时间决策和在 $t+1$ 时期变为老年人时候的时间决策。需要面对的是在年轻时,已经是老年人的决策,及在老年时期年轻人的决策,个人的决策不仅仅取决于自身效用最大化考虑,也会对其他代际的家庭产生影响,也即存在着外部性。

$$L_t = (1 - e_{1t})N_t \tag{11.22}$$

意味着年轻人会用部分的时间(精力)改变转移支付(反抗压榨)。

$$Y_t = F(K_t, L_t) = F(S_{t-1}(1 - e_{2t}), (1 - e_{1t})N_t)$$
$$Y_{t+1} = F(K_{t+1}, L_{t+1}) = F(S_t(1 - e_{2t+1}), N_{t+1}(1 - e_{1t+1}))$$
$$W_t = dY_t/dL_t = dF(S_{t-1}(1 - e_{2t}), (1 - e_{1t})N_t)/d[(1 - e_{1t})N_t]$$
$$R_{t+1} = dY_{t+1}/DK_{t+1} = dF(S_t(1 - e_{2t+1}), (1 - e_{1t+1})N_t)/d[S_t(1 - e_{2t+1})$$

$$dF_{t+1}/de_{2t+1} = -R_{t+1}S_t$$
$$dF_t/de_{1t} = -W_tN_t \quad (11.23)$$

意味着,无论是年轻人还是老年人,随着努力程度的增加,产出会下降,因而如果要获得更高的共同收益,彼此之间追求分配的努力应该降低。

转移支付的决定:
$$T_t = z(e_{2t}, e_{1t}) \quad (11.24)$$
$$T_{t+1} = z(e_{2t+1}, e_{1t+1})$$
$$d^2T_t/de_{1t}de_{2t} < 0$$

意味着相互之间存在着交互作用,如果相互之间投入较低,那么能够比较轻易地实现转移支付安排;相反,如果相互投入都很大,份额瓜分的难度会越来越大。但是无论是谁,只要单方面降低努力,他所得的份额就会减少,从而形成竞争替代特性;而策略互补意味着如果双方都降低争夺的努力,双方在生产方面的投入都会得到提高。

3.2 分散的最优选择

分别分析在不同的效用函数情形下,家庭在年轻时候和老年时候的最优选择。

目标函数:
$$\max(C_{1t}, C_{2t+1}, S_t, e_{1t}, e_{2t+1}) \quad U = \ln C_{1t} - qe_{1t} + b(\ln C_{2t+1} - qe_{2t+1})$$

预算约束:
$$C_{1t} + S_t + T_t(e_{1t}, e_{2t}) = w_t(1 - e_{1t})$$
$$C_{2t+1} = S_t R_{t+1}(1 - e_{2t+1}) + T_{t+1}(e_{1t+1}, e_{2t+1})$$
$$Y_t = F(K_t, L_t(1 - e_{1t}))$$
$$T_t(e_{1t}, e_{2t}) = g(e_{1t}, e_{2t})$$
$$K_{t+1} = S_t(1 - e_{2t+1}) \quad (11.25)$$

情形1:假设没有负效用(努力程度)。
$$L = u(C_{1t}) + bu(C_{2t+1}) + m_1\{w_t(1-e_{1t}) - C_{1t} - S_t - T_t(e_{1t}, e_{2t})\}$$
$$+ m_2\{S_t R_{t+1}(1 - e_{2t+1}) + T_{t+1}(e_{1t+1}, e_{2t+1}) - C_{2t+1}\} \quad (11.26)$$

设定 $u(C_{1t}) = \ln(C_{1t})$。可得一阶条件:
$$C_{1t}: 1/C_{1t} - m_1 = 0$$
$$C_{2t+1}: b/C_{2t+1} - m_2 = 0$$
$$s.t.: -m_1 + (1 - e_{et+1})R_{t+1}m_2 = 0$$
$$e_{1t}: -dvT_t/de_{1t} = w_t。$$ 即 MR = MC,工作努力获得的边际收益等于年轻人努力抗争的边际收益。

$e_{2t+1}: S_t R_{t+1} = \mathrm{d}T_{t+1}/\mathrm{d}e_{2t+1}$。即老年人努力榨取所得到的边际转移支付收益等于休闲的边际收益。老年人努力程度越高,获得的转移支付越大,同时,努力程度越高,资本积累越少,当然资本的边际回报率越高。老年人的努力程度在这两者之间寻找折中和平衡。

$$\mathrm{d}F_{t+1}/\mathrm{d}K_{t+1} = R_{t+1}$$

$$\mathrm{d}F_{t+1}/\mathrm{d}e_{2t+1} = -R_{t+1}S_t$$

$\mathrm{d}R_{t+1}/\mathrm{d}e_{2t+1} = F''(K_t, L_t)(-)S_t > 0$ (由于二阶导数通常小于0)

大体上意味着,老年人努力会增加自身的资本回报率,但对整体产出的影响是负向的。

对于消费,同样可以得到消费的欧拉方程:

$$C_{2t+1}/C_{1t} = b\, R_{t+1}(1-e_{2t+1})$$

决定均衡的条件可转换为:

$$S_t R_{t+1}(1-e_{2t+1}) + T_{t+1}(e_{1t+1}, e_{2t+1})$$
$$= bR_{t+1}[\, w_t(1-e_{1t}) - S_t - T_t(e_{1t}, e_{2t})\,]$$

将 S_t, R_t 和 W_t 做替换可得:

$$K_{t+1}f'(k_{t+1}) + T_{t+1}(e_{1t+1}, e_{2t+1})$$
$$= bf'(k_{t+1})[\,(f(k_t) - k_t f'(k_t))(1-e_{1t})$$
$$- k_{t+1}/(1-e_{2t+1}) - T_t(e_{1t}, e_{2t})\,] \tag{11.27}$$

假设生产函数符合CD函数形式,则

$$Y = S_{t-1}^a N_t^{(1-a)}(1-e_{2t})^a(1-e_{1t})^{(1-a)} \tag{11.28}$$

设定 $T_t = Z(e_{1t})^{O_1}(e_{2t})^{O_2}$($Z$ 为常数,e_{1t}, e_{2t} 都在(0,1)之间,需要大体决定 T 的决定形式),大体上可以显示,T_t 为非生产性耗费,而在生产函数上直接体现了由于非生产性努力导致的生产性损耗。

均衡存在性问题。在标准的模型上,增加了两个内生决策变量(e_{1t}, e_{2t+1}),有可能求解,但同时,又增加了两个潜在的变量 T_t 和 T_{t+1}。通过设定函数形式,可从努力程度的内生决策中找到潜在变量。因而均衡应该是存在的。

均衡的多重性。有可能随着 T 的决定形式,而产生多重均衡,主要的根源是,当代人之间的博弈实际上与对手的行为是关联的,同时在具体到时刻 t 的决策时,年轻人并不能控制当期老年人的决策,老年人的行为可能已经根据以往的历史决定了。

情形2:只设定老年人存在着努力程度的负效应,其他条件不变,只是老年人的努力程度的决策发生相应的变化:

$$q = m_2(S_t R_{t+1} - dT_{t+1}/de_{2t+1})$$
$$= -1/C_{2t+1}(S_t R_{t+1} - dT_{t+1}/de_{2t+1})$$
$$dT_{t+1}/de_{2t+1} = S_t R_{t+1} + qC_{2t+1} \tag{11.29}$$

情形 3：如果同时考虑年轻人与老年人都存在负效用。

一阶条件中，消费、储蓄都不变，

$$e_{1t}: q_1 + m_1(dT_t(e_{1t}, e_{2t})/de_{1t} + w_t) = 0$$
$$e_{2t+1}: q_2 + m_2(S_t R_{t+1} - dT_{t+1}/de_{2t+1}) = 0$$
$$dT_t(e_{1t}, e_{2t})/de_{1t} = -q_1/m_1 - w_t = q_1 C_{1t} - w_t$$
$$dT_{t+1}(e_{1t+1}, e_{2t+1})/de_{2t+1} = S_t R_{t+1} + q_2/m_2$$
$$= S_t R_{t+1} + q_2 C_{2t+1}/b \tag{11.30}$$

这意味着年轻时候努力程度也与当期的老年人的努力程度相关，也就是初始条件（历史和文化状况），而在老年时候的努力程度也与当期的年轻人努力程度有关。

在年轻的时候，所作的努力程度选择与老年人的努力相关，这部分表明了历史的作用；而在老年的时候所作的努力程度，与未来的年轻人选择有关，意味着与预期存在着一定的关联，更多代际人的选择和行为模式被纳入考虑之中。

生产函数中，$F(K_t(1-e_{2t}), L(1-e_{1t}))$，$d^2F/de_{1t}de_{2t}$如果大于0，意味着更多地存在着互补关系。如果小于0，则更多的是替代关系。

3.3 均衡的次优性——与集中计划者选择（集中配置）的比较

社会计划者可以设法将不同代际之间的外部性消除，从而实现社会福利的改进。假设社会计划者完全将转移支付排除，考察整个社会福利。同时可以考虑计划决策过程中，也需要耗费相应的资源，例如资源耗费恰好等于分散决策中的时间耗费。很显然，如果社会计划者也同样考虑家庭的努力程度所带来的效用，那么最好的方式是，将负效应的努力程度及时间设定为0，而同样将转移支付加以内生化，以不同代际的家庭消费作为主要决策目标。很自然地可以看到，这种集中决策可以提高整体的社会福利，同时，在生产和积累方面，由于减少了争夺转移支付所带来的劳动投入和资本积累的损失，因而会有更多的劳动力投入及资本投入，从而产出会更高。

由于不考虑努力程度的负效应，因而社会计划者的决策目标可以等同于：

$$U = \sum [v_t(u(C_{1t}) + b'U(C_{2t+1}))]$$

预算约束为：

$$C_{1t} + C_{2t} + S_t = F(S_t, L_t) \quad (11.31)$$

事实上，作为计划决策者，直接决定消费额度，可以不考虑转移支付，而将转移支付直接纳入消费之中。因而预算约束为：

$$(1+n)C_{1t} + C_{2t} + K_{t+1} = Y_t = F(K_t, L_t)$$

考虑资本积累：$S_t = K_{t+1}$。可以设定为上一期积累下来，也可以认为是当期直接投入。为了和分散决策类似，可以设为上一期所积累，因而有：

$$(1+n)C_{1t} + C_{2t} + S_t = Y_t = F(S_{t-1}, L_t)$$

$$F(K_t) = (1+n)K_{t+1} + C_{1t} + C_{2t}/(1+n)$$

求解最优决策。对 C_{1t} 和 C_{2t+1} 求最优条件，得到类似的消费的欧拉方程：

$$U'(C_{1t})/U'(C_{2t+1}) = bf'(k_{t+1}) \quad (11.32)$$

以分散决策一致，但未必是帕累托最优。对比两种配置的福利，类似地可以得到决定均衡的方程为：

$$(1+n)C_{1t} + bv_{t-1}/v_t C_{1t} + K_{t+1} = Y_t = F(K_t)$$

$$C_{1t-1} = C_{1t}v_{t-1}/(v_t F'(K_t))$$

说明：(1) 直观上看，由于转移支付需要耗费相应的时间和精力，因而存在着分散决定的转移支付状况下，生产方面的投入要降低，从而使得整个社会的产出减少。

(2) 一般的消费欧拉方程在 CRRA = 1 的情形下，可以简化为：

$$C_{2t+1} = bf'(k_{t+1})C_{1t}$$

对比与分散均衡，一旦老年人存在着争夺转移支付的努力（$e_{2t+1} > 0$），集中决策下，消费的增长速度要快。同时，在经济意义层面，由于争夺转移支付本质上是非生产性的、零和博弈的活动，因而不可能实质性地带来福利增加，而通常会使得集中的决策优于分散决策，也就是说分散的决策必然不是最优的。

3.4 竞争替代与策略互补交互关系的说明

如果竞争替代关系和策略互补关系都得到体现，那么可能存在着高水平均衡与低水平均衡的情形，比如发达国家，策略互补关系得到实现，个体之间的利益冲突可以得到较为妥当的解决，从而在策略互补方面得以强化，而同时保留了竞争替代关系。

部分发展中国家，个体之间存在着激烈的竞争替代关系，但有时候没有得到恰当的界定，同时，政策决策者又没有将策略互补关系加以界定，因而导致了经济处于低水平的均衡状态,特别是社会政治冲突频繁,其中的策略互补关系走向极端。

对中央计划者而言,公开透明的选择转移支付非常重要,否则会导致更大程度上的努力程度扭曲,主要是在内生化消费决策中,如果存在着私心或者代理人决策的可能性以及偏离大公无私的中央计划者的情形,比如更多地把持在当代的老年人手上,那么有可能会导致老年人的消费很大,从而偏离最优决策。

4 军人(老人)政治的惯性、历史的作用及信息透明度的影响

4.1 可以武装军队的情形(内生化转移支付的决定)

如果老年人可以武装军队,而年轻人也可以反抗,那么资源将在暴力冲突方面进行再配置。暴力冲突将改变决策的权限,将转移支付(压榨)的过程内生化。

强制的竞争替代关系将更具有延续性。一旦年轻人通过武力手段获得了转移支付的决策权,那么他们很难放弃这种权利,同时,如果没有改变这种竞争替代的规则,那么他们很有可能将这种竞争替代关系延续,并且等他们到老年时,将竞争替代关系复原到原先的状态,从而对年轻人征收转移支付。而年轻人又重新试图通过武力手段获得这种转移支付的权利。类似于王朝统治,这种政权和权利可能更多地被继承和延续。

假设年轻人通过人力武装自己(n),而谋求改变这种转移支付,那么显然这是一种高风险的行为,存在着一定的会丧失自身的性命的概率,设定概率为 $\text{Prob}(\text{Dead}(n,M))$。同样,获得成功与失败的概率与老年人的投入(资本,M)也有着直接的关联。

老年人更多的是资本投入,假设老年人主要是通过购买国外先进的武器来巩固其决策权,投入为 M。老年人失去决策权的概率为 $\text{Prob}(\text{Lose}(n,M))$,而年轻人失去性命的概率可表示为 $\text{Prob}(\text{Dead}(n,M))$。

这种状况下,竞争替代关系更加强化了。获取了决策权等同于完全的垄断,而争夺决策权需要以性命为代价,因而也要求获得更高的回报。很有可能的是,这种竞争替代关系会淡化策略互补关系,但实际上,一旦重视策略互补关系,那么意味着需要更强的创造性破坏力量来改变资源配置的方式,比如,通过投票的方式来决定转移支付的力度和方式。

在社会经济比较落后的情形下,竞争替代关系更容易占据主导,主要的原因可能在于,对于年轻人而言,可失去的相对没那么重要,而获取决策权更具有激励。贫困可能使得年轻人从事更多的风险活动。

而老年人为了其垄断权,可能会投入更多的资本,以维护其继承而得到的垄断权。为了简化起见,我们设定转移支付的额度固定不变,通常可以认为,这种转移支付一般较大。

年轻人家庭的决策为:

$$\text{argmax}(C_{1t}, n_t, S_t, C_{2t+1}, M_{t+1})$$

$$U(C_{1t}) + (1 - n_t \times \text{Prob}(\text{Dead}(n_t, M_t))) bU(C_{2t+1})$$

大致上认为,年轻人中,一定的人口比例 n_t 去参加反抗活动,其余的人口从事生产$(1 - n_t)$;老年时期,选择消费决策及资本分配选择,部分资本用于租赁,以获取资本回报,其余部分用于购买"武器装备"。年轻人投入人力,老年人投入资本,两代人进行直接的对抗,从而决定转移支付是否继续征收及是否延续。通常,年轻人投入对抗的人力越多,在老年人资本投入不变的情形下,转移支付被取缔的概率越高;相对应的,年轻人人力投入不变,老年人资本投入越高,转移支付被保留的概率越高。同时,本质上,这种争夺转移支付的努力与双方的努力程度相关,一方越高,另一方也可能会投入越高。但事实上,这种努力是非生产性的活动,并不带来社会福利的增加。

同时,这种双方的努力程度也可能导致多重均衡,一种较好的均衡是,双方用于争夺转移支付的努力都较低,这样各代际的群体福利都较高;一种较差的均衡是,双方的争夺努力都很高,这样各代际福利都较低。

预算约束为:

$$W_t(1 - n_t) = C_{1t} + S_t + (1 - \text{Prob}(\text{Lose}(n_t, M_t))) T_t$$

(一定的概率转移支付被取消了)

$$S_t R_{t+1} + (1 - \text{Prob}(\text{Lose}(n_{t+1}, M_{t+1}))) T_t = M_{t+1} S_t + C_{2t+1}$$

(没有被取消转移支付概率)

如果转移支付被取消了,那么该项支出就为0。

最优决策转化为:

$$L = U(C_{1t}) + (1 - n_t \times \text{Prob}(\text{Dead}(n_t, M_t)) bU(C_{2t+1})$$
$$+ J_1[W_t(1 - n_t) - C_{1t} - S_t - (1 - \text{Prob}(\text{Lose}(n_t, M_t)) T_t]$$
$$+ J_2[S_t R_{t+1} + (1 - \text{Prob}(\text{Lose}(n_{t+1}, M_{t+1}))) T_t$$
$$- M_{t+1} S_t - C_{2t+1}]$$

(11.33)

分别求得一阶导数:

$$C_{1t}: U'(C_{1t}) - J_1 = 0$$
$$C_{2t+1}: (1 - n_t \times \text{Prob}(\text{Dead}(n_t, M_t)) b U'(C_{2t} + 1) - J_2 = 0$$
$$S_t: -J_1 + J_2 R_{t+1} - M_{t+1} J_2 = 0$$
$$n_t: [-\text{Prob}(\text{Dead}(n_t, M_t)) - n_t \times d\text{Prob}(\text{Dead}(n_t, M_t))/dn_t] b U(C_{2t+1})$$
$$+ J_1 [-W_t + T_t \times d\text{Prob}(\text{Lose}(n_t, M_t))/dn_t] = 0$$
$$M_{t+1}: T_t d \text{Prob}(\text{Lose}(n_{t+1}, M_{t+1}))/dM_{t+1} + S_t = 0 \quad (11.34)$$

可以得到消费的最优决策方程：

$$U'(C_{1t})/U'(C_{2t+1}) = b(R_{t+1} - M_{t+1})(1 - n_t \times \text{Prob}(\text{Dead}(n_t, M_t)))$$
$$(11.35)$$

对于年轻人的武力冲突选择：

$$[-\text{Prob}(\text{Dead}(n_t, M_t)) - n_t \times d\text{Prob}(\text{Dead}(n_t, M_t))/dn_t] b U(C_{2t+1})$$
$$+ U'(C_{1t})[-W_t + T_t \times d\text{Prob}(\text{Lose}(n_t, M_t))/dn_t] = 0 \quad (11.36)$$

对老年人的"武装"，需要满足的条件为：

$$-T_t d \text{Prob}(\text{Lose}(n_{t+1}, M_{t+1}))/dM_{t+1} = S_t \quad (11.37)$$

也就是资本的边际收益等于边际成本，一方面，资本的投入可以保证一定概率维持转移支付的决策权，从而获得转移支付 T_t；另一方面，资本也可以用于储蓄，进而获得资本收益。

评论：如果获得决策权，那么就相当于获得了垄断权，能够对其他人征收税收。因而客观上，任何一个决策主体天生地具有通过武装手段获取垄断权的激励，而一旦某些主体获得了这种垄断权之后，其他主体也同样具有反抗的动力，这种利益机制导致了相互之间纷争不断。

4.2 不完全信息的影响

为何相互之间的策略互补难以得到强化，而过度竞争替代的规则会得到长时间的巩固，历史和信息的作用或许不可或缺。

对于历史的作用，存在着三种途径：第一，历史存在着惯性。如果此前的规则是老年人确定的，一直由老年人把持着转移支付的决策权，并且持续征收较高的税收，从年轻人中获取高的转移支付。那么后一代的年轻人在老年的时候，也通常存在着维持原先规则的动力，从而继续征收高的税收，进行较高的转移支付。

第二，历史所传递的信息是不透明的，比如历史是胜利者编撰的，对历史进行了改写，改写过程中有可能会进一步强化这种规则的合理性。这种不透明的信息有可能强化了竞争替代关系。

第三，历史和信息透明度会影响预期的形成。如果一直是通过武装冲突来确定规则的,整个社会就会处于严重的冲突状况:掌权者通过武力获胜,也通过武力手段获取转移支付,那么竞争替代关系自然占主导。在这种背景下,通常年轻人也会预期到这种规则将延续,掌权的老年人会进一步强化其垄断能力,更多地加强武装设备。这种预期也会促使年轻人尽可能地增加反抗的力度,因而很难有真正的创造性破坏的机会。

历史会产生深远的影响。在模型中,各种概率通常难以完全预期到,对手的信息不一定能够准确获取。如果信息难以获取,策略互补与竞争替代关系将变得更加含糊,难以比较和计算,混乱的格局会加剧。如果透明度增加,对彼此之间的关系能有更加清晰的界定,有可能形成恰当的合作规则,达成较高水平的均衡。

5 秩序及其动态变化:社会秩序及市场秩序的说明

5.1 秩序的一般说明

秩序一词在经济学中很少被使用,但时常被刻画为发展过程中的状态,特别是快速增长的发展中国家。快速变动的系统中,秩序可能难以形成,通常所见到的是,规则在不断变更,反映出的行为及整体特征较为混乱。

如果经济体有着一个良好的秩序,意味着行为主体不会发生显著的变动,经济变量也不会急剧改变,这样实际上就表明,秩序与均衡存在着内在的关联。如果经济处于稳定均衡状态,即使面临一些冲击,经济主体的行为也不会产生太多的反应,经济变量在冲击逐渐变缓后,会回归到原先的均衡状况。

同样,如果经济体处于一个次优的均衡中,这种状态也可能是稳定的,那么也会显现出长时间的秩序。

如果经济体存在着多个均衡,那么在均衡中来回摆动,就意味着经济主体的行为时常发生显著的变化,经济变量也不断变更。在这种状况下,系统通常没有明显的秩序,或者更多地处于混乱状况。

结合行为主体的多重关系,竞争替代占据主导的均衡通常是次优但也是稳定的均衡,而策略互补的均衡是占优也是稳定的均衡,但实现高水平的策略互补的均衡,存在着种种难度,特别是随着参与主体的增加,要实现策略互补的均衡,在利益补偿机制上,难度很大,因而,时常可能会转向竞争替代为主的均衡之中,此时,经济系统就出现了没有良好秩序的局面。

5.2　社会秩序、垄断(完全排他)与包容(策略互补)

社会经济发展过程中,可能由于多重均衡的存在,使得一些国家一直处于低水平发展状态之中,而一些国家则处于高水平均衡之中,并且各自保持很长的时间。比如当前,发达国家维持了相当长时期的稳定发展,而非洲一些欠发达国家一直处于落后状况也有相当长的时间。中国在相当长时期内,处于低水平的均衡之中,社会规则以竞争替代为主,所以有着长时期的纷争和内战,朝代的更替并没有实质性改变社会规则,因而体现出的社会秩序在一定时期稳定,但经过一段时期后,又出现大的波动,良好的社会秩序并没有得以形成;当前可能正处于从欠发达的水平到较高水平均衡的转换之中,一方面,历史和文化等因素使得偏重竞争替代关系,使得社会经济处于低水平均衡的局面,比如交通秩序一直较差;另一方面,随着社会经济水平的提高,及国际化程度的增强,各行为主体逐渐意识到策略互补的重要性,一定层次的协作逐渐形成,因而有着向高水平均衡发展的内在动力。因而社会规则呈现非单一特性,行为特征也有着更大程度的变动,在整体上,反映为社会秩序变动极大,无秩序成为社会发展过程中一个很重要的特性,在一定程度上而言,可以认为是在低水平均衡与高水平均衡之中变动及来回转换。

垄断,包括权利的垄断具有完全排他性,也就是完全的竞争替代,比如封建王朝,具有完全的排他性。显然,垄断具有最大的垄断利润。

而容忍竞争,特别是完全竞争意义上的竞争,意味着对一般规则的包容,表明策略互补得到相应的遵守。容忍竞争对手不断地进入,而不是采取各种手段将其他竞争对手排除,从长期看,整个社会秩序更为稳定,而不会出现以竞争替代为目的的、大的社会变动。

值得注意的是,垄断的收益高于完全竞争的收益,排他性主体的收益要高于容忍包容主体的地位,因而社会中,谋求独占或者持续保持独占通常有更多的激励。如同历史中的路径依赖,一旦部分主体处于独占地位,比如在两阶段模型中的老年人,显然他们没有激励去采纳包容性和协作的规则。因而要维持非排他性的格局更有难度,虽然在更长时期看,每个主体在策略互补占主导的规则中,能够获得更高的收益。但就单个个体从短期看,选择排他性的规则,对自身而言,有着更高的收益。

就社会发展过程看,谋求独占通常会成为主要的激励,因而平稳的社会规则较难实现。寻求完全的竞争替代及抗争在很长时期内倒成为主要的规则,反映在社会整体中,社会的秩序长时期维持混乱。中国长期的封建统治证实,追求霸权及家族统治是主要的激励,但此后总是会被其他家族所替代,替代过程通常较具破坏性,军事行动导致社会秩序混乱。

寻求包容,在策略互补层面进行竞争,虽然在短时期内会有不断的进出呈现,秩序会有一定幅度的变动,但这种变动大致可以认为是,稳定均衡中受到小的冲击进行的反应,系统围绕均衡进行波动,最终系统还是会趋向均衡。而排斥策略互补,一味追求独占,最终有可能在短时期内维持平稳,但一旦受到"竞争替代"的冲击,系统可能会发生重大的变动。比如在交通秩序中,寻求文明行驶,尊重他人,参照相关规则行驶及避让,虽然在短时期内,自身的行驶会受到影响,行驶速度下降,但由于具有明确的预期,整体行驶速度可以提高,发生交通拥堵的概率会下降,发生交通事故的可能性也相应降低,因而良好的交通秩序得以形成;而一旦各自为自身速度及便利考虑,不顾安全行驶规则,比如随意变道、逆向行驶或长时间占用快车道等,最终有可能使得交通事故频发,交通时常处于拥堵状况,从而使得交通秩序变得混乱,所有行驶的效率大幅度降低。

5.3 市场秩序

在微观层面,比如市场竞争中,存在着各种形式的垄断,同时,又有厂商不断尝试进入市场,因而彼此之间的竞争形式多种多样,规则通常与发展较为成熟的市场有所不同,因而时常被认为是"无序竞争"。市场的发展也通常有较大程度的波动,从而被认为没有秩序。

本质上,简单的垄断是一种均衡,完全竞争也是一种均衡,而没有秩序,或者不断变更的规则,由于没有任何一种均衡占据主导地位,大体上可以认为是在均衡之间不断变动。垄断意味着最高层次的竞争替代关系,完全排他,这恰好是不少厂商所追求的,少数厂商完全排除竞争对手,采取各种合法或非法的手段打压竞争对手,如果达到目的,那么可能在一定时期能够形成以垄断为主要规则的市场秩序。但如同政治上的垄断,通常不会太稳定,总是有对抗出现,总会有其他潜在的对手不断冲击,并且试图取代成为新的垄断者。

完全竞争,意味着行为主体之间存在着一定的让步,需要彼此之间在竞争规则上进行协作,比如不会通过非法的手段获取市场影响力,不会恶意降低价格,不会在信息不对称状况下降低产品的质量,更不会假冒竞争对手的产品等等。完全竞争虽然也有厂商不断进出,但规则保持不变,整体市场总量大致平稳,因而呈现出良好的市场秩序。对于社会整体而言,显然,完全竞争是理想而完美的状态。

问题在于,垄断的超额利益大,对厂商的激励充足,因而在快速变更的社会经济中,总有厂商试图寻找法律或者法规的漏洞,以各种手段谋求垄断地位。从这个层面看,垄断天然地较完全竞争具有更多的激励,而完全竞争格局通常处于劣势,经济系统具有从高水平均衡向低水平均衡转向的压力。即使在发达国家的市场,市场结构大体也不是完全竞争,当然也不是完全垄断,更多的是几个厂商的垄断,或者垄断竞争。在发展中国家,由于规则的不透明,可能更多导致的是没有明显的竞争规则,呈现出市场无序的竞争,最终市场发展水平较低。

中国的保险市场印证了过度谋求独占会导致整个市场发展缓慢的论断。厂商之间更多地想独占市场,而忽视与其他厂商共存,不太重视基本的市场竞争规则,不重视基本的诚信等市场竞争道德,过度重视排他性及竞争替代关系,最终各自采取低价格的竞争方式,在后续服务上则忽视消费者的基本权益,所以使得整个市场发展缓慢。因而可以认为是处于以竞争替代关系为主导的低水平均衡之中。

6 结论性评述:创造性破坏与规则变更的难度

创造性破坏提供了一种改进的可能。如果只是简单的竞争替代,可能原先规则仍然会被保留,取代的只是短暂的主体,比如在中国悠久的历史发展过程中,很多运动和革命,主要改变的是决策的主体,一个帝王替换另外一个帝王,虽然在替换初期,可能存在着为了巩固其地位而实施的税费改革,但相当长时期,帝王垄断的格局及规则并没有改变,这也导致了长时期的革命。主要的原因在于,在变动的过程中,主要是简单的竞争替代。

良好的规则需要重视不同主体之间利益的一致性,也就是实质上存在着策略互补和协作的需要。对相互之间共同的利益的遵守能在一定程度上实现协作,从而使得参与各方的利益都得以提高。如果在解决冲突的过程中,采取非武力的手段,意味着各方可能都采取一定的让步,那么有可能实现彼此之间的策略互补,从而减少非生产性的耗费,有可能实现社会福利的改进与提高。

但历史发展过程显示,通过创造性破坏实现良好的规则困难重重。主要的原因在于,难以在竞争替代与策略互补之间实现平衡。在更多的时候,行为主体之间会过度重视竞争替代特性,而策略互补难以得到有效的重视。

历史的惯性使得历史悠久的国家可能在更长时间内陷入"战乱"和持

续的革命之中。彼此之间一直处于简单的竞争替代,而社会经济处于较低水平,如何突破这种简单的竞争替代关系,而通过真正意义上的创造性破坏而达到较高水平的均衡,仍然存在着种种难度。可以预料的是,对于参与者而言,需要有更长远的眼光,需要更高的透明度。如果存在着改进路径,中央计划者也需要有更强的执行能力,通过创造性破坏的方式,改变其中的利益关系,完成利益重组。

第 12 章 竞争替代、策略互补与秩序
——交通秩序的经验证据

在创造性破坏过程中,先是少量的创造,对系统的破坏程度不足,而等到新增加的"创造性"力量越来越强大时,对系统的破坏效应会逐步显现,此时系统的变更最为明显。而当创造性破坏程度降低时,也就是创造性力量几乎将先前的力量或生存空间取代完毕之后,系统会处于相对较为稳定的局面。因而从整体变化看,有可能出现类似于倒"U"形的变化过程。

我们尝试用交通行业的案例,对系统秩序的变化过程进行研究,包括利用 1990—2008 年的时间序列数据和 1996—2008 年各省的面板数据对中国经济增长与交通事故死亡人数的长期关系进行研究。研究用新进入的车辆代表新增加的破坏力量,但是在含义上有所不同,新增加的力量是负向的力量。这些新的力量可能会先加剧系统的混乱,而后期能够驱使系统秩序逐步改善。研究结果发现:我国交通事故死亡人数与经济增长之间存在一种倒"U"形曲线关系,交通事故死亡人数在经济发展的早期会随着经济增长而不断增加,当经济发展到一定阶段之后,交通事故死亡人数会随着经济增长而减少,即斯密德法则在中国是适用的。除了经济发展水平,本研究还对其他一些影响交通事故死亡人数的因素进行分析,这些因素在不同程度上都会加快或者延缓这种倒"U"形曲线。

研究主要关注两个方面:其一,虽然根据统计数据显示随着我国各省经济增长及汽车数量的增加,交通事故死亡人数呈现出先增后减的趋势,但是这是一段时间内的表现还是一种长期的趋势,需要我们通过建立模型对这种表现形态进行检验;其二,试图发现影响各省交通事故死亡人数的其他因素,进而分析各省交通事故死亡人数存在差异的原因。

根据国内外的研究现状,尝试的创新主要体现在:从国内研究的文献来看,目前国内关于交通事故这一问题进行研究的学者专家多集中在交通运输工程这样的工程领域,他们局限于从道路设计等角度来分析中国交通事故发生的原因,从而从工程设计的角度分析如何设计出更加安全的道路

来减少交通事故。而目前国内学术界对不断恶化的交通状况与一国经济水平之间的关系还缺乏深入的研究,从经济的角度来探索解决这一问题的方法意义重大。因此,本研究从经济的角度来分析交通事故死亡人数的长期规律。

从国外的研究来看,国外学者对经济增长与交通事故的关系进行研究时,都倾向于按收入水平将世界上代表性的国家分组,分析国家间交通事故的发展规律。如将样本分为发达国家和发展中国家两组,比较两组国家经济水平的差异对其交通事故死亡人数的影响,并推测两组国家交通事故死亡人数的拐点何时到来,从而将各组样本的拐点值进行比较。但是笔者认为研究交通事故发展规律最终的落脚点是要为具体各国改善交通服务,通过按收入水平将国家分组,研究各组国家交通事故发展规律,可能会忽略具体一国国家的个体效应。因此,本研究选择中国时间序列及各省的面板数据进行经验分析。

1 交通秩序的相关背景

随着中国经济的快速发展,我国居民的物质生活水平得到很大的提高,其中一个明显的例子是随着居民的收入增加,其对像汽车这样的奢侈品的需求不断增加,据统计数据显示:我国民用汽车拥有量由1978年的135.84万辆上升到2008年的5 099.61万辆,30年的时间全国民用汽车的数量差不多增加了37倍。那么由汽车数量的增加可能带来的一些问题是我们在研究一国经济发展时需要注意的地方。

虽然汽车数量的增加一方面极大地便利了人们的生活,但另一方面也带来了道路拥堵、交通事故频发等多种问题。从统计数据来看,1990年中国交通事故中死亡人数为49 243人,到2002年死于交通事故的人数达到最高值109 381人,之后死于交通事故的人数又逐渐降低,2008年死于交通事故的人数回落到73 484人。因此,根据统计数据可以发现:随着中国汽车数量的增加,死于交通事故中的人数逐步增加,达到最高值时又逐渐下降。根据世界卫生组织2007年的统计数据来看,2007年中国交通事故死亡人数为96 611人,排在世界第一位,远远高于世界其他国家,中国注册登记的汽车数量为1.45亿辆;而同期美国交通事故死亡人数为42 642人,注册登记汽车数量为2.51亿辆。因此,深入研究中国经济增长与交通事故死亡人数的长期关系有着深远的意义:一方面,与世界上其他国家相比,中国面临着改善交通状况的巨大压力;另一方面,国内学术界对于交通事故问题的研究才刚刚开始,而国外对于这方面已经研究了几十年。通过鼓励和引导国内学界对交通事故问题的研究,进而为交通事故的治理提出对策意义重大。

那么为什么美国的汽车数量几乎是中国的两倍,而交通事故死亡人数却只有中国的一半?世界卫生组织根据道路使用者的类型,将交通事故死亡者分为五类:四轮交通工具的司机和乘客、两轮或三轮交通工具的司机和乘客、骑自行车者、行人及其他①。2007 年中国、美国、英国、日本四国交通事故死亡人数的构成如图 12-1 所示,我国交通事故死亡者构成中,所占比重最大的三组分别为:两轮或三轮交通工具的司机和乘客(28.1%)、行人(26%)、四轮交通工具的司机和乘客(22.6%)。与其他三个国家进行比较可以发现,同期,其他三个国家交通事故死亡者的构成中,四轮交通工具的司机和乘客所占比重都超过了两轮或三轮交通工具的司机和乘客及行人。这可能与我国机动化水平较低有关,根据周钱等(2006)的计算,目

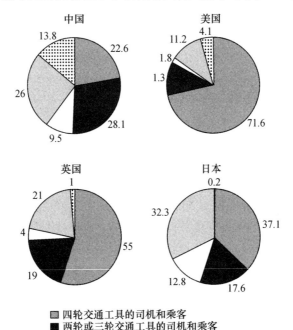

图 12-1　中、美、英、日四国交通事故死亡人数的构成
资料来源:2008 年世界卫生组织统计报告。

---

① 资料来源:世界卫生组织统计报告。

前我国尚处于机动化初级水平,因此四轮交通工具的司机和乘客的死亡率仍处于上升阶段。而我国两轮或三轮交通工具的司机和乘客死亡率较高,则是因为我国对像摩托车这些两轮机动车的管理不如四轮机动车那样严格,摩托车违反交通规则的情况时有发生,并且往往违反交通者未能受到处罚。

世界卫生组织对影响交通事故的几种常见因素进行了分析,如醉酒驾驶的法律及其执行、安全带的强制使用、超速驾驶的法规、法律强制要求戴安全帽的规定、院前急救系统(Pre-hospital care systems)等。2007 年我国因醉酒驾驶引起的交通事故死亡人数所占比率为 4.2%,这一比率与其他国家相比比较小。并且世界卫生组织将各国醉酒驾驶法律全面实施的有效性进行了划分,分别将全面实施的有效性划分为十个等级,其中 1 为最低,10 为最高。世界卫生组织将我国醉酒驾驶法律全面实施的有效性划分为 8,从而说明我国醉酒驾驶的法律及其执行取得了相应的效果。而我国安全带的使用率则显著低于世界上主要的国家,图 12-2 列出了世界主要国家汽车安全带的使用率,我国 2007 年安全带的使用率仅为 50%,同期,美国的汽车安全带使用率分别为 82%(前排)和 76%(后排)。因此,虽然我国于 2003 年出台的《中华人民共和国道路交通安全法》第五十一条规定,机动车在行驶时,驾驶人、乘坐人员应按照规定使用安全带。但是,这项法律在实际中并未得到强制的贯彻执行。此外,对于两个或三个轮子交通工具,如摩托车,法律规定驾车和乘车人员必须戴安全帽。但是,根据世界卫生组织的估计,我国安全帽的使用率仅为 16%,远远低于世界平均水平。这也是我国交通事故死亡者的构成中,两轮或三轮交通工具的司机和乘客所占的比重最高的原因之一。

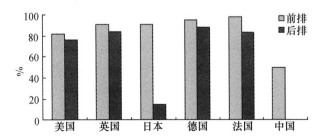

图 12-2 世界上主要国家汽车安全带使用率

资料来源:2008 年世界卫生组织统计报告。

从总量上看,全国民用汽车拥有量由 1978 年到 2008 年 30 年的时间差不多增加了 37 倍。如图 12-3 所示,我国汽车拥有量与人均 GDP 随着时间的增加都存在上升的趋势,且汽车数量与人均 GDP 存在显著的正相关性。

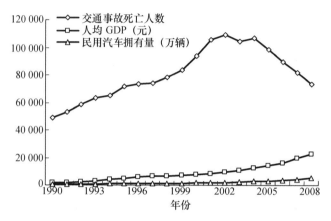

图 12-3　全国的交通事故死亡人数、人均 GDP 及汽车数量
资料来源:历年《中国统计年鉴》、《中国交通统计年鉴》。

从各地区来看,表 12-1 分别列出了 1996 年和 2008 年中国 30 个省份汽车数量和交通事故死亡人数的变化情况。根据表 12-2 给出的描述性统计分析,全国每千人汽车拥有量均值由 1996 年的 11.91 辆上升到 2008 年的 44.87 辆,总体上我国汽车拥有量的增加是我国经济发展水平提高的表现之一。从各省的具体情况来看,各地区由于经济发展水平及发展速度的不同,汽车数量增加的幅度不同,表现在每千人汽车拥有量标准差由 9.01 辆扩大到 31.19 辆。其中 2008 年每千人汽车拥有量变化最大的地区为北京市,最小的地区为江西省。从均值上看,1996 年与 2008 年每十万人死于交通事故的比率的变化则比较小,这主要是因为 1996 年至 2008 年有些地区交通事故死亡率增加而有些地区减少,因此,在计算均值时,它们之间相互抵消使得 2008 年和 1996 年交通事故死亡率变化不大。从表 12-3 给出的全国汽车数量和交通事故死亡人数的变化情况,可以进一步说明:我国经济发展水平的提高会带来汽车使用量的增加,而交通事故死亡率则会呈现出一种先增后减的趋势。

表 12-1　中国各省汽车数量与交通事故死亡人数的变化

省份	1996 年		2008 年	
	汽车数量的变化（每千人汽车拥有量）	交通事故死亡率的变化（每十万人死于交通事故的比率）	汽车数量的变化（每千人汽车拥有量）	交通事故死亡率的变化（每十万人死于交通事故的比率）
北京	47.97	185.06	6.56	5.81
天津	33.14	92.23	4.48	10.42
河北	10.41	45.32	5.63	4.19
山西	12.05	51.08	4.77	8.53
内蒙古	8.89	50.15	5.51	6.67
辽宁	14.97	45.18	6.76	5.28
吉林	9.98	36.20	8.88	6.07
黑龙江	10.46	32.99	3.75	4.45
上海	23.39	69.96	5.34	5.82
江苏	6.43	45.52	6.71	6.84
浙江	8.36	68.91	12.15	11.45
安徽	4.48	21.98	4.33	4.93
福建	6.00	36.28	9.40	8.52
江西	4.12	18.85	4.42	4.04
山东	9.19	45.26	6.46	5.33
河南	5.45	26.41	3.76	2.99
湖北	6.40	23.96	5.81	3.54
湖南	5.66	21.01	5.08	3.96
广东	16.35	60.08	10.77	7.52
广西	5.04	19.70	4.08	5.55
海南	13.16	30.22	4.52	5.49
四川	7.24	26.92	3.97	4.11
贵州	4.55	18.96	3.38	3.55
云南	9.38	33.80	4.70	4.58
西藏	12.28	44.81	10.74	13.37
陕西	7.28	29.68	5.83	5.73
甘肃	6.53	19.24	4.55	5.92
青海	13.18	36.53	10.57	10.89
宁夏	10.83	39.42	11.87	8.49
新疆	15.06	39.35	10.82	10.85

资料来源：根据《中国统计年鉴》的数据计算得来。

表 12-2　各省汽车数量与交通事故死亡人数变化的描述性统计分析

变量	观测数	均值	标准差	最小值	最大值
每千人汽车拥有量（1996 年）	30	11.91	9.01	4.12	47.98
每千人汽车拥有量（2008 年）	30	44.87	31.19	18.85	185.06
每十万人死于交通事故的比率（1996 年）	30	6.52	2.68	3.39	12.15
每十万人死于交通事故的比率（2008 年）	30	6.49	2.64	2.99	13.38

资料来源：根据《中国统计年鉴》的数据计算得来。

表 12-3　全国汽车数量与交通事故死亡人数的变化

年份	汽车数量的变化 （每千人汽车拥有量）	交通事故死亡率的变化 （每十万人死于交通事故的比率）
1990	4.8224	4.3069
1991	5.2331	4.5935
1992	5.9036	5.0117
1993	6.8984	5.3622
1994	7.8594	5.4536
1995	8.5864	5.9026
1996	8.9883	6.0181
1997	9.8611	5.9745
1998	10.5746	6.2573
1999	11.5508	6.6405
2000	12.6942	7.4049
2001	14.1195	8.2999
2002	15.9838	8.5152
2003	18.4398	8.0766
2004	20.7227	8.2374
2005	24.1645	7.5513
2006	28.1278	6.8053
2007	32.9856	6.1794
2008	38.4001	5.5333

资料来源：根据各年《中国统计年鉴》数据计算得来。

作为一种运输工具，汽车数量的增加不仅可以缩短地区的距离，密切各地区的联系，从而为各地经济的发展做出巨大的贡献，而且还大大便利了人们的出行，给人们带来便利的生活。但是，如果随着经济的发展及汽车数量的增加，各地区基础设施建设不能赶上汽车数量的增加，对汽车的使用又不加以限制的话，那么汽车数量的增加就有可能带来诸如堵车、交通事故频发等种种问题，这种情况下经济的增长及汽车数量的增加给人们带来的效用就会大打折扣，使人民的"幸福感"下降。因此，我们需要对我国经济发展过程中的交通事故发生情况加以研究。

2　中国交通事故死亡人数的变化趋势及特点

从全国交通事故死亡人数的总量来看,在 2002 年之前,死于交通事故的人数随着经济的增长逐年增加,在 2002 年死于交通事故的人数达到最大值 109 381 人,而之后几年死于交通事故的人数则逐渐降低。另一方面,全国民用汽车拥有量呈上升趋势,并且基本上与国民生产总值呈正相关的关系,即随着我国经济发展水平的提高,我国民用汽车拥有量也在不断增加。通过对比可以发现,死于交通事故的人数并非与民用汽车拥有量呈正相关的关系,也就是说:随着我国汽车数量的增加会带来死于交通事故人数的增加,但后者不会随着汽车数量的增加而无限增加下去。

由于各地经济发展水平存在巨大差别,各地民用汽车数量的变化也有区别。根据《中国统计年鉴》的数据计算了各地交通事故死亡率的变化,各地每十万人死于交通事故的比率变化很大,通过将 1996 年各地交通事故死亡率与 2008 年的数据加以对比,发现有些地区交通事故死亡率上升了,而有些地区交通事故死亡率则下降。说明这些地区人口增加的速度可能超过了交通事故死亡人数增加的速度。2008 年每十万人死于交通事故的比率最大的地区包括:天津、浙江、西藏、青海、新疆。通过分析发现,2008 年天津和浙江两地每千人汽车拥有量位于全国前列,此外,两地汽车数量的变化也最大,因此,可能引起交通事故频发等问题。而西藏、青海、新疆每十万人死于交通事故的比率较高的原因是这些地区人口基数较小,这就导致交通事故死亡在总人口中所占的比率较大。

图 12-4 分别描绘了我国东、中、西部交通事故死亡人数总量的变化,进一步印证了我国交通事故死亡人数存在着先增后减的趋势,并且各地经济发展状况对各地交通事故的发生有重大的影响,东部地区交通事故死亡人数要远高于中西部地区。

另一方面,从统计数据来看,经济发达的省份与经济欠发达的省份之间交通事故死亡人数也存在巨大差异,比如 2008 年全国交通事故死亡人数最多的省份为广东省,死亡人数高达 7 182 人,而交通事故死亡人数最少的省份为西藏,死亡人数为 384 人。图 12-5 列出了 2008 年全国交通事故死亡人数最高和最低的三个省份及其对应的生产总值。其中交通事故死亡最高的三个省份为我国最发达的省份,其人均国内生产总值都超过了三万元,而交通事故死亡人数最低的省份则为西部经济欠发达的省份,那么

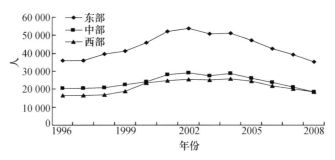

图 12-4　东中西部交通事故死亡人数的变化趋势

随着这些省份经济发展水平的提高,其交通事故死亡人数是否会激增呢? "斯密德法则"这个魔咒普遍适用于各省吗? 对其进行深入分析有着深远的现实意义。

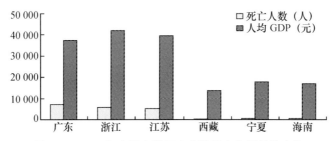

图 12-5　2008 年交通事故死亡人数最高和最低的省份

3　相关文献回顾

对于交通事故死亡人数的发展规律,国内外学者大体上主要是从以下两个方面进行分析:第一,经验分析,即通过使用世界上主要国家交通事故死亡人数及各国的经济发展水平的数据,对交通事故与经济发展水平的长期关系进行统计和计量上的估计,从而对"斯密德法则"进行检验;第二,政策分析,即将各种可能影响交通事故的因素对交通事故死亡人数进行回归,找出对交通事故死亡人数有显著影响的因素,进而为政策制定者制定合理的管制交通政策提出建议。

3.1　交通事故与经济增长关系的研究

英国的统计学家及道路安全专家 Smeed(1949)对交通事故长期规律进行了最早的研究。他指出:当时在包括美国与新西兰的几个国家中,死于交通事故的人数随着汽车数量的增加而增加,增加到一定程度之后,死亡率开始逐渐下降。Smeed(1949)提出了两个观点：首先，随着死亡人数的增加，人们会呼吁对交通采取措施；其次，存在一种"国家学习曲线"(national learning curve)在发挥作用。随着道路上车辆和人口数量的增长，人们会想出各种办法来处理道路问题，比如修建更为优质的高速公路，制定更为健全的交通法规，让汽车厂商制造更安全的汽车等。此时，即使汽车数量增加，交通事故死亡率也会下降。在此之后，人们就将交通事故死亡人数一开始随着道路上汽车数量的增加而增加，但随着汽车数量的继续增加，到一定程度后，交通事故死亡人数与死亡率又开始下降的规律称为"斯密德法则"。因这一规律与描述经济增长与收入不平等程度之间关系的库兹涅茨倒"U"形曲线非常相似，因此可称其为经济增长与交通事故的倒"U"形曲线。

自 Smeed 揭示了交通事故死亡率的倒"U"形曲线之后，又有许多学者与专家对交通事故与经济增长的关系进行了深入的研究。Hua *et al.* (2010)认为交通事故死亡率的倒"U"形曲线可由两种效应说明：第一种效应被称为收入增长的规模效应，在这种情况下伴随着经济的增长，人们对汽车以及交通服务的需求也会增加，因此，由于规模效应，死于交通事故的人数会随着收入的增加而递增；第二种效应被称为收入增大的替代效应，在经济发展的早期，死于交通事故的人数之所以增加是因为汽车数量的增加会对大量的行人造成威胁，然而，当收入进一步增加，那些乘车上下班的行人有了自己的汽车，这样随着汽车数量的增加死于交通事故人数会有所减少。Hua(2009)还指出倒"U"形曲线的拐点不是经济发展到一定阶段的自动结果，而是需要国家的政策引导以及"国家学习曲线"作用的发挥。

Antonio *et al.* (2007)认为交通事故周期与经济周期密切相关，他们分别用季度数据和年度数据分析了西班牙交通事故周期和实际经济活动周期的关系。Antonio *et al.* (2007)在假定交通事故发生数取决于汽车使用量和其他一些外生变量，以及经济活动水平影响汽车拥有量的基础之上，用交通事故发生数、交通事故受伤人数和交通事故死亡人数三个变量反映交通事故发生情况，用工业生产指数和新注册汽车量代表经济发展情况，研究分别对以上几个变量的周期性变化进行描绘，结果发现交通事故周期与经济周期是吻合的，即当经济繁荣时交通事故的发生也更加频繁。Gerdtham and Ruhm(2002)也得出了类似的研究结果，他们使用 OECD 23 个成员国 1960—1997 年的总量经济数据，分析了宏观经济状况与死亡率之间的关系。研究发现当一国的经济稳定增长时该国的死亡率也会跟着增加。特别是，失业率每下降 1%，死于交通事故的人数增加 0.8%。而

Bishai et al.(2006)的研究表明:对低收入国家(人均 GDP 小于 1 600 美元)GDP 每增长 10%,死于交通事故的人数将增加 3.1%。

之前的研究主要是对经济增长与交通事故的倒"U"形曲线的验证,Anbarci *et al.*(2009)则首先分析了收入分配不平等性与交通事故的关系。他们认为虽然一国收入水平是交通事故死亡率的重要决定因素,但是仅仅分析国民收入与交通事故死亡人数的关系是存在缺陷的,因为在两个国家国民收入相当的情况下,如果两国的国民收入分配状况存在区别,两个国家的交通事故死亡率可能也会存在巨大差别。因此,一国的收入分配状况对交通事故死亡率同样重要。Anbarci(2007)通过经验分析得出:一国的收入分配越不平等,该国的交通事故死亡率也越高,即收入的不平等具有外部性。一方面,由于汽车属于奢侈品,一国收入分配的不平等性增加会导致汽车拥有量的增加;另一方面,对于那些买不起车的人出行必然会选择步行、骑自行车、骑摩托车或者乘坐公共交通,当发生交通事故时这部分人更可能成为牺牲者。

Paulozzi et al.(2007)则首次将交通事故死亡人数加以分类,他们根据道路使用者的类别,将死于交通事故的人分为五类:行人、骑自行车者、骑摩托车者、汽车所有者及其他,并分别对以上五类道路使用者死亡人数与经济发展状况的关系进行了分析。通过分析发现一国处于经济发展水平较低阶段时,交通事故死亡人数中绝大多数是行人、骑自行车者、骑摩托车者,而当一国经济发展到较高水平时,汽车所有者在交通事故死亡人数中占很大比重。并且以上五类道路使用者,除了骑自行车者、骑摩托车者死亡人数与经济发展水平之间的倒"U"形关系不显著外,其他几种道路使用者死亡人数与经济发展水平之间的倒"U"形关系是显著的。针对这种情况,*Paulozzi et al.*(2007)的解释是:无论人们选择骑自行车还是骑摩托车,可能不仅仅是基于经济角度考虑,因为在发达国家自行车或摩托车不仅是一种交通工具,它们还代表了一种休闲的生活状态,从而即使随着一国经济发展水平提高,自行车或摩托车也不会完全被汽车所取代。

国内对交通事故情况及发展规律研究较早的主要是清华大学交通研究所的周钱等人(2006),他们通过分析世界各国经济发展与道路交通事故之间的规律,使用多国数据对 Smeed 提出的模型进行验证,发现机动化水平的初级阶段,"斯密德法则"是适用的。周钱等(2006)认为交通事故的发展规律在各种因素的联合作用下,分为上升期、高峰期、下降期、波动期与平稳期。综合考虑中国历年交通事故情况和机动化水平,得出中国仍处于交通事故发展的上升期的结论。

3.2 影响交通事故的因素研究

交通事故作为一种突发的事件受到各种因素的影响,从国内外的研究文献来看,国内外学者将影响交通事故的因素大致分为人为因素和非人为因素:人为因素主要是指驾车者是否严格地遵守交通规则和交通法规,如是否存在酒后驾车、是否存在超速行为、驾车时是否系安全带等;非人为因素则是指天气状况、道路状况等这些影响驾驶的外部因素,这些外部因素大多数都是不可抗力的,属于人们控制的范围之外。因此,要对交通事故进行整治,目前国家职能部门多从影响交通的人为因素着手,制定一系列干预措施来减少交通事故的发生。

例如随着死于交通事故的人数越来越多,世界上大多数国家都会颁布交通安全法或出台相关政策来减轻不断恶化的交通状况,但是相关的法律或者政策能否起到改善交通状况的目的,这取决于相关法律与政策是否得到严格的贯彻与执行。而相关法律或政策的执行力度一般与一个国家政治体制及政治是否廉洁密切相关。针对这种情况 Anbarci et al. (2006)、Hua et al. (2010)分析了公共部门的腐败程度对交通事故死亡人数的影响。Hua et al. (2010)将这种影响分为直接影响与间接影响,其中直接影响是指由于腐败导致交通事故的肇事者可以通过贿赂免于处罚,从而一个国家腐败程度越高,规制交通事故的法律就越难以执行,死于交通事故的人数也越多;间接影响则是指由于一个国家腐败程度越高,使得相关资源被用于寻租这样的非生产性行为,一方面造成资源浪费,另一方面也使一个国家改善交通状况的投资趋于滞后,交通状况得不到改善,进而死于交通事故的人数也会增加。

Ruhm(1996)则分析了啤酒税及其他一些控制饮酒的政策对美国交通事故死亡人数的影响,这些控制饮酒的政策主要包括:最低法定饮酒年龄、对司机血液中酒精含量的路旁测试、对醉酒驾驶者审判和吊销驾照等。他通过使用美国48个州1982—1988年的数据对啤酒税和其他一些控制饮酒政策的效果进行了检验,考虑到各期及各州的特殊情况,添加时间效应和固定效应后,Ruhm发现啤酒税与交通事故死亡人数存在着显著的负向关系,并且该负向关系相对稳健。而其他控制饮酒的政策,如最低法定饮酒年龄、对醉酒驾驶者审判和吊销驾照等虽然可以降低交通事故死亡人数,但是两者之间的负向关系都不显著。所以,只有从源头上控制人们的饮酒行为才能达到降低交通事故的发生。由于其他一些控制饮酒的政策难以严格执行和监督,从而使得这些政策对交通事故起不到明显的改善作用。而 Dee(1999,2001,2005)则使用不同的方法分别估计了啤酒税和最低法定饮酒年龄对青年交通事故死亡率的影响。他认为啤酒税对青年交通事故死亡率的影响比较有限,且影响并不显著。政策制定者应该通过提高最低法定饮酒年龄来降低醉酒驾驶带来的交通事故,他通过调查数据估计提高最低法定饮酒年龄可以使交通事故死亡率至少降低9%。

汽车安全带在车辆发生碰撞或紧急刹车时,可以将驾车者及乘客牢固地固定在座椅上,避免或减轻驾车人员受伤的程度。汽车事故调查显示:在发生正面撞车时,如果系了安全带可使死亡率减少57%,侧面撞车时可减少44%,翻车时可减少80%。目前不系安全带仅次于超速行驶和醉酒驾车,是导致交通事故的"第三杀手"。由此可见,汽车安全带对于降低交通事故受伤和死亡人数发挥着重要的作用,但是安全意识淡薄、对安全带的作用没有足够的重视,使得驾车者和乘客在车辆行驶过程中没有自觉地系安全带的意识和习惯。这种情况下就需要政府出台相应的强制使用安全带的规定。例如,我国于2003年出台的《中华人民共和国道路交通安全法》第五十一条规定,机动车在行驶时,驾驶人、乘坐人员应按照规定使用安全带。但是笔者通过观察发现,目前在我国驾车者不系安全带的情况屡见不鲜,乘坐人员更是如此。因此,强制使用安全带的法律法规能否达到提高安全带使用率和降低交通事故的损伤,更大程度上取决于政策法规能否得到贯彻执行。

Ruhm(2008)首次通过使用调查的微观数据,综合分析了强制使用安全带的法律法规的效果。数据调查主体主要为14—18岁的美国年轻人,Ruhm(2008)通过使用微观数据着重分析强制使用安全带的法律对以下几个方面的影响:安全带的使用率、交通事故死亡人数及交通事故受伤人数。通过研究发现强制使用安全带的法律使得美国各州年轻人安全带使用率提高了45%—80%,在此基础上,在发生严重的交通事故时,强制使用安全带的法律使得事故死亡人数和受伤人数分别下降约8%和9%。

Maloney and Rudbeck(2009)则对交通事故带来的后果加以区分,即将交通事故分为致命和非致命交通事故。他们认为之前的学者对交通事故进行研究时,没有将交通事故加以划分就分析相关政策对交通事故的影响,所得出的结果可能存在偏误;另一方面,目前对交通事故的相关研究大多数是分析机动汽车对交通状况所造成的影响,而对于摩托车等可能引起大量非致命交通事故的研究则较少。因此,他们通过使用美国各州的面板数据对摩托车引起交通事故的影响因素加以分析,结果显示:骑摩托车时法律强制要求戴头盔可显著降低致命及非致命摩托车事故。

驾车者的驾驶技术及面临如恶劣天气时的应变能力,直接决定驾车者及乘车人员的生命安全,因此,提高驾车者的驾车技术和应变能力对降低交通事故有重要的意义。驾车者驾车的技术一方面取决于在拿驾照之前的学习和考试;另一方面,取决于驾车者的驾龄。Dee et al. (2005)通过使用美国各州 1992—2002 年的面板数据,分析了各州取得驾照的难易程度及新颁发驾照的使用范围的差别,对各地区年轻人交通事故死亡人数的影响。他们将各州关于驾照政策的效果分为四个等级:优、良、弱、差,划分的依据是各州取得驾照的难易程度及新颁发驾照的使用范围等。通过经验分析,研究结果显示要求驾车者驾校学习毕业取得驾照的政策显著地提高了交通安全,特别对于年轻驾车者,该政策使 15—17 岁青少年交通事故死亡率至少下降 5.6%。此外,Dee et al. (2005)认为该政策的有效性取决于政策对驾车者的约束力,约束力越大政策效果也越明显。

4 数据及变量说明

4.1 时间序列数据及相关变量

由于直到 1990 年《中国统计年鉴》才将交通事故发生情况的数据纳入统计范围,所以选取样本数据是从 1990 年到 2008 年交通事故的总量数据,数据来源于 1990 年至 2009 年《中国统计年鉴》。对于造成交通事故发生的主要因素——汽车,选择了全国的民用汽车拥有量来解释其对交通事故的影响。此外,选择中国 1990—2008 年人均国内生产总值来衡量经济增长。

中国死于交通事故的人数随着经济的增长逐渐增加,在 2002 年死于交通事故的人数达到极值 109 381 人,而后几年死于交通事故的人数则逐渐降低。另一方面,全国民用汽车拥有量基本上与国民生产总值呈正相关的关系,即随着我国经济发展水平的提高,我国民用汽车拥有量也在不断增加。通过对比可以发现,死于交通事故的人数并非与民用汽车拥有量呈正相关的关系,也就是说:随着我国汽车数量的增加会带来死于交通事故人数的增加,但后者不会随着汽车数量的增加而无限增加下去。

除了考虑经济增长与汽车拥有量对交通事故的影响之外,还引入其他一些影响交通事故死亡人数的变量。一般可以认为,一国的医疗水平对交通事故死亡人数有重要影响,而且可以预期一国的死亡率会随着医疗水平的提高而降低。因此,本研究选择全国卫生技术人员数量作为医疗水平的代理变量。其中,卫生技术人员包括执业医师、注册护士、药剂人员和检验人员。

从统计数据来看,交通事故在城市发生的次数及死亡人数要少于郊区和县。这可以从两方面加以解释,一方面由于中国城市化水平相对来说还比较低,从而城市人口数比农村人口数要低;另一方面城市交通比农村交通更有秩序,在城市违反交通秩序的成本也更高。为了反映城市化对交通事故带来的影响,本研究选择城镇和乡村人口比来代表我国的城市化水平。

为考虑收入分配对我国交通事故的影响,本研究将我国的基尼系数包含在解释变量中。由于目前汽车在我国尚属奢侈品消费,因此我国的收入分配状况对我国汽车拥有量有着重要的影响,而汽车拥有量又是交通事故发生的决定性因素。可以预期一国的收入分配越不公平,普通民众拥有汽车的可能性越小。对于负担不起汽车消费的民众只能选择步行、骑自行车、摩托车和公共交通出行,而这部分人在交通事故中往往成为牺牲者。

此外,酒后驾车是导致交通事故发生的重要原因。2008年世界卫生组织的事故调查显示,大约50%—60%的交通事故与酒后驾驶有关,酒后驾驶已经被列为车祸致死的主要原因。在中国,每年由于酒后驾车引发的交通事故达数万起,而造成死亡的事故中50%以上都与酒后驾车有关。本研究通过引入城镇居民家庭平均每人全年酒类消费量来检查饮酒与交通事故的关系,其中的酒类包含了白酒、啤酒和果酒的消费量。

2003年10月28日中华人民共和国第十届全国人民代表大会常务委员会第五次会议通过了《中华人民共和国道路交通安全法》,为考察2003年以后道路交通安全法的施行对我国交通事故的影响,本研究添加了一个时间截距变量T,其中1990—2003年取值为0,2004年以后取值为1。

4.2 省际混合数据

本研究所选取的样本数据是1996年至2008年中国30个省的交通事故的面板数据①。数据来源于1996年至2009年《中国统计年鉴》。对于造成交通事故发生的主要因素——汽车,选择了全国与各省的民用汽车拥有量来解释其对交通事故的影响。此外,选择中国1996—2008年人均国内生产总值来衡量经济增长。

本研究除了考虑经济增长与汽车拥有量对交通事故的影响之外,还引

---

① 本研究混合数据的分析不包括港、澳、台及重庆市的数据。

入其他一些影响交通事故死亡人数的变量。一般可以认为,一国政府颁布法律法规对违反交通事故的行为进行处罚,可能会影响人们是否严格地遵守交通法律法规。2003年10月28日中华人民共和国第十届全国人民代表大会常务委员会第五次会议通过了《中华人民共和国道路交通安全法》,为考察2003年以后道路交通安全法的施行对我国交通事故的影响,本研究添加了一个时间截距变量 T,其中1996—2003年取值为0,2004年以后取值为1。

5 计量方法和模型

由于交通事故发生数和交通事故死亡人数都是离散变量,并且它们都取非负整数,因此泊松分布可以很好地分析这种计数数据。但由于服从泊松分布的一个条件是变量的条件均值函数等于它的方差函数,这通常被视为泊松回归模型的主要缺点。因为对于过度散布数据,变量的均值等于其方差的要求过于严格。基于泊松分布的以上缺点,负二项式回归模型被提出,其放松了均值等于方差的泊松假定。

泊松分布的基本方程为:

$$\mathrm{Prob}(Y_{it} = y_{it}) = \frac{e^{-\lambda_{it}} \lambda_{it}^{y_{it}}}{y_{it}!}, \quad y_{it} = 0,1,2,\cdots \quad (12.1)$$

其中 y_{it} 都是从参数为 λ_{it} 的泊松分布中抽取的,并且 λ_{it} 与解释变量 X_{it} 有关。参数 λ_{it} 的表达式为 $\lambda_{it} = \exp(\beta_i X_{it})$。由泊松分布的特点,可以证明:

$$E(y_{it} X_{it}) = \mathrm{Var}(y_{it} X_{it}) = \lambda_{it} = \exp(\beta_i X_{it}) \quad (12.2)$$

参数 β 的极大似然估计量可通过最大化如下对数似然函数得到:

$$\ln L(\beta) = \sum_{i=1}^{N} \sum_{t=1}^{T} (-\lambda_{it} + y_{it} X'_{it} \beta_i - \ln(y_{it}!)) \quad (12.3)$$

负二项式模型得自对横截面异质的自然表述,通过引入伽马分布的误差项构建负二项分布,泊松参数表达式可改写为:

$$\lambda_{it} = \exp(\beta_i X_{it} + \mu_{it}) \quad (12.4)$$

其中 μ_{it} 为样本个体未观测效应,假定误差项 $\exp(\mu_{it})$ 服从参数为 $(1,\delta)$ 的伽马分布,且独立同分布,此时 y_{it} 服从负二项式分布:

$$\mathrm{Prob}(Y_{it} = y_{it}) = \frac{\Gamma(\lambda_{it} + y_{it}) \delta^{\lambda_{it}}}{\Gamma(\lambda_{it}) \Gamma(y_{it} + 1)(1 + \delta)^{(\lambda_{it} + y_{it})}} \quad (12.5)$$

此时,条件均值和条件方差分别是 $E(y_{it} | X_{it}) = \lambda_{it}$ 和 $\mathrm{Var}(y_{it} | X_{it}) =$

$\left(\dfrac{1+\delta}{\delta}\right)\lambda_{it}$。显然,当 δ 为任意非零常数时,条件方差大于条件均值;而当 $\delta \to \infty$ 时,负二项分布模型收敛于泊松分布模型,故泊松模型是负二项式模型的一个特例。参数 β 和 δ 的估计值,可通过如下负二项极大对数似然函数求得,即:

$$\ln L(\beta) = \sum_{i=1}^{N}\sum_{t=1}^{T}\left(\ln\Gamma(\lambda_{it}+y_{it}) - \ln\Gamma(\lambda_{it}) - \ln\Gamma(y_{it}+1) + \lambda_{it}\ln(\delta) - (\lambda_{it}+y_{it})\ln(1+\delta)\right) \quad (12.6)$$

由于 $\exp(\mu_{it})$ 的引入允许条件方差大于条件均值,所以负二项式回归模型能较好地解决样本过度分散问题。

对于泊松分布模型、负二项式分布模型以及其他一些计数数据模型,通过使用准极大似然估计(quasi-MLEs)可以得到待估计参数的一致估计量。此外,泊松 QMLE 的一致性并不需要给定 x_i 时 y_i 分布的任何附加假设,即使分布被错误假定,准极大似然估计量也能产生一个条件均值被正确设定的参数一致估计,即对于分布错误设定而言,泊松最大似然估计量是完全稳健的,甚至当分布不是泊松分布时,它也保持某种有效性的性质。

6 时间序列经验结果

6.1 时间序列数据分析

基于上述分析,本研究通过建立以下回归来分析我国交通事故与经济增长之间的关系:

$$E(y_t \mid \alpha, X_t) = \exp\{\alpha + \beta_1\ln(\mathrm{RJGDP}_t) + \beta_2(\ln(\mathrm{RJGDP}_t))^2 + \beta_3 X + \varepsilon_t\} \quad (12.7)$$

其中,y_t 是时期 t 交通事故死亡人数,RJGDP_t 为 t 年的人均国内生产总值,X 为控制变量,其中控制变量包括我国民用汽车拥有量(V)、卫生技术人员的数量(D)、城镇居民家庭平均每人全年酒类消费量(W)、城乡人口比(UR)、我国各年的基尼系数(G),以及 T 为时间截距变量;ε_t 为误差项,可用来反映道路状况、天气情况以及汽车的安全性等影响交通事故的因素。

国外学者对该问题进行经验分析时,大都直接假定交通事故死亡人数服从负二项式分布,而未对其分布加以检验。为检验样本数据服从负二项式分布的合理性,本节分别使用负二项式分布的准极大似然估计(quasi-

MLEs)和普通最小二乘法(OLS)对(12.7)式加以估计,通过对回归结果的残差分布进行检验。如果对残差的检验结果得不出样本数据服从负二项式分布的证据,则通过使用计数数据的 QMLE 估计得出的结果可能会存在偏误,从而应该采用其他的估计方法加以估计。

通过使用 1990—2008 年的时间序列分别采用 QMLE 和 OLS 法对(12.7)式进行回归,两种回归方法回归的结果显示,以 QMLE 法估计所得残差通过采用残差的正态性雅克-贝拉检验(Jarque-Bera test),所得的 JB 值和 P 值分别为 1.5096 和 0.4701;以 OLS 法估计所得残差通过使用 Jarque-Bera test,所得的 JB 值和 P 值分别为 0.2691 和 0.8741。由于 JB 统计量渐进地遵循自由度为 2 的 χ^2 分布,而以 QMLE 法和 OLS 法估计所得的 P 值都充分地大,因此可以接受残差服从正态性的假定。因交通事故死亡人数服从负二项式分布的假定建立在残差服从伽马分布的基础上。基于以上分析,本文采用 OLS 法对(12.7)式进行回归分析。

利用中国 1990—2008 年的总量数据对以上(12.7)式进行估计的结果如表 12-4 所示,其中括号内的值为估计量的 z 值。由估计结果可知,我国经济增长与交通事故死亡人数之间存在倒"U"形曲线关系,因为 $\ln(RJGDP_t)$ 的系数为正,而 $(\ln(RJGDP_t))^2$ 的系数为负数,说明交通事故死亡人数随着经济增长增加的速度边际递减,从而当交通事故死亡人数达到最大值之后会逐渐递减。根据模型 A 的估计这一拐点出现在人均 GDP 为 11 971 元时;根据模型 D 的估计这一拐点出现在人均 GDP 为 8 207 元时。由模型 D 的估计结果可知,交通事故死亡人数与城镇居民家庭平均每人全年酒类消费量、城乡人口比以及基尼系数呈正向关系,与汽车拥有量、全国卫生技术人员的数量呈反向的关系。除了我国汽车拥有量这一控制变量,这与前面的理论预测相同,即随着全国居民饮酒量的增加、城市人口和基尼系数的增加,死于交通事故的人数也会增加;而随着我国医疗水平的提高,死于交通事故的人数会减少。此外,道路交通安全法的施行对于减少交通事故所起到的作用不是非常地明显,从(12.7)式的回归结果来看,与 2003 年以前相比 2004 年之后由于道路交通安全法的施行,全国交通事故死亡人数的时间截距变量系数仅为 -0.0161。对于我国汽车拥有量,模型 B 与模型 D 得出了不同的回归结果,根据模型 B 我国交通事故死亡人数与汽车拥有量正相关,而由模型 D 可知我国交通事故死亡人数与汽车拥有量负相关。

表 12-4　基于时间序列数据对"斯密德法则"的检验（因变量：交通事故死亡人数）

解释变量	模型 A	模型 B	模型 C	模型 D
C	−5.03 （−44.78）	−25.86 （−115.37）	−4.60 （−30.42）	5.67 （67.05）
$\ln(RJGDP_t)$	3.51 （136.71）	7.13 （167.77）	3.40 （95.22）	5.95 （72.90）
$(\ln(RJGDP_t))^2$	−0.18 （−128.06）	−0.47 （−156.01）	−0.18 （−85.59）	−0.33 （−54.67）
$\ln(V_t)$		1.49 （107.67）		−1.14 （−23.21）
$\ln(D_t)$				−0.78 （−12.96）
$\ln(W_t)$				0.42 （8.3941）
UR_t				4.72 （66.26）
G_t				1.38 （16.92）
T			−0.02 （−4.31）	−0.01 （−0.94）
$L(\beta)$	−10 148.09	−4 286.086	−10 138.81	−943.567 1
校正 R^2	0.68	0.87	0.663	0.95
拐点（元）	11 971	2 008	12 541	8 207

对于像模型 B 与模型 D 中同一解释变量的符号不同，以及由模型 B 计算的拐点与其他三个模型计算的拐点相差甚远，说明在解释变量中可能存在着多重共线性。因为对于人均 GDP、全国汽车拥有量、全国卫生技术人员数量和城镇居民家庭平均每人全年酒类消费量，可能存在共同的时间趋势，即随着我国经济的增长，人均 GDP、全国汽车拥有量、全国卫生技术人员数量和城镇居民家庭平均每人全年酒类消费量也会跟着增加。为检查这些变量之间是否存在多重共线性，表 12-5 给出了这些变量的相关系数矩阵。由表 12-5 可以看出，人均 GDP 与全国汽车拥有量、全国卫生技术人员数量、城乡人口比以及基尼系数存在显著的共线性关系。通过剔除共线变量、补充新数据和使用面板数据可以解决 (12.7) 式中存在的多重共线性。由于多重共线性本质上是一种样本现象，我们不需要关心样本中是否存在共线性，而是要看共线性是否严重。此外，如果我们分析的唯一目的是预测，则多重共线性不是一个严重的问题。

表 12-5 各变量的相关系数

	RJGDP	V	D	W	UR	G
RJGDP	1					
V	0.9810	1				
D	0.9143	0.8900	1			
W	−0.5627	−0.6604	−0.5566	1		
UR	0.9429	0.9862	0.8327	−0.6985	1	
G	0.8665	0.9210	0.8496	−0.8371	0.9137	1

6.2 时间序列结论

使用中国 1990—2008 年的时间序列数据对中国经济增长与交通事故死亡人数的长期关系进行经验研究,研究发现我国经济增长与交通事故之间存在着一种倒"U"形曲线关系,这说明"斯密德法则"在我国是适用的。在此基础上,在计量回归中还添加了影响交通事故死亡的其他因素,如医疗水平、城市化水平、收入分配状况、酒类消费量及法律法规等。回归结果发现:随着我国城市化水平的提高会伴随着交通事故死亡人数的增加;另外,我国汽车数量和收入分配状况对交通事故死亡人数的影响则不显著,这与国外的一些学者研究的结果存在差别,国外一些研究结果表明:交通事故死亡人数与汽车数量呈现显著的正相关关系。虽然我国交通事故死亡人数会随着经济增长而增加,但是随着我国医疗水平的提高,交通事故死亡人数会减少,这是交通事故死亡人数与经济增长呈现倒"U"形曲线的原因之一。除此之外,当一国交通事故死亡人数不断增加时,人们会不断改善汽车的安全性、采取更为安全的交通工具、政府出台相应的法律措施等都会促使倒"U"形曲线的出现。

7 省际混合数据经验结果

通过使用中国 1990—2008 年的时间序列数据对中国经济增长与交通事故死亡人数的关系进行了经验分析,中国时间序列数据验证了"斯密德法则"在我国是成立的,即我国经济增长与交通事故之间存在着一种倒"U"形曲线关系。随着我国经济发展水平的提高,全国民用汽车拥有量会大量的增加,这对我国交通状况带来负面影响,表现之一是交通事故死亡人数大量增加,但是,当我国交通事故死亡人数达到一个临界值之后,交通事故死亡人数会逐渐下降。为验证我国经济增长与交通事故死亡人数之间的倒"U"形曲线关系是否稳健,本节使用中国 30 个省的省际面板数据对"斯密德法则"进一步验证。

7.1 计量模型的设定

对于面板数据我们建立以下回归模型来对我国经济增长与交通事故之间的关系进行检验。

$$E(y_{it} \mid \alpha, X_{it}) = \exp\{\alpha_i D_i + \beta_1 \ln(\text{RJGDP}_{it})$$
$$+ \beta_2 (\ln(\text{RJGDP}_{it}))^2 + \beta_3 X_{it} + \mu_{it}\} \quad (12.8)$$

其中,i,t 分别表示各省和时间,y_{it} 指交通事故死亡人数,RJGDP_{it} 为各省人均 GDP,代表各省的经济发展水平,X_{it} 为其他控制变量。μ_{it} 为不可观测效应;α_i 为截面固定效应,是各省地区性因素对交通事故死亡人数的影响,D_i 为虚拟变量,定义为:$D_i = 1$,如果属于第 i 个个体,$i = 1, 2, 3 \cdots, 30$;$D_i = 0$,其他。β_1、β_2 和 β_3 分别显示各省的经济发展水平、汽车数量以及道路交通安全法对交通事故死亡人数的影响。

根据对个体影响处理形式的不同,面板数据回归模型的估计方法也不同。如果假定所有系数都不随时间和个体而变化,则使用混合最小二乘法就可以加以估计,此时面板数据相当于不考虑空间和时间的混合数据;而对于变斜率和变截距模型有随机效应与固定效应两种处理方法。随机效应模型假定个体之间的误差部分是不相关的,并且横截面和时间序列单元的误差部分也没有自相关。固定效应模型则将个体影响设定为跨截面变化的常数。

由于我国东西部各省之间的交通事故死亡人数以及经济发展水平存在巨大差异,即各省数据存在异质性。本研究采用个体变截距模型,以考察个体之间的区别。对个体变截距模型采用固定效应模型还是随机效应模型,采用 Hausman 检验,其原假设与备择假设分别为:

H_0:个体随机效应回归模型;
H_1:个体固定效应回归模型。

检验过程中所构造的检验统计量形式如下:

$$H = [\beta_{FE} - \beta_{RE}]' \Sigma^{-1} [\beta_{FE} - \beta_{RE}]$$

其中,β_{FE},β_{RE} 分别表示个体固定效应模型和个体随机效应模型的估计参数估计量,$\Sigma^{-1} = \text{var}[\beta_{FE} - \beta_{RE}]$ 为两类模型中回归系数估计结果之差的方差。H 统计量服从自由度为 k 的 χ^2 分布,k 为模型中解释变量的个数。全国 30 个省份数据分别使用随机效应模型与固定效应模型计算得 $H = 13.9165 > \chi^2_{0.05(4)} = 9.488$。所以模型中存在个体固定效应,应选择个体固定效应模型。

本节根据 1996—2008 年各省的面板数据进一步分析经济增长与交通

事故的关系,采用面板数据的固定效应方法进行估计。由于交通事故死亡人数的离散性以及各省之间存在未能观测的差异,致使该变量出现类似的过度分散问题。因此,根据以上分析和有关研究的做法,设立计量模型(12.8)式,以发现与检验影响交通事故死亡人数的因素。考虑到数据限制和引入过多的虚拟变量所带来的自由度限制,本节仅考虑经济增长和汽车数量对各省交通事故的影响。此外,为考察2003年以后道路交通安全法的施行对我国交通事故的影响,本节添加了一个时间截距变量T。

7.2 经验结果

利用30个省份1996—2008年的数据对模型进行估计,表12-6给出了对(12.8)式的估计。估计的结果显示:由于模型A与模型B的二次项系数显著为负,所以全国各省经济增长与交通事故死亡人数之间存在倒"U"形曲线关系。各省交通事故死亡人数都随着各省经济的增长而增加,但增加的速度呈递减趋势;汽车数量与各省交通事故死亡人数影响则存在着明显的正相关关系;而从回归的结果来看,虽然交通安全法的施行能够减少交通事故死亡人数,但影响不显著,这可能与交通安全法施行的时间还比较短,其作用还没有完全发挥出来有关。

由表12-6的模型A计算出来关于交通事故死亡人数倒"U"形曲线的拐点出现在人均GDP为63 000元时,而根据2010年的统计数据只有北京和上海两地人均GDP达到了这一水平,其他各省人均GDP皆低于该水平,因此,其他各省的交通事故死亡人数随着各省经济的发展可能会进一步提高,即各省交通事故死亡人数仍处于上升期。

表12-6 1996—2008年各省交通事故死亡人数影响因素

变量	模型 A	模型 B
$\ln(\text{RJGDP}_t)$	0.5857	0.5875
	(3.0110)	(3.0078)
$(\ln(\text{RJGDP}_t))^2$	−0.0265	−0.0347
	(−2.5936)	(−3.2155)
$\ln(V_t)$		0.2593
		(2.6476)
T		−0.1061
		(−2.2790)
C	4.5821	4.2712
	(4.9123)	(4.3435)
R-square	0.9277	0.9299

注:括号里为系数的 t 值。

表 12-7 为各省的截距项,可以看出各省截距项存在显著的差异,这些截距上的区别反映了各省的个体固定效应,即各省具体的特性对其交通事故死亡人数的影响,这些未考虑的影响因素中有些与交通事故死亡人数正相关,有些则为负相关。具体来说,截距项为负的地区有北京、天津、内蒙古、黑龙江、上海、海南、贵州、云南、西藏、甘肃、青海、宁夏。这些未考虑的影响因素有抑制以上地区交通事故死亡人数上升的作用。

表 12-7 各省的固定效应

地区	α_i	地区	α_i	地区	α_i
北京	-0.6837	浙江	0.8819	海南	-1.3218
天津	-0.8375	安徽	0.4414	四川	0.4410
河北	0.3444	福建	0.2871	贵州	-0.3306
山西	0.0880	江西	0.1783	云南	-0.0036
内蒙古	-0.2074	山东	0.8831	西藏	-1.2414
辽宁	0.1740	河南	0.4453	陕西	0.0576
吉林	0.0055	湖北	0.1916	甘肃	-0.1396
黑龙江	-0.2040	湖南	0.3622	青海	-0.8878
上海	-0.5891	广东	1.0247	宁夏	-0.6987
江苏	0.8914	广西	0.3078	新疆	0.1396

通过观察可以得出:截距项为负的这些地区大致可以分为两组,东部发达地区和偏远的西部地区。其中,东部发达地区有北京、天津和上海,其 2009 年人均 GDP 分别位于全国前三,且都超过了 50 000 元。随着这些地区经济发展水平的提高,可能对交通安全更加关注,相对于其他的省份对改善交通安全的投资也更多。因此,从这一角度可以解释其截距项为负。而截距项为负的另外一组,都为偏远的西部地区,一方面,其人口密度要低于东部和中部地区,从而其交通状况不像东中部地区那样拥挤;另一方面,从统计数据来看,这些省份民用汽车拥有量均低于全国平均水平,该组民用汽车拥有量最少的一个省为西藏,2009 年民用汽车拥有量仅为 14.85 万辆,最高的一个省份云南为 189.10 万辆。基于以上原因可能会导致其截距项为负。

对于截距项为正的省份,截距项所包含的个体固体效应会促进这些地区交通事故的上升。这些省份由于处于经济快速发展的时期,在该时期这些地区汽车数量会进一步上升。而随着汽车数量的上升,像道路这样的基础设施如果不能及时改善,可能会给交通带来负担。另一方面,这些地区又不具有如偏远西部人口密度低的优势。因此,这样一系列因素会导致其交通事故死亡人数的递增。

(12.8)式使用面板数据分析各省经济增长对交通事故死亡人数的影响时,可能会因为省略变量造成残差项序列相关,当省略的变量与模型中的某一变量相关时,则该变量的估计将是有偏的,为解决这种自相关问题,需引入因变量的滞后项,该代理变量包含了那些遗漏的变量对本期因变量的影响。

由于1995年各省交通事故死亡人数的数据不可得,本研究使用(12.8)式对1995年各省交通事故死亡人数进行估计,以代替1995年各省交通事故死亡人数。从而(12.8)式转化为:

$$E(y_{it} \mid \alpha, X_{it}) = \exp\{\alpha_i D_i + \beta_1(\ln(RJGDP_{it})) + \beta_2((\ln(RJGDP_{it}))^2) \\ + \beta_3 X_{it} + \beta_4(\ln y_{it-1}) + \mu_{it}\} \quad (12.9)$$

通过加入因变量的滞后项,将(12.9)式的估计结果与(12.8)式的估计结果进行比较,以检查扰动自相关系数是否有显著的改善,如果扰动自相关系数有明显的改善则说明引入因变量的滞后项是必要的。重新使用30个省份1996—2009年的数据对(12.9)式估计,从计算的自相关系数来看,引入因变量的滞后项后,自相关系数由(12.8)式的0.7302下降为0.1528,自相关得到明显的改善,说明引入滞后项是必要的,从而(12.9)式比(12.8)式更加适合。另一方面,(12.9)式在(12.8)式的基础上引入滞后项,计算的结果得出与(12.8)式相同的结论,即$\beta_1 > 0$, $\beta_2 < 0$,各省交通事故死亡人数随着各省经济增长达到最大值之后会降低。

7.3 省际数据结论

本节分别使用1996—2008年的面板数据对中国经济增长与交通事故死亡人数的长期关系进行经验研究,研究发现前文所得出中国经济增长与交通事故死亡人数之间存在倒"U"形曲线关系的结论是稳健的。也就是说"斯密德法则"确实可以用来说明我国的交通状况。

此外,通过面板数据的计算,我国交通事故死亡人数倒"U"形曲线的拐点出现在人均GDP为63 000元时,而根据2010年的统计数据只有北京和上海两地人均GDP达到了这一水平,其他各省人均GDP皆低于该水平,因此,其他各省的交通事故死亡人数随着各省经济的发展可能会进一步提高,即各省交通事故死亡人数仍处于上升期。并且,各省因其各自所具有的特性对其交通事故死亡人数会带来不同的影响,在面板数据中各省所具有的固定效应表现在回归模型的截距项中。

8 结　　论

本章利用负二项式数据模型检验"斯密德法则"在我国是否成立。通过使用面板数据进行检验证实了我国交通事故死亡人数和经济增长之间存在着倒"U"形关系,从而说明"斯密德法则"在我国是成立的,这也与国外的一些研究结果相一致。国外的一些学者如 Hua(2009)、Gerdtham and Ruhm(2002)等人在研究交通事故与经济增长之间的关系时,由于使用的是不同发展水平国家的数据,通过使用更具异质性的个体数据,更能说明全球范围内经济增长与交通事故死亡人数之间的关系。由于使用的是不同国家的数据,这些研究中还将各国政治体制、法律环境、腐败状况考虑进来。本研究由于研究的是中国国内的数据,各省面临的政治、法律环境存在相似性,所以剔除了这些变量对交通事故的影响。

通过引入汽车数量、道路安全交通法等变量来分析其对交通事故死亡人数所产生的影响。回归结果发现:我国交通事故死亡人数与汽车数量呈现显著的正相关关系。虽然我国交通事故死亡人数会随着经济增长而增加,但是当一国交通事故死亡人数不断增加时,人们不断改善汽车的安全性、采取更为安全的交通工具、政府出台相应的法律措施等都会促使倒"U"形曲线的出现。

第13章 合作的演化过程
——创造性破坏与可持续发展的形成

1 竞争合作与可持续发展

个体之间总是处于冲突之中,但又必须合作。由于共处一个共同的环境,同时有着各自的利益,因而冲突不可避免,冲突蕴涵着竞争,相互之间的竞争提高了效率,也促进了整个环境和系统的进化。但冲突的普遍性并不排除合作的必要性和实际价值。不同职能的个体通常需要在各自的职能基础上进行交流和合作,因为他们都只属于整个环境和分工链中的一部分;对于从事大体相当职能的竞争者,他们必须进行一定的协作,以防两败俱伤。

对于竞争的研究,在生态学中尤为充分,竞争几乎贯穿整个进化过程,竞争理论也成为进化经济学的核心,因而对于竞争的类型、特征和效应等都在生态学中有着较好的研究。类似的研究也在经济学中得到了重视,对于市场中的竞争类型和竞争所带来的社会福利等都有一定的研究,但整体上滞后于生态学对竞争理论的研究,而作为两者的结合产物——进化经济学也没有得到过多的关注,一个可能的原因是进化经济学和一般的经济理论在诸多方面和以进化为特征的生态学存在差异,进化理论更多的是自然科学,进化经济学应用自然科学的结论,但难以很好地融入到社会科学之中。生态学作为自然科学,更多地考虑了基因因素,而对社会机制,比如学习和模仿有所忽略,而社会科学则更强调后天和人为因素的作用。

由于经济学通常设定个体是追求私利的,因而通常关注的重点在竞争中所实现的均衡特征,以及交易双方(多方)的利益分配,而对合作研究得相对较少。在研究方法上,通常是用博弈论,由于更多地从利己和竞争出发,更多地研究了非合作博弈,而合作博弈研究相对较少。

同时,经济学尽管越来越重视动态特征,从静态分析逐步扩展至动态分析,但对经济系统的复杂性研究还有待进一步深入。通常的分析步骤为设定一定的条件,在此基础上刻画整个系统,得到均衡状态,再对均衡状态的特征,包括稳健性和稳定性进行分析,但对达到均衡状态的过程时常有所忽略。

2　文献综述:竞争与合作、生态学含义及经济学的应用

这些经济学有所忽略的问题,如合作的形成、形成的条件和形成过程中的动态特征等,在生态学中都得到了较好的研究。

Axelrod and Hamilton(1981)主要在生态学含义上对合作的演化过程进行了研究。在他们的研究中,广泛应用了囚徒困境的例子,并借用了进化稳定策略,特别关注稳健性(robustness)、稳定性(stability)和初始形成能力(initial viability)。稳健性指的是哪种策略会在错综复杂的环境下最可能成为主导策略,通常用计算机进行模拟,结果表明,针锋相对策略最可能出现,这种策略被认为是基于利他的合作策略;而稳定性则表明,一旦某个策略形成,能够抵御外部突变基因(群体)入侵,而保持原有的策略;而初始形成能力指的是,如何在对抗的环境下最后形成合作。Axelrod and Dion(1998)对合作的进化演进过程进行进一步分析,主要考虑大自然中普遍能形成合作的其他因素,包括更多的参与者、更多形式的博弈、更多的选择、更复杂的效用函数,以及不同的博弈环境等。

类似的研究中,超越了经济学的"经济人"假设,而对个体的利他或间接互惠因素进行了分析。利他意味着参与者并不像通常假设中的个体只关注自己的利益和效用,而会考虑对手的利益,这种特征在家庭或家族中广泛存在。Bergstrom(1995)分析了在亲属中利他伦理形成的过程,个体在和群体博弈过程中,如果进行半康德(semi-Kantian,不过于小聪明)效用最大化决策,种群和家族可以抵御入侵和突变;却有可能被隐性的突变入侵。因而个体如果能保有限度的利他,将更能维持和整个群体利益一致,从而抵御外部入侵和诱惑,实现合作和长期利益最大化。类似的行为特征也在相关的领域出现,比如公共产品提供和研发的合作上都存在着利他行为。

由于合作通常是在多次博弈中形成的,在不断的博弈过程中,参与博弈的主体会不断观察对手的行为和偏好,从而调整其策略,减少犯错误和犯糊涂的可能。因而学习(learning)因素在整个过程中的作用引起了生态学和经济学的共同关注。学习大体上具有两种类型:基于不断加强(reinforcement-based)的学习和基于信念(belief-based)的学习,这些学习类型都类似于贝叶斯决策,在决策过程中不断根据新的信息进行调整判断。基于

不断加强的学习主要强调参与者自己的策略所获得的效用,进行不断的调整,从而获得最优的策略;而基于信念的学习则是在博弈过程中对对手的策略形成一定的信念,并根据这些信念选择最优的策略。Feltovich(2000)分析了不对称信息条件下,两种学习模型的说服力,他的研究表明,学习模型整体上会比纳什均衡说服力要强。而 Salmon(2001)获得的结论相对含糊,他对适应性学习的模型所具有的说服力进行计量评价,这些试验和结构在区分数据产生过程上都存在问题。

学习因素使得整个进化过程更为复杂,也丰富了生态学和经济学的动态特征,而这些动态和复杂的特征引起了越来越多人的研究兴趣,对经济的动态分析不再局限于均衡状态分析,而重点关注整个演化过程,这种研究在生态学中表现得尤为突出。Nowak and Sigmund(2004)对突变和进化所引起的生态变化进行研究,重点分析了生态博弈过程中的进化动态特征。Lmhof et al. (2005)对自然选择过程中合作和冲突进行动态分析,用数据模拟的方法印证了进化过程中合作和冲突策略会周期性出现。与周期更替相关联的问题是,一种策略是否会出现,在出现之后能否保持稳定,Nowak et al. (2004)对参与主体有限条件下合作的产生及稳定性进行了研究,通常来看,对抗是进化稳定的,而他们的研究表明,采取互惠策略的合作者会入侵采取对抗策略的参与者。

进化过程给经济学研究带来了新的启示,达尔文的自然选择过程可以参照经济学的动态选择。Young(1993)则用进化观点分析了习俗和惯例形成的过程。Friedman(1991)概括分析了经济学中的进化博弈案例及其动态特征,他以生态学中的"合适函数"(fitness function)为分析基础,探讨参与博弈的主体的最优选择和整个系统的进化过程,由此发掘静态均衡状态和进化均衡状态之间的关系。他区分了微分(differential)博弈、超级博弈(supergame)和进化博弈之间的差别,并用5个案例描述进化博弈,通过数据模拟的方法揭示了所具有的动态特征,包括周期和混沌。但 Bergin and Lipman(1996)对进化过程中很小的突变往往会改变整个长期特征的观点进行深入纠正,认为这种改变并不是很稳健的,小的突变未必会改变系统的特征,分析了与状态有关的突变所带来的整个进化过程,认为如果突变会根据状态进行改变,小的突变并不会改变长期特征。

生态学的研究结论在一定程度上更具普遍性和广泛性,在方法上采取了试验和数据模拟等方法,具体动态特征更加丰富。经济学借用了生态学的研究结论,并补充了人为因素,比如学习和模仿等对均衡形成的影响,更多因素使得整个系统的不确定性增加,周期或混沌现象出现的可能性加大,这些特征的引入使得经济学的动态过程分析更透彻,动态均衡的演化成为过程分析,而不再简单地局限在均衡的形成。但作为学科交叉,生态学的结论和方法并未完全融合到经济学研究之中,比如利他行为可能改变经济学的"经济人"假设,进而可能会改变经济学既有的分析框架,而且生态学更重视天生的基因等因素,而经济学相对更重视后天的因素,更重视人为的机制。

本研究将结合经济学和生态学的方法和结论,对可持续发展进行分析,可持续发展可以理解为生态环境的协调,不破坏既有的生态环境;也可以理解为经济学中的公共物品,是社会内各群体的共同环境,具有公共物品的既有特性。

3 可持续发展蕴含的合作

近年来持续发展引起了广泛关注,一方面,随着经济的发展,特别是欠发达国家和地区对经济发展的意愿和要求提高,因而以环境为代价的经济增长模式屡见不鲜,发展中国家的环境确实存在恶化的趋势,全球气温升高和温室效应时常引起各界关注;另一方面,人们普遍认识到这种发展模式对环境破坏巨大,通过资源和环境的不可逆转为代价所获得的经济增长成就有可能超过这些成本,因而长期看是无效的。随着资源的枯竭和不可持续利用、生态环境的恶化,各界都意识到依靠资源扩张的发展模式难以为继,因而对这种模式进行反思,并提出了可持续发展战略,并成为国际范围内的 21 世纪议程的核心所在。

可持续发展的界定并没有取得一致的意见。事实上可持续发展涉及的范围很广泛,起初是因经济发展过程中人类对环境的破坏而引发了一些担忧,所以考虑到环境因素,后来则将更多的要素纳入分析范畴,发展到现在则将人口、资源、经济和社会等要素都作为可持续发展的分析框架,一般可以分解为几个系统,甚至由于可持续发展有别于一般的发展,有些研究人员还提及金融等的可持续发展。实际上这是一个误区,一旦一个概念被过于广泛利用的时候,则往往就会出现误用的场合。可持续发展强调的是它的发展可以得到进一步支撑,主要的分析点应该界定在对环境的关注上,而只能是部分地考虑一些社会和经济系统因素。

但普遍接受的观点是,可持续发展强调和谐与公平,提倡不同的主体在共同的生存环境中相互包容,友好生存,这些主体中不仅仅是不同的人,也包括自然;人和自然的和谐共处是可持续发展的初始出发点。正是对经济发展过程中对环境破坏的担忧,有识之士对原先的发展模式提出质疑和否定,进而提出在人和自然之间谋求和谐的发展。同样,可持续发展强调公平,主要是人与人之间的公平,而人包括了不同年代(代际公平)的主体和不同区域(地区和国家)的经济主体。这与当前的和谐社会在含义上具有一定的类似之处。

可持续发展强调的和谐,一定程度上可以认为是合作,包括生存于不同年代的主体在时间上的合作,和处于不同区域的主体在空间上的合作——可以说合作正是可持续发展的关键和核心所在,只有合作才可能实现可持续发展。假设共同居住的生态环境有着一种容量,那么如果发展是可持续的,意味着环境容量并没有因为当前的经济发展而减少。

实际上,可持续发展问题可以在很大程度上归结为公共产品提供问题,这两者具有相当的共同之处。特别考虑可持续发展的基本点,即环境资源保护问题,环境本质上归属于公共产品。作为一项公共产品,具有一定的外部性和非排他性特征。不同的个体在该产品上具有不同的效用,而为了保证该产品的有效提供,很重要的一点就是各主体能够在冲突中实现妥协和合作,这也是从更长远眼光看问题,需要有个体承受短时期的损失,当然这种损失是为了更大的长期收益。

4 可持续发展的内在利益冲突与竞争

但从经济学分析范畴看,经济主体的根本行为特征是自利:在既定的条件和约束下谋求自身的效用最大化,这也是经济学对人的概括和最本质的描述。这和可持续发展强调的和谐存在着明显的反差:现实中,经济利益最大化法则占据支配地位,不同的个体有着不同的经济利益,行为是自利的。这表明,更多时候处于社会经济圈中的不同经济主体主要处于矛盾和冲突之中。

可持续发展是在既有发展模式基础上所提出的、一种抱有期望的发展战略,存在着多个冲突的可能:其一,经济主体出于自身的经济利益和社会的状况而会谋求改变,这就导致了部分主体或群体以环境为代价获得经济利益;其二,当代人不满足目前的生活而有意或无意地破坏了属于各年代人的资产,主要是环境资源;其三,局部主体破坏了属于整体和群体的利益。

承认矛盾和冲突是社会的基本特征是解决可持续发展的基础,一味地强调超经济的因素,显然难以实现真正意义上的可持续发展。但也不意味着可以放任,过于的自由也无法解决问题。我们所看到的现状显然是难以持续发展的。对环境的破坏时常发生,对下一代人的利益漠不关心也是时常可见,对于其他主体的利益有意或无意的侵犯也不断发生。问题的关键在于,首先承认不同的主体有着相对独立的利益,其次在此基础上实现彼此之间的合作,则将会实现最大的长期利益,这需要有更长远的眼光和能够承担一定的短期损失。

可持续发展包括两个层面:空间和时间。对于空间而言,主要考虑在同一个环境下不同的主体之间的利益格局而导出的可持续发展问题。而对于时间层面,主要在于可持续发展强调了随着时间的推移,发展是可以得到进一步的支撑的。我们在这个基础上来界定一些可持续类型。

第一种类型:空间博弈类型,不同的主体处于不同的区域,各自在资源的支配能力上具有差距,但这种资源的利用具有外部性,占优的参与者可以以较低的成本利用资源,而获得正向收益,但他们将给其他主体带来负面的效应。这种类型的可持续发展问题表明不同的主体同在一个环境中,不同的主体具有不同的地位,特别是对于自然资源的配置或处置能力,但他们所处的整体环境是统一的。这种类型主要可以用来描述在同一个区域内不同区位的可持续发展问题。一个直观的案例是:在一个国家区划中不同位置的可持续发展问题,比如对于一个河流的环境保护问题。在一个河域中,上游、中游和下游同一个生态圈,应该说具有整体上一致的利益,但也并不是完全和谐的,上游的主体既有天然的资源配置能力,"靠山吃山"说明他们生存模式中会主要考虑如何充分地利用几乎没什么成本的(除了人力等)自然资源。对于上游的个体而言,保护环境等同于损失他们当前直接的利益。中游的主体具有资源处理上的优势,而对于下游的主体来说,天然地处于资源的劣势。不过从现实看来,处于资源优势的个体往往处于经济上的劣势,而处于资源劣势的主体则处于经济上的优势。如果将区域的概念扩大,那么城市和乡村也属于空间上的可持续发展问题。

第二种类型:时间博弈类型或跨代博弈,具有不同控制能力的主体在时间上的可持续发展问题,主要是不同代际人的环境决策。当代人、下代人及上代人的最优环境决策就属于这种类型。不同代的主体尽管也有共同的利益,但利益有所不同,同样,控制能力也有所不同。不同代的人同处一个环境圈中,任何一代人多向环境索取一点,可能给下代人留下的环境资源就会少一些。

这两种类型概括可持续发展的共同特征和差异。共同的特征是不同的主体具有一定的整体利益,但他们的利益又不尽一致;不同的主体具有不同的地位,在某一方面处于劣势的主体在其他方面可能存在一定的优势。差异是分别概括了空间上和时间上两个维度的可持续发展问题。

5 何种策略占优——可持续发展是否进化稳定?

可持续发展中明显具有冲突的本性和合作的要求,那么何种策略占优是可持续发展能否实现的关键。

通常用囚徒困境分析博弈过程中的冲突和合作选择。对于两个参与者,都有两种选择,合作(C,cooperation)和对抗(D,defection),都采取合作所能获得的效用为 R,都对抗则获得较低的效用 P,而一方合作一方对抗,合作的一方获得较低的效用 S,对抗的一方获得较高的效用 T。通常有 $T > R > P > S$。一次性的博弈的结果通常是对抗占优,无论对手采取何种策略,采取对抗都是有利的,但这种策略的最终结果是参与双方都获得较低的效用。

如果是多次博弈,情况将有所改变,此时有三种策略,总是合作(ALLC)、总是对抗(ALLD)和针锋相对(tit-for-tat,TFT),其中针锋相对策略是对手采取什么样的策略,参与者也就采取什么样的策略。设定具有 n 次博弈,采取 TFT 策略会降低效用 c,那么可以看到,ALLD 优于 ALLC,TFT 优于 ALLC。

设定在某个时刻,参与主体都采取合作的策略,参与者所采取的策略是否是进化稳定的策略(ESE)? 如果为了一次性获益,选择对抗而偏离原有的合作,采取对抗的个体的收益会提高,这意味着存在着偏离的可能。在这个意义上说,合作并不是稳定的进化均衡策略。更一般意义上探讨合作的稳定性,即参与主体数目增加,可以得到更有意义的结论。

对于无限数目参与主体的博弈,策略 C(合作)要成为进化稳定均衡必须满足如下条件之一:(1) $R > T$;(2) $R = T, P < S$。

对于参与主体数目为有限时(N),合作成为稳定均衡的条件是:

(1) $P(N-1) < S + R(N-2)$;

(2) $P(N-2) + T(2N-1) < S(N+1) + R(2N-4)$

这种定义意味着,在既有的均衡基础上,其他策略不能改变当前的策略均衡。如果设定后来的策略改变为突变,进化稳定均衡表示这种入侵并不能获得更多的生存空间,整个系统不会因此而改变。

但合作策略通常会表现为进化不稳定性。这种不稳定性在空间上的博弈中较为充分。处于不同空间位置的个体对资源的处置能力存在着差异,比如在同一条河流上的不同的居民,上游居民在占据天然优势,采取合作的策略往往意味着保护自然资源,但保护资源对上游居民收益并不大,但采取对抗策略则可以从资源的占有和利用中获取收益,而由此引起的生态恶化对他们的影响并不直接和明显,但对下游的居民影响却是直接而明显。一个可能的解决办法是,改变各自的效用函数,下游居民给上游居民一定的补助和转移支付,并对上游偏离合作的策略给予相应的惩罚。一定程度上说,当前所实施的环境保护法主要是保护了中下游居民的利益,法律规定这些自然资源归属全社会所有,因而保护这些资源是全体居民的义务,这种规定也在一定程度上限制了上游居民利用资源的权利,因而这种权责并不对等,相反,中下游居民从环境保护中获得的利益更大。正是出于这种不对等,环境保护法律实施效果有限,上游居民对资源和环境进行何种利用更多地取决于他们自身的成本—收益比,而不会过多地考虑下游居民的利益。可能的惩处发生的概率也不大,环境执法更多的由当地政府执行,地方保护难以避免。从结果上看,环境的恶化成为事实,特别是水资源的质量。中下游居民的另一项惩处措施是,减少或拒绝对上游居民的转移支付和经济支援力度。中下游居民通常经济实力较强,有能力进行转移支付,同时上游居民有迁移至中下游的动机和实际行为,因而如果上游居民破坏中下游居民所共享的生态资源,中下游居民可能会在一定程度上排斥或歧视从上游迁入的居民,从而采取隐性的报复和不合作的策略。

在跨代际的时间博弈类型中,同样存在着类似的问题,而且在惩处上更难以实施,因而合作的实现难以在机制上得到保证。这种蕴涵进化含义的博弈模型不同于一般的博弈模型,一般的博弈模型中,参与者是固定的,参与者只会根据自己的效用、对手的策略和外部环境变化而进行策略选择;而这种跨代的时间博弈模型中,参与者不断更替,新一代的居民进入博弈之中,他们也只进行一次策略选择,而后是等待下一代居民再进行策略选择,相隔一段时间,但每一代的选择都将对整个社会的效用产生影响,他们各自也有不同的效用函数。

假设先前的几代参与者都采取合作策略,那么对于当前的参与者而言,保持连贯地合作还是放弃原有的传统的策略而选择对抗是合作能否保持稳定的关键。如同囚徒困境,偏离合作(破坏环境)都会提高当代人的收益。这表明,很难保证合作策略的稳定性。

假设先前几代人都没有采取合作策略,对当前的参与者来说,选择合作策略,将给自身的当期效用带来损失,因而合作策略的选择是难点。

6　结论及可持续发展的演化方向

总的来看,可持续发展本质上并不是进化稳定的,但参与博弈的各方都有共同的知识,即相互对抗将会导致整个生态系统的毁灭性和不可逆转的破坏,因而尽管在一定时期或在一定范围内可能有着严重的冲突和破坏,但持续和大规模的破坏并没有发生。这意味着对抗策略也并没有占优,环境并不是完全不可持续的。

这有两种可能,第一,每个区域的个体和每代人未必是像研究中假设的那样理性,存在着糊涂的可能,而且每个人都有着"利他"动机,而不完全是理性的"经济人"。第二,可持续发展过程并不是单方向的,在实现的过程中反复和波折更为普遍,当个体更注重即期效用时,可能会选择不合作策略,从中获取更多的效用,而在某些时候,将具有更好的耐心和长远的目光,从而选择合作和对环境的保护。

由于没有特别强的机制来保证参与各方不偏离合作策略,因而合作并不会总是出现,可以预见的是,整个生态环境在一定时期内还将恶化。但可持续发展也将是未来的发展方向,因而作为一个结果,整个可持续发展以来回反复为主要实现方式,如果将此视为一个进化过程,在进化过程中不断会有突变,这些突变将在短时间内改变整个进程。这种分析同样适合分析和谐社会,本质上竞争是整个社会发展的基础,冲突才是社会的本质特征,但和谐是社会的目标,因而和谐社会是在冲突中缓慢实现的。

第14章　创造性破坏、竞争协作与市场发展

——保险市场及银行保险市场的研究

1　竞争合作与市场秩序

当前,市场竞争越来越激烈,为了争夺有限的资源,各种不正当竞争的手段不断涌现;为获取更大的市场份额,大打价格战;恶意破坏正常的商业道德,如误导消费者、商业贿赂等。这些恶性竞争有逐步蔓延趋势,并且导致市场秩序混乱,同时,重销售、轻售后服务普遍,市场和行业发展缓慢。这种"囚徒困境"的冲突在不同程度存在,不遵循规则、恶意破坏社会准则的行为时常可见。恶性竞争在保险行业表现得更为明显,我们在调研中发现,诸多保险公司为了扩大市场规模,大打价格战,不顾资本偿付能力,大量扩张银行保险业务;粗放的经营方式使得保险公司国际竞争能力弱,同时国内保险市场秩序混乱,保险行业整体信誉低,行业发展缓慢,整个社会保险事业发展远滞后于国民经济发展。因而,如何在激烈的市场竞争的同时,促使各市场主体遵循一定的规则、形成一定意义上的合作并组成有效的市场秩序;如何引导各市场主体在竞争中形成一定的合作关系(而不是形成"共谋"),以做大"蛋糕"为共同目标,而不只是简单地在有限市场中彼此针锋相对地谋求有限的利益,这已成为重要而紧迫的现实问题。就政府监管部门看,采取何种方式才能建立有效的市场秩序成为重要而艰难的政策选择,比如是放任市场、促使行业协会起更大的作用,还是更直接的政府干预等。

如何解释在资源空间等生存竞争中合作出现的过程,相互之间的合作在社会发展过程中的作用,以及在此基础上研究如何才能实现更恰当的合作——都是当前国际学术界的重要研究内容;在难以避免的竞争与冲突中,如何最大限度实现社会和谐,尽可能避免恶性竞争和秩序混乱,并尽量减少囚徒困境和协调失效所产生的福利损失,则是极具现实意义的课题。

理论层面看,合作是复杂系统中所存在的一种很独特的现象,包括自

然界所能观察到的物种之间的互惠等形式的合作和同一物种内部的互助,合作也在社会经济中广泛存在,比如货币的广泛应用和语言的共同接受。这种现象引起了国际科学界的研究兴趣。如何在利益相互冲突的环境下实现一定程度的合作(如果不是直接的合作可以理解为协作),其内在机制及其合作的稳定性都是非常值得研究的议题。从演化层面探讨交互作用个体之间的关系和系统动态特征同样是有价值的研究思路。探讨干预对不同主体之间的交互作用和系统秩序的影响对政策应用具有基础性作用,这构成政策实施的前提;同时,从微观主体的相互作用及其行为特征过渡到宏观层面特征仍然是学术研究的热点和难点。竞争合作交替呈现的复杂关系并由此导致的系统复杂特征无疑需要更多更恰当的方法进行研究。代理人为基础(agent-based)的模型和分析方法近年来成为复杂系统研究的重要组成部分,它也是SFI(国际性复杂系统研究机构)的重要议题之一。这种方法将一定程度上取代以模型为基础(model-based)的理论模型研究,"自下而上"的代理人为基础的模型更翔实地刻画了系统组成部分之间的交互作用。

实践层面看,竞争是自然界和人类社会的常态,通常竞争能提高资源利用效率,但随着参与竞争主体的增加和竞争越来越激烈,为了争夺有限的资源,不正当竞争会随之泛滥,不遵守基本的竞争规则和没有任何的合作(协作)的混乱局面也会产生,从而破坏整个系统的秩序,有可能使得效率降低。比如在市场竞争中,各自为政、没有合作(协作)可能会导致恶性竞争等囚徒困境局面,降低社会经济效率,并形成宏观上的"协调失效"和"贫困陷阱"。类似的问题在环境问题上也存在:各国为了自身的利益争相利用有限的自然资源和排放气体,而相互之间的合作极其有限,最终导致环境恶化和全球变暖;即使在同一国家,不同的地区之间往往都没有合作,比如上游和下游之间没有相应的合作机制导致了流域内的污染问题越来越严重。这种没有合作(协作)的竞争导致的系统秩序混乱在公共管理中同样存在:比如在公共交通上,各自抢道会导致交通秩序混乱,并且降低道路利用效率。因而如何在激烈的资源空间等生存竞争背景下,促使系统主体遵循规则、形成一定意义上的合作并组成有效的秩序,这已成为社会经济管理中重要而紧迫的现实问题。该问题的本质在于如何引导各主体在竞争中形成一定的合作关系(或者相对松散的协作关系),以做大"蛋糕"为共同目标,而不是简单的在既有的空间中彼此针锋相对地谋求有限的利益。与此对应的,采取何种方式才能建立有效的秩序成为重要而艰难的政策选择。

2 相关研究现状及评述

相关的国际学术研究包括如下几个方面:合作和利他行为的进化和演进、合作博弈和重复博弈及合作联盟(博弈)、学习因素和进化稳定性(进化博弈)、基于代理人分析方法及其基于代理人的可计算经济学(agent-based computational economics)、复杂适应系统的动态形成过程等,整体上可以认为是将系统作为具有交互作用的复杂系统,探讨系统在动态变化过程中所具有的复杂和丰富的特征,它们涵括了生态学、管理学和经济学等学科,多学科的交叉研究是其特色所在。

2.1 时间偏好与合作的形成

耐性程度反映了主体对当前利益和未来收益之间的权衡,它通常用贴现来衡量,表示对未来的边际替代程度,一般表示为小于 1。时间偏好含义更为宽广,它未必小于 1。贴现对合作的形成和"囚徒困境"的避免具有重要影响(Stephens et al.,2002)。但对于贴现因子存在着争议,比如在环境变化和全球变暖问题中,贴现因子如何确定才是合理并没有一致的结论(Nordhaus,2007)。比如时间偏好的形式未必是简单确定的(Weitzman,2001)。同时,时间偏好未必是固定不变的外生变量,而可能是在进化过程中内生决定的(Rogers,1994)。Frederick et al.(2002)曾经对时间偏好和贴现因子做了一个综述,并对时间偏好的决定做了大体的评判,同时区分了时间偏好和贴现。而对于不同主体的时间偏好差别及对系统的影响仍然不明确,特别的,在利益动机和外部环境变更背景下,随着竞争越来越激烈,不同主体的时间偏好变化及对合作关系的形成是一个非常值得进一步研究的议题。

2.2 生态中的竞争和合作等多重关系、交互作用及对系统秩序的影响

生态学强调物种之间的相互作用,特别是竞争的类型,更普遍地反映了自然界的特性,同样生态学研究在方法上采取了试验和数据模拟等方法,具体动态特征更加丰富。最通常的研究是借助 Lotka-Volterra 模型研究种群之间的关系及其动态特征。例如在扑食者和被扑食者之间就存在着复杂的动态特征(Yoshida et al.,2003)。Ruxton(1996)根据食物链中的三个种群之间的关系研究了系统的混沌特征。Brown et al.(2001)通过长期的实验证实了生态系统的复杂动态特征。而这些动态和复杂的特征引起

了越来越多的研究兴趣,不再局限于均衡状态分析,而重点关注整个演化过程。Lmhof et al. (2005) 对自然选择过程中合作和冲突进行动态分析,用数据模拟的方法印证了进化过程中合作和冲突策略会周期性出现。这种竞争合作关系在企业管理中同样存在,Faulí-Oller and Giralt(1995) 对企业内部各分支机构的竞争和合作进行了研究,探讨内部因素和外部因素对各分支机构行为的影响。West et al. (2002) 分析了亲属之间的合作和竞争关系,对通常的 Hamliton 规则进行研究,并对该规则的适用性及其可能存在的问题进行了展望。对物种之间的相互作用有待进一步深入,因为种群之间存在着的关系往往不是单一的,而可能是多向的。更特别的,突变是自然界一个明显的事实,突变之后的物种和原先物种之间的关系一直就是研究的前沿。如何应用生态学的竞争合作关系研究社会的变迁无疑是很有意义的议题。

2.3 复杂系统的自组织过程与秩序的形成过程

系统的动态形成过程一直是 SFI 研究的重点,它的研究包括:复杂系统的物理特性、演化系统的产生和创新(突变)、复杂系统的信息处理过程与计算、人类行为的动态和数量研究、生命系统的产生组织及其动态等五项。在行为经济学的研究中,不少研究将金融市场作为模板,同时,不少研究也在考察文化的演变过程。在方法上,以代理人为基础的模型得到了更多的应用,这种方法的目的就是考察人类组织的形成及演化过程。系统秩序形成是一种特殊状况,是渐进的演化过程,在进化过程中个体之间的合作与协作的形成机制非常重要,实质上也就是自我组织机制(self-organized)。在这种机制作用下,并不一定必然会形成良好的秩序,混乱和无秩序的状况时常发生(Burgos et al. ,2005)。即使秩序能够最终形成,秩序形成过程更多地充满了混乱,乃至混沌现象,比如种群之间交互作用可能会形成生态混乱(Ruxton,1996)。这种自然科学的研究思路可以用来分析社会秩序形成过程及在演进过程中所具有的动态特征。其中学习因素在此过程中起着重要作用,因为个体和群体在决策中所获得的信息并不是完全和一次性完成的,而是在不断地更新和纠正的,这种不断调整的过程也导致了系统秩序的不断变更。Holland(1998) 对系统的秩序进行了思想上的探讨。Rial(2004) 则用了一个简单的动力系统模型描述了气候系统的秩序和混沌特征。而 Young(1993) 用随机博弈的分析方法规范地分析了个体之间交互作用、彼此之间的交互适应行为(adaptive play)和整个社会规则(惯例)形成的过程,他所用的分析方法不是进化博弈,而是随机博弈,这可以再来分析秩序的形成,但他并没有对演化过程的特征展开探讨和描述。自然界充满着复杂特征,而人类社会由于存在着更多的交互作用,整个社会的复杂的特性明显更为丰富,揭示这一交互过程将具有很高的理论和实践价值,该领域将一直是研究的前沿领域。

2.4 基于代理人的研究方法

对生态学研究所取得的进展和方法上的变动,也逐渐为经济管理研究所重视。Leigh Tesfatsion 在该领域进行了长足的尝试。Tesfatsion and Judd(2006)对代理人为基础的可计算方法进行了全方位的总结和展望,并将这种方法应用到诸多领域,包括 Young(1993)以代理人为基础视角对社会动态的变化的论述,LeBaron(2000)则对以代理人为基础的模型应用到金融领域所取得的结论及存在的问题进行了综述。LeBaron(2001)再次表明,以代理人为基础的模型更能说明金融市场波动强等现象。以代理人为基础对应以模型为基础(model-based),它试图突破高度概括的数量模型的局限,而更多地从微观主体之间的关系出发,探讨宏观行为。同时它能在一定程度上突破先前研究中所存在的同质性设定,而刻画参与主体之间的差异,并通过不同的行为模拟整个系统的动态特征。如果考虑到多个代理人在组织内部的不同行为,组织的形式通常会有所不同(Chang and Harrington, 2000)。这个领域仍然是值得关注的热点领域,同样也存在着诸多争议,一旦不同个体行为特征能被恰当描述(参数能够准确获取),它将改变当前的"代表性"主体为出发点的研究范式,能更清楚揭示系统变动的过程。

2.5 国内研究进展和现状

宋学锋(2003)对复杂科学做了较好的综述,后宋学锋(2005)又对复杂性科学进行了展望。金吾伦和郭元林(2004)对复杂性科学本身做了演化回顾。陈禹(2001)对复杂适应系统(CAS)进行回顾,并对它的应用做了大体展望。戴汝为(2006)对社会的复杂性进行了说明和研究。李海波等(2006)从知识角度对复杂适应系统中主体之间的关系进行探讨。戴汝为和操龙兵(2001)对 Internet 所具有的复杂特征进行了研究,并重点强调了它的开放性。廖守亿和戴金海(2004)用仿真学方法探讨如何研究复杂适应系统问题。

王飞跃(2004)对复杂系统的计算理论和方法在社会经济问题研究中的应用做了说明和展望,认为计算实验中存在着静态的问题,而系统实验将能更好地解决实际需要。施永仁等(2006)对可计算经济学做了大致综述。类似的综述包括刘晓光和刘晓峰(2003)。张江和李学伟(2005)尝试着用代理人为基础的可计算经济学模拟商品流的发生过程。宋军和吴冲锋(2001)对金融市场较为突出的羊群现象进行经验分析,他们证实中国股市中的非理性的羊群效应更为明显。孙博文、于天河、宋莉莉等(2005)用复杂性方法研究了证券市场的自组织行为。

生态学对物种和种群的关系一般按照竞争的程度进行划分,最基本的是对两个物种或种群进行划分(陈兰荪,1988)。包兴海和姚洪兴(2006)将自然生命科学的思路和方法借鉴到经济系统研究中,试图描述微观企业、行业和宏观的动态成长过程。何丽红等(2003)对复杂系统中竞争和合作关系的涌现进行研究,通过改变数目的仿真实验,揭示了主体之间、主体和环境之间的相互作用对竞争和合作关系的涌现的影响。

合作和竞争关系及其市场秩序问题得到了学者一定的重视,如纪宝成(2004)就对市场秩序做了一个论述,更多的是从规范角度阐述市场秩序,比如概念、内涵和作用等,而且他对秩序所蕴含的"和谐"的概念进行了阐述。SFI将金融市场作为复杂性研究的一种重要实验场所,金融业和金融市场在国内也可以类似作为复杂性研究的试验场所,从中也可以更多地揭示金融市场和行业秩序的复杂特征。但将复杂性思路应用到金融秩序的研究相对较少,更多的是应用性对策研究。比如随着保险市场的发展,对保险行业和保险秩序的研究也逐步展开,特别是对保险行业的误导消费者和大打价格战等现象进行分析(胡明东和赵小翔,1998)。谢识予(1998)则较早地分析了航空保险市场的秩序和市场结构。对金融生态的研究也在一定程度上涉及了金融市场的秩序,但它更多的是宏观对策研究,对行业内部规则的形成和参与主体的行为研究涉及不多。整体而言,国内市场和行业秩序的研究主要缺乏微观和行业层面支撑,研究的深度和研究方法还有待进一步加强。孔东民(2005)曾用Lotka-Volterra模型模拟了市场结构的演进,但对产品之间的关系相对设定简单,动态特征也不够丰富和扎实。钟春平和徐长生(2005)尝试着将生态学的方法和结论应用到经济系统分析之中,借用生态学的结论,将竞争和创造性破坏的类型加以扩展,引进生态学中的多种竞争方式,比如"互惠""寄生—寄主""扑食者—被扑食者"等;并用数据模拟的方法证实了系统转换过程中的不规则特征,但对不同关系所能形成的宏观特征没有进行一般性的研究。应该说生物学的研究视野和方法将可以在更宽广和更深层面分析金融秩序形成过程和在演化过程中的种种特征,但还有待进一步深入。

整体上,借用复杂性科学思路和基于代理人的可计算经济学的方法,来分析不同特征的主体之间的关系及其系统的秩序是很有价值的研究领域。实际上,中国处于转轨过程中,社会秩序处于动态振荡状态,对于竞争和合作之间的协调有所忽略,这为研究提供了很好的案例,也为理论的深入提供了经验支持。

3 中国保险市场的事实描述及其评价:发展低水平与秩序混乱

3.1 全国市场的基本状况:发展水平较为滞后、市场秩序混乱

2004年全球的保险密度为511.5美元,保险深度为7.99%,而我国的保险密度和深度分别是332元和3.4%,这不仅远远低于全球平均水平,而且低于东南亚的新兴市场国家。这既意味着当前我国的保险市场尚不成熟,也意味着未来市场发展空间巨大。但是,也应看到,目前我国保险市场存在着以下突出问题:一是国内居民的保险意识不够强,保险公司的诚信度较低,这进一步降低了公众对保险公司的认同程度,保险支出一直不高。二是保险公司在内部运作和服务等方面也存在着"理赔难"、误导和短期行为等问题,退保问题有所加大,如人寿保险公司的支出项目中,2003年退保金占比为18.76%,2004年为24.16%,同比增幅高达56.34%。三是保险市场秩序比较混乱。一方面,保险公司的垄断程度较高,市场集中度高,另一方面,新的中资和合资公司不断进入保险市场,而新进者为了扩张规模,往往不计成本,大打价格战。四是保险业过度扩张,高素质保险人才不足。五是,保险公司的服务意识和服务质量较差,作为服务行业,在周末和下班时间没有相应的服务,同时客户很难找到固定的场所,更多地依赖变动很大的业务员。

3.2 各地保险市场的基本特征:区域差异

整体上看,在东部省市及其他发达地区,保险市场发展态势较好,居民的保险意识较高,保险市场竞争比较规范,保险支出也比较高;中部地区和部分沿海省份保险意识不高,可支付能力和实际支付比例不高;西部地区普遍保险深度相对较高,但受制于收入水平,保险密度不够。

从全国保险市场的容量看,东部地区无疑占据主导地位,从2004年保费收入结构来看,东、中、西部分别占62%、22%和16%。从省市保费收入

看,2004年,市场最大的是江苏,保费收入达414.12亿元;其次是广东(343.77亿元),上海(307.14亿元),北京(278.90亿元),山东(270.74亿元),浙江(244.12亿元)。东部部分省份、东北地区和中部大部分省份市场容量处于中等地位,规模大致高于100亿元(除海南、吉林)。其中,东部沿海地区由于整体经济规模或人口总数原因,保险规模相对较小,比如福建、天津、海南等省份;东北处于中间状态,经济发展水平和人口都有一定的规模,但在经济总量上低于东部、人口规模高于东部;中部省份则经济发展水平相对较弱,但人口规模大,所以整体的保险规模较大。西部绝大部分省份的保险市场规模较小,除四川(159.60亿元)外,保费收入都不超过100亿元。

在保险平均支出(保险密度)和保险支出占比(保险深度)两项指标上,北京和上海最高。2004年,北京市的保险密度高达2 490.44元,全部业务的保险深度高达6.8%,而上海的全部业务的保险密度为2 271元,全部业务的保险深度为4.12%。两地市场也存在一定的差别:北京市场更为规范,居民的保险意识更强,但在购买保险的渠道和方式上比较保守;相反,上海市场竞争更为激烈,各保险公司将上海视为必争之地,居民的收入水平更高,在保险购买途径上比较积极和国际化,对电话营销等方式更容易接受。同时,由于上海市政府的强势,政府保险覆盖面很广,许多商业保险也由政府主导,这导致了上海的保险密度低于北京的水平。

广州和东莞具有较高的保险密度,但保险深度不高。广州的保险密度为1 805.39元,东莞为2 033.1元,东莞在保险上的平均支出高于广州的原因在于用于财产保险业务的支出为800.22元,高于广州548.11元的水平。广州的保险深度为3.24%,低于全国的平均水平,而东莞更低,为2.85%,特别是人寿保险业务的深度更低,仅为1.73%,也大体反映了当地人口流动较大的特征,保险业务更侧重于财产保险。

深圳和厦门属于比较独特的市场,密度较高而深度较低。两地的保险密度较高,从全部业务看,深圳为1 535.77元,厦门为1 399.22元,但在构成上两者都具有类似的特征,财产保险业务占比较高,而人身保险支出相对较低;由于两地收入水平相对较高,相比而言保险深度很低,意味着用于购买保险的支出占比很低,分别为2.68%和2.32%,再具体分析业务构成,人身保险业务的密度更低,分别为1.39%和1.49%。对于深圳市场,由于人口的流动较大,稳定性不强,所以购买养老等保障型产品的人群不多,相对而言,财产保险发展更好,两地的财产保险的深度和密度都相对较高。

南京、无锡、苏州、杭州、佛山、乌鲁木齐等则属于保险市场发育已经有一定基础的地区。这些区域保险密度都超过了1000元,但在深度上差别比较悬殊,其中乌鲁木齐深度最高,高达4.31%,在西部、乃至全国都处于很高的水平,这意味着在乌鲁木齐,居民的保险意识相当强;南京为3.68%;而杭州、佛山、无锡、苏州分别为2.83%、2.73%、2.37%、1.98%,远低于全国平均水平。

大连、天津、宁波、沈阳、嘉兴、郑州等属于发展相对缓慢,但潜力较大的区域,这些地区的保险密度都高于700元,保险深度低于全国平均水平,应该有较大的提升空间。

其他地区,比如中西部地区,部分区域保险密度较高,但支出量不高,计划经济的印痕还存在,而且依靠自我简单保障的成分较大,商业保险的发展还有一定的难度。但大体上,西部中心城市居民的保险意识要强于中部中心城市,而且主要集中在财产保险业务上。

3.3 保险市场前景分析

从保险行业的国别比较中可以看到,保险在中国属于朝阳产业;从历史发展的趋势和各地保险市场的比较中也可以进一步认识到,保险行业具有巨大的发展空间。从全国范围看,保险行业呈现快速发展势头,同时,从区域角度看,收入水平越高的地区保险意识和保险需求越强,随着整体收入不断提高,可以预期保险行业的发展将进一步加强。具体看,如下因素将推动保险业的快速发展:

第一,中国经济持续发展,居民的收入水平提高,防范风险和保险意识将会提高,用于保险方面的支出将在总量和比例上增加,保险的深度和密度都将提升;

第二,中国当前的保障水平严重不足,在计划经济条件下和改革开放初期,主要由政府进行统一而完整的保障,但随着改革的深化,政府保障越来越被社会保障和商业保险所替代,也迫切需要加大保险的覆盖面;

第三,随着人口老龄化问题日益显著,政府的社会保障体系又难以跟上,居民将逐渐选择更多的商业保险。因而国内的保险业有着诸多发展机会。对于人口结构的变迁必须给予高度的关注和重视,老龄化社会的逐步到来将给整个社会经济带来强有力的影响,也会给居民的金融需求带来新的变化。

老龄化的现实。西方国家已经确实地面临老龄化的挑战,老龄化是由于人口结构变迁引起的,第二次世界大战以后,社会经济相对平稳,在1950—1960年间,人口出生处于高峰期,通常称为人口膨胀。这些处在出生高峰期的人口现在已经开始逐步步入退休阶段,集中的退休高峰期的到来给发达国家的劳动力供给、社会保障体系和整体经济都带来了负面影响。西方发达国家所面临的老龄化问题也将在10年后在我国出现:在1960—1980年间,中国人口急剧增加,老龄化问题更加突出。据测算,2020年中国老年人口将达到2.48亿人,老龄化水平将达到17.17%。随后将是加速老龄化阶段,2050年老年人口总量将超过4亿人,老龄化水平超过30%,其中80岁及以上人口将达到9448万人,占老年人口的21.87%。在2051年到2100年间,老龄化水平将基本稳定在31%左右,高龄老人占老年总人口的比重将维持在25%—30%,处于高度老龄化时期。同时,中国的老龄化水平在区域布局上不平衡,东部较西部步入老龄化要早。目前,中国已有21个省(区、市)成为人口老年型地区。老龄化水平超过全国平均值的有上海(18.48%)、天津(13.75%)、江苏(13.75%)、北京(13.66%)、浙江(13.18%)、重庆(12.84%)、辽宁(12.59%)、山东(12.31%)、四川(11.59%)、湖南(11.51%)和安徽(11.18%)等11个省市。

老龄化将给社会经济发展带来以下问题:第一,养老保障负担将加剧。2004年中国基本的养老保险支出高达3502亿元,比2000年增加65.9%,中央财政对基本养老保险的补贴支出攀升到522亿元。离休、退休、退职费用也呈现连年猛增的趋势。政府、企业、社会都已经感到养老保障方面的压力正在显著加大。当前相对完备的美国社保体系都出现了收支难题,可以预想,在人口老龄化加剧情况下,对不很健全的中国养老保障体系将会带来何种冲击。

第二,老年人医疗卫生消费支出的压力越来越大,健康和医疗支出将不断增加。据测算,老年人消费的医疗卫生资源一般是其他人群的3—5倍。2004年,中国基本医疗保险基金支出达862亿元,占基金收入的75.5%,比上年增长31.6%,增长速度比基金收入快3.5个百分点。基本医疗保险基金支出之所以高速增长,人口迅速老龄化是重要原因之一。而且随着居民收入水平的提高,对健康的要求也将会越来越高,与此对应的,医疗支出也将大幅度增加。随着老年人口高龄化和家庭小型化的发展,老年人的医疗和护理问题日益突出。

第三,社会服务的需求将不断膨胀。调查显示,上海空巢老人家庭占全部家庭的30%。目前,由于社会转型、政府职能转变、家庭养老功能弱化,"为老"服务业发展严重滞后,难以满足庞大老年人群,特别是迅速增长的"空巢"、高龄和带病老年人的服务需求。其他生活照料、精神慰藉等许多"为老"服务也都存在发展缓慢的问题,不能满足老年人群日益增长的需求。

第四,人口老龄化对经济增长、储蓄、投资、消费、产业结构、劳动力市场的调整等产生较大影响。老龄化的到来将直接减少劳动力的供给,而老年人的消费性支出将增加,当期的劳动力的负担会增加。

第五,老年贫困风险增加,代际关系可能出现新的问题。通过家庭养老存在一定的难度,养儿防老可能在农村仍然是主要方式,但随着家庭观念的淡薄,这种养老方式可能会恶化老年人的生活。

老龄化社会到来对金融需求也会产生深远的影响,这些也将进一步提高居民对保险的需求。

第一,对资产增值的要求更高。由于预期寿命延长,需要储备的资金更多,因而随着金融意识加强,对资产的增值要求更高,资金积累的意愿更高,但可能不再局限于储蓄,而是要有更多的投资。

第二,对风险的意识加强。一方面,对养老金被通货膨胀削减的防备意识增加,将会选择更多的保值工具;另一方面,在退休以后,工资收入减少,会考虑更好地预防疾病的困扰,从而加大对疾病预防的保险投入。

第三,对家庭的财务要求更为稳健。由于赡养的老年人增加,居民的家庭负担和责任加大,因而会要求更为稳健的财务安排,从而加大对一般寿险的投入。

因而在老龄化背景下,随着居民收入的提高,中国经济不断平稳发展,居民的保险需求将进一步增加,会对一般的寿险、养老保险和重大疾病等保险增加支出,这为保险行业的发展提供了更为广阔的空间。

4 中国保险市场秩序的混乱与低水平发展
——以银行保险业务为代表的虚假繁荣与市场的混乱[①]

4.1 总体状况

中国的银保业务开始于 1995 年,在保险公司的推动下,银行柜台尝试销售一些养老金和定期寿险产品,由于产品的预期利率高于同期银行存款利率,得到公众认可。但是自 1996 年起,利率下调,银保产品销售不断下滑;1996—1998 年开始起步,主要在分公司层面开展了有限的合作;1999 年以后,银行保险突飞猛进,各家保险公司和几大国有银行纷纷开展银行

---

① 本节所涉及的数据大多来源于笔者 2005 年年底在全国调研期间各地保监局提供的内部数据。

保险业务;从2004年开始,银行保险显现逐步萎缩趋势;2005年,不同的公司具有不同策略的选择和考虑,预计银行保险市场整体上会保持继续调整态势,而不会有太多的变动。

平安保险一度是银行保险的主角,他们早先大规模拓展银行保险业务主要出于如下考虑:第一,扩大规模,增强市场影响力;第二,手续费低,保险公司具有利润,在银保合作初期,银行的手续费一度低为0.5%。2000年银保保费为3.44亿元,2001年为26.67亿元,2002年为96.24亿元,2003年则高达105.63亿元,但从2003年下半年开始,平安受外部咨询公司的影响进行了策略调整,开始收缩银保业务。平安的调整与其上市有关,一方面,平安已经初步走过了其创业阶段,市场的份额、影响力和品牌都大体上建立,上市进一步缓解了资本金和偿付能力的压力,谋求更具有盈利能力的业务来满足股东的资本回报成为核心任务;其二,银保产品业务的盈利能力相对较低,特别是更多的公司进入保险市场,保险公司对银行渠道的竞争提高了手续费收入,银保产品的盈利能力相对不足。

银行保险的调整和银保产品有着直接的关系。当前银保产品主要以分红和投资连结为主,而保障功能不强,故保险的功能和价值并不大,这导致了这种产品主要以理财和收益率为主要特征,同时流动性不足。受制于近年来证券市场不景气和保险公司的投资渠道及投资水平等因素的影响,这些产品的收益率和分红状况不容乐观,因而出现萎缩几乎是必然的。

银行保险的调整也与保险公司的定位有关,对保险公司而言,银行保险主要具有"冲规模"效应和树立市场形象等目的,而盈利能力相对次要。这样就导致银行保险业务的可持续性受到影响。

导致这种低盈利水平、充当"面子"功能的银保业务的原因主要有:第一,监管当局希望保险市场保费维持相当的规模,"做大做强"都不能偏颇,在鼓励"做强"的同时要求保险公司维持相当的规模和增长,由于部分公司具有国有色彩,并且监管当局具有强势,因而许多保险公司尽管不情愿,但也得发展银保业务,尤其是中国人寿为了维持其规模和绝对的市场地位,在银保市场上同样持有很大的份额;第二,中国保险市场处于大发展时期,监管当局逐步放松了对保险公司设立的门槛,更多的保险公司进入市场,而这些新兴的保险公司为了扩大市场影响力,急切希望通过银保业务拉大其业务规模,而对盈利能力要求有所降低,因而不断推出投资连接和分红型产品;第三,中国当前保险意识尚待进一步提高,保险公司的诚信度不足,因而银保产品只能大体停留在投资型产品,同时保险公司不惜成本借助银行销售其产品,以达到其扩张的目的。

尽管当前普遍认识到规模扩张所可能带来的资本金和偿付能力压力，但在实际中，特别是保险分公司很难确实感受到总公司的资本压力，不考虑盈利水平而进行规模扩张的冲动和行为仍在保险公司范围内存在。随着消费者的逐渐成熟，及前期分红型产品的逐步到期，银行保险产品和银保代理模式会面临诸多挑战，整个市场的发展前景不容乐观。

有可能发生变化的是，随着居民保险意识的提高和整个保险市场的不断扩大，银行更多地涉足复杂程度更高的产品，在产品和销售上进行更多的探索。

4.2 保险公司拓展银行保险业务的评价

当前国内的银行保险主要是银行代理保险公司开发的银保产品，保险公司开发针对银行柜面比较容易销售的产品，在很大程度上强调理财和收益特征，而保障功能有限。开发和大力推动这类产品更多的主要以新兴公司为主，这些公司为了扩大其市场影响和规模，借用银行的渠道和信用，具有广告效应。这种产品和行为在一定程度上是不可持续的：产品本身的盈利能力有限，所以难以长久；保险公司随着规模扩大和品牌建立，会选择更复杂的产品，而收缩简单的分红产品和投资连结型产品。

新兴的保险公司进入保险市场，各种竞争手段，乃至恶性竞争难以避免。这意味着在很长时间内仍然会有以简单产品为特征的银保需求，只是推动银保的保险公司通常会有所更替。新兴的保险公司通过银保产品的推出，虽然单个产品的盈利能力不足，但也能达到其扩张和扩大市场影响的目的。而且值得注意的是，部分公司是为了缓解其现金流不足，而销售其银保产品。新兴公司通常是银行保险的主角，这在近年来的银保市场表现得尤为突出，大的保险公司退出银保市场，而小的保险公司在大力拓展银保市场，"大退小进，银行保险上演围城"形容了当前银保市场的现状。在上海市场，2005 年上半年，银保资产份额排名分别为：新华人寿（24.12%）、中国人寿（17.15%）、泰康人寿（12.01%）、太平人寿（7.87%）、生命人寿（7.84%）、平安人寿（5.8%）。在深圳市场也类似。

误导情形在新兴的保险公司比较容易发生。新兴的保险公司通常信誉意识较差，同时为了快速扩张目的和出于个体的经济利益考虑，时常会发生误导客户的行为，在销售过程中有意隐瞒部分信息，片面强调高收益率，而对可能对客户产生不利的条款不加解释。

4.3 银行发展银保业务分析

银行在发展保险业务上，具有渠道、客户资源和信用等比较优势，因而在银行和保险合作过程中,占据优势。但其客户资源和信用价值没有得到充足的定价。可以看到,居民由于对保险认知度不高,保险公司的声誉有所欠缺,因而,居民购买银行保险业务更多的是出于对银行的信任。

银行代理保险公司银保类产品主要出于代理手续费考虑,为了实现收入结构多元化和经营战略转型,而努力为保险公司销售保险产品。其中主要以国有银行为主体,工商银行、农业银行占据相当的市场份额;建设银行和中国银行占据一定的比例,但相对不大;邮政储蓄一度占据很大的市场份额,但近年来市场急剧萎缩;股份制商业银行除交通银行外,在该项业务上拓展力度不大。以武汉市各银行寿险银保业务市场占有率(截至2005年7月)为例,工行(38.6%)、农行(30.6%)、交行(11.2%)、邮储(9.1%)、中行(3.2%)、建行(2.7%)、其他(4.7%)。工行、农行和邮政储蓄银行在银保业务上的推动力度较大,这和其网点数量多、员工的收入相对较低有关,有相当的激励去销售保险。

对于股份制商业银行而言,一方面,由于职员收入相对较高,单位时间的成本更高,而销售银行保险产品所能获得的收益并不可观,因而从银行角度看,该项业务并没有特别的吸引力。另一方面,网点比较少,资源比较紧缺,职员在营销过程中花费的时间较多,因而从效率和成本收益角度衡量,该项业务并没有优势。

4.4 银行保险产品及其评析

国内银行保险产品主要集中在投连险和分红险上,主要吸取了国外银保产品的经验,在国内加以应用。为了更客观地分析产品的特征,我们再度考察欧美市场主要银保产品,并以此对照分析国内银保产品,在此基础上对银保产品进行评价。

(1) 欧美主要保险市场投连险、分红险发展概况

投连险、分红险是欧美保险市场上比较传统的两类投资型保险产品,它们的共性是兼具保障和投资理财功能,将保单的价值与保险公司运营和投资的业绩联系起来。从欧美国家保险业的情况看,投连险市场比分红险市场的空间要大得多(这与我国当前以分红险为主的市场格局相反)。分红险主要在英国比较流行,但是,近年来英国分红保单的运作模式受到质疑。分红险由于保险公司运作难以透明,很难保证投资者获得足够高的分红,而实际的分红状况确实不乐观,因而分红险的发展前景有限。英国的投资者已经把视线从分红保单转向"基金单位化"分红保单和投资连接保单。投连产品相对分红产品而言,透明度更高,投资者可以更多地参与股

市之中,可能的收益更高;对保险公司而言,不仅不产生投资风险,而且该类产品只需要较低的偿付能力的资本支撑,因而如果保险公司的资产管理能力足够强,投连业务有可能获得更大的发展。

(2) 欧美国家投连险的发展情况

投资连结保险起源于1960年代的英国,问世以后逐步发展成为欧美保险市场上占有重要地位的保险产品。20世纪90年代,西欧国家的投连业务保费占人寿保险费总收入的百分比从1997年的21%增长到了2001年的36%。截止到2001年底,人寿保险公司投资连接产品的总资产已经达到了10 200亿欧元,相当于西欧国家国内生产总值的11%。但是,随着2001年欧洲股市的低迷和下跌,能够较多参与股票市场的投资连接保险失去了往日的吸引力,导致该业务量在很多国家都出现了大幅度下滑。近年来,保险公司给产品赋予资本保障功能特性后,投连产品的销售开始有所回升。

从投资人角度看,投连保单更像是一种储蓄工具,而不是一种保障类产品,因而投连保单的保费经常采用趸缴的形式,而具有保障特色的分红人寿保单则通常采用定期支付保费的形式。随着2000年股市开始下跌,投连业务的增长也随之减缓。而当2001年股市开始进一步暴跌之后,对投连险的需求急剧下降。而且由于投连险通常是采取趸缴形式支付,因而投连产品新增需求的减弱导致保费收入剧跌。在法国、西班牙和芬兰,投连业务的跌幅超过40%。而有保证回报的保单在2001年突然变得颇具吸引力并且需求旺盛,有着大约3%的回报率的保证回单让客户觉得有吸引力,可能的原因是:第一,保障回报的最低回报高于其他投资手段;第二,投连业务的双重收费结构负面地影响了投连业务的发展。

(3) 分红险发展状况

分红保险最早产生于1776年的英国,在发达国家已经有200多年的时间。对于保险经营企业来说,分红保险是抵御通货膨胀和利率波动的有力武器;对于客户来说,在享有充分保障的同时,还能分享保险公司经营成果中较高的投资回报。所以,分红保险在国外一经推出就极受欢迎。其中,英国、中国香港的分红险之所以发展较好,市场吸引力较高,主要是因为英国和中国香港监管宽松,投资渠道多,投资收益率较高。2000年以后,由于欧洲的股市低迷,同时,保险公司分红相对封闭、产品销售过程中的误导、保险公司获利有限、分红水平较低等影响,欧洲市场分红险的发展迅速下降。特别是英国受到的冲击很大。从近些年分红险发展的情况看,鉴于分红险在相当程度上类似于基金,只不过附加了一定程度的保险成分,通常蕴涵的保障功能较少,因而更多的是投资工具,其前景不被看好。近年来,受分红险短期绩效较差、资本偿付监管要求越来越紧等影响,发展更为艰难。

(4) 国内银行保险产品市场前景分析:以分红险为例

对于国内的投资者而言,分红险的分红水平更不容乐观:保险公司投资渠道有限,出于风险考虑,保监会对保险公司做了较多限制,因而投资收益率有待进一步提高;同时保险公司起步相对较晚,其资本管理水平比发育较差的基金公司更不容乐观,就当前保险公司的资金运用水平看,投资收益率未必能弥补通货膨胀带来的损失,2004 年以来收益率通常只有3.3%左右,消除物价因素,实际收益率很低。参与保险公司本身经营绩效分红更值得进一步考虑:当前保险市场处于发育和起步阶段,居民的保险意识相对较低,因而当前很难指望保险公司经营取得立竿见影的飞跃。

在内部管理上,保险公司在内部治理结构、管理水平、企业文化和资本偿付能力等各方面都存在亟待提高和改进的地方,特别地,在整体经济快速发展背景下,规模扩展较快,但相关的管理和资本偿付能力并没有及时跟进,在发展模式上,更多的是粗放型的。值得注意的是,保险行业和保险公司应该更多强调长期稳健经营,比如保险公司需要建立良好的诚信机制,这本身就是一项长期约束和激励机制,但为了获得更大的规模和更大的市场份额,误导和"理赔难"等短期行为在当前相当明显,保险公司自身的形象也有待进一步提高。

与此相对应的,保险市场秩序也相对混乱,恶性竞争时有发生,新兴的保险公司为了在短期内取得经营业绩,不惜牺牲长期信誉和长期发展基础,大打价格战和有意无意地误导消费者,这些都直接影响了保险行业和保险公司的长期发展。受此影响,"退保"有逐渐加剧的迹象。人寿保险公司的支出项目中,2003 年退保金占比为 18.76%,2004 年该项指标高达24.16%,同比增幅高达 56.34%。保险公司和保险行业的短期倾向也与股东背景有关,部分股东进入保险行业是看中保险业的快速发展特征,而期望在短期内获得投资回报,但保险行业经营特征却是长期投资。

因而保险公司和保险行业的价值更多的是发展前景,但在相当长时间内,国内的保险公司将处于争夺规模、跑马圈地的阶段,因而其分红状况不会很乐观。当前分红险在国内仍占据相当比重,甚至是一些新兴保险公司的主推产品,保险公司比拼收益率成为销售重点,但值得注意的是,在当前投资渠道有限、资产管理能力有限、资本偿付能力约束越来越强的背景下,分红险的前景并不乐观。在销售中过度强调收益率是一种误导行为,这在欧洲已经有前车之鉴。

另一方面,分红险本身所蕴涵的保障成分有限,所覆盖的保险功能有限。对消费者而言,能提供的保障程度较弱,抵御风险的能力不足;而对保险公司而言,利润不高,内涵价值较低,待公司发展到一定程度后通常会逐渐降低分红险产品的比重。当前分红险占据相当的市场份额和当前所处的环境有关:百姓的保险意识不强,投资渠道有限,保险公司寻求规模扩张。但本质上,分红险在相当程度上脱离了保险的真实含义——提供风险抵御能力。

作为消费者而言,必须清晰地明确,分红险更多的是一种投资工具,而其收益率值得怀疑。更多的回归保险本身的保障功能才是购买保险的主要目的,因而分红险的市场前景不容乐观。

多功能尽管实现了产品上的创新,将投资和保险有机地结合起来,在单个产品上融入了收益和保障多重功效,但多重功能的后果可能会弱化单独每一项的功能,比如多样化的投资组合通常会降低投资收益率,分红产品的投资收益率不高,保障功能不强。因而作为大众消费者,分别选择专门的投资工具和保障型产品更能满足自己多方面的需求。

5 保险市场所谓"无序竞争"的解释:
竞争、合作与创造性破坏

保险市场整体发展水平低,市场秩序较差,保险公司之间过度重视竞争替代关系,而对彼此之间的策略互补及协作明显忽视了。在微观层面,导致了保险公司之间更偏重价格之间的竞争,通过扩大折扣吸收销售人员,而销售人员则通过误导等方式"诈骗"消费者。而价格的竞争导致在理赔的过程中,保险公司以各种理由拒赔,从而使得保险公司在公众中的"口碑"较差,保险公司信誉较低。

5.1 过度重视竞争替代关系使得保险市场竞争非常激烈

保险公司之间为了争夺市场份额,大力扩张。由于保险市场发展较为滞后,因而发展空间较大,每家保险公司都希望尽可能地获取更多的市场份额。为了扩展业务,通常通过价格战,主要是给业务员更高的回扣,通过佣金的方式扩大销售。银行保险更为独特,本身保险含量并不高,但对于保险公司而言,能够借助银行的信用,通过银行的销售渠道,获取相应的业务。因而各家保险公司纷纷与银行建立所谓的"战略合作"关系,实际就是给予更高的手续费收入。

同时,每家保险公司都天生地具有垄断的倾向,尽其所能将其他对手挤压,乃至不惜牺牲长期利益,而采取短期价格竞争方式,以谋求扩大业务及市场份额。处于原先垄断地位的保险公司显然力图获得更强的垄断地位,因而即使是非核心业务的银行保险业务,也丝毫不让步。而新进入的保险公司,为了获得市场份额,在该业务上更加积极,寄希望通过该业务获得充足的市场份额。

5.2 不重视彼此之间的协作关系,对策略互补的忽视导致市场难以扩展

保险公司及业务员之间对彼此之间存在的策略互补及协作需要不重视,或者无力顾及,这导致市场的认可程度较差。

保险公司不太顾及行业基本规范,各自为政,不惜大打价格战,通过价格来获取市场份额,而低价格最终只能通过低质量的服务和难以获得理赔为补偿,从而导致了保险公司及保险行业难以被认可。

对市场规则的忽略导致市场的竞争往往停留在价格竞争。同样,由于缺乏知识产权的保护,一家保险公司新开发一种产品之后,其他保险公司也会很容易地开发相应的产品,因而很少有创新产品。而难度很大的产品,由于缺少相应的研发力量,很少能够得以开发,最终使得保险公司产品种类比较单一。

保险公司之间也存在着行业协会,但行业协会所起的作用极其有限,因为协会本身并没有实质性的约束能力。

相反,每家保险公司都寄希望于其他保险公司遵守规则,而自身却没有充足的激励去规范市场竞争。

5.3 短期利益及短视化加剧保险行业的危机

保险公司过度重视当前的利益,包括当前的市场规模,不惜采取误导及找各种理由拒赔的方式,同时,在内部运作过程中,对内部管理人员过度激励,对业务人员的业务提成比例也非常高,使得保险公司的长期发展受到限制。但保险公司的核心业务是长期的风险业务,在短期利益驱动下,核心竞争力没有得到真正的提高。

在快速发展过程中,市场参与者可能过度重视当前利益,而显示出没有足够的耐心,在经济学中,通常用时间偏好来表示。显然,如果更加没有耐心,那么行为将更加短视化,更加注重当前的利益。市场的扩展与规范

化的发展是长远的事情,虽然市场参与者都意识到长远问题具有意义,但通常会有所忽视。

5.4 创造性破坏不足导致较长时间停留在低水平均衡,排斥外部竞争使得未能从低水平均衡向高水平均衡转换

要真正实现保险市场的长足发展,需要有真正意义上的创造性破坏,并且充分重视彼此之间策略互补的必要性。在既有的市场参与者不足以形成创造性破坏的情形下,引入外部竞争在一定程度上有可能促使市场发生一些变化。

保险行业确实引入了一些外资公司,寄希望于促进行业的发展。但值得注意的是,外资公司在相当程度上仍然受到限制,比如一般不允许外资保险公司独立成立分公司,而只能借助国内相应的机构,成立合资公司。这种安排被视为保护资金的安全,但本质上却限制了外部竞争的引入。在效果上,可以看到外资合资的保险公司对整个保险市场所起的冲击作用极其小,可以说,并没有达到预期的效果。

市场参与主体还是以国内的保险公司为主,而彼此之间也只是简单地重复进行较低水平的价格竞争,整体市场发展仍然较为缓慢,市场竞争依然不规范。

5.5 保险市场秩序的说明

规则的变动可以体现为一定程度的混乱或者秩序的变更,而没有一种规则占据主导也会使得秩序混杂。从经济均衡角度看,如果存在着多重均衡,而缺乏主导的均衡,就存在着在多个均衡间来回摆动的可能。同时,参与主体虽然多,但具有创造性破坏作用的主体不足将导致一直处于低水平的均衡之中。保险市场就处于这种状况之中。

可以看到保险市场的空间极大,随着社会经济的发展,对保险的需求会不断增加,居民需要相应的保险产品以应对不可避免的不确定性所可能的影响,但中国的保险市场发展却远远滞后于国民经济,也远远滞后于金融行业的其他市场,比如银行业及证券业。

导致保险市场的滞后状况有很多可能的因素,而保险市场中参与主体本身的行为客观上是主要因素,保险行业本身需要的是诚信,但当前国内缺乏诚信,这使得保险行业天然地难以扩展。保险公司之间只注重短期的竞争替代关系,不顾及与其他保险公司之间的策略互补关系,这导致价格竞争盛行,更有甚者,"误导"持续不断,后续只能以降低服务质量为代价,

并进一步形成"理赔难"的状况,这更导致了行业本身的诚信丧失,保险公司所作的"承诺"通常难以兑现。整体社会的环境、行业的形象以及保险公司自身的特征不断加剧了保险市场发展的难度。

在这种背景下,保险市场很难形成恰当的竞争秩序。就近几十年的发展历史看,在新中国成立后,诸多保险公司被合并,只保留了一家保险公司,在这种格局下,形成了高度集中的垄断局面。在垄断情形下,市场有秩序,但价格相应较高,服务较差。在这种背景下,市场秩序非常单一,而且稳定。

随着经济的发展,垄断所带来的低效率引起了更多的关注,因而决策层尝试着将其他保险公司恢复,并且将一家独大的保险公司根据业务进行拆分,但整体上,还是处于垄断格局,此时,虽然有一定的竞争替代关系,但彼此之间的竞争并不算特别激烈。市场也较有秩序,但效率依然较低。

为了进一步提高效率,监管部门逐渐放开对设立保险公司的限制,因而有少数几家保险公司进入市场,此时,保险行业的垄断格局有所打破,彼此之间的竞争逐渐凸显,特别是新进入的保险公司为了扩大自身的市场份额,采取各种竞争方式。在这种背景下,市场的秩序变得较为混杂,规则也较为多样。

同时,监管层进一步放松外资保险公司的进入障碍,除了友邦之外,大多为合资公司,而友邦是一个特例,但在设点区域上做了很多限制。外资保险公司没有跟风采取扩张市场份额而进行价格战,而是更多地采取比较规范的竞争手段,价格也相对较高。这导致了外资和合资保险公司在竞争中处于劣势,所占的市场份额也相应较小,因而它们所起的作用非常有限。

因而在整个市场中,参与主体以原先的垄断厂商与国内新兴的保险公司(占据了一定的市场份额)为主,垄断厂商仍然占据较大的市场份额,而新兴公司有一定的份额,但份额有限,这两种类型的厂商彼此之间的实力相差较为悬殊,相互之间并不认同,因而更多的是想"排除异己",协作很少,最终使得市场竞争的规则较为混杂,市场整体秩序显现出混乱局面。

而较为规范的外资保险公司在整个市场中影响较小,不足以担当"创造性破坏"的角色,不足以改变整个市场的竞争格局。

6 保险市场发展的创造性破坏的可能性

由于过度重视彼此之间的竞争替代,保险行业的发展非常艰难,但是发展空间巨大,因而大体上可以认为,目前处于低水平发展状态,其中的一个重要原因在于,忽视了彼此之间的协作及策略互补关系。过度期望在发展空间极大的市场中占据垄断地位,使得市场竞争表面激烈,但实质上停留在价格战层面,而没有实质性的创新。各家保险公司都没有真正实施创新策略,从而使得其发展并没有真正的核心竞争力。在整个市场层面,难以形成良性发展。

客观上,发展水平低,导致了市场秩序出现混乱和大的变更。新进入的保险公司通常会在某些业务上通过压低价格的方式,力图大范围获取市场份额,而这种方式可能对整个市场是有害的。但很有可能,原先的垄断厂商也会随之跟进,使得竞争更为激烈,价格战更为普遍。

而成熟市场通常会有较深层次的发展,整体发展水平也较高,相互之间的竞争较为平缓,很少出现直接的价格战。如何从当前的低水平的竞争及低水平的发展过渡到成熟的模式,将是一个有挑战性的议题。

需要引导市场参与各方在竞争过程中,重视基本的规则,考虑策略互补及协作的必要性。

更有可能的是,降低进入障碍,包括外资保险公司及国内资本的进入,在充分竞争的条件下,可能初期会面临更大程度上的混乱,但随着市场本身的发展,会呈现相对有序的局面,因而放松进入的壁垒可能是创造性破坏起作用的前提。有可能的是,外部入侵和新兴的公司更能承担创造性破坏的角色。

第 6 篇

总结与政策优化与设计

第 15 章 创造性破坏对中国社会经济发展的启示

1 中国经济增长回顾

中国经济增长引起了众多研究人员的兴趣。中国作为全球人口最多的文明古国,不仅可以研究它在历史上的曾经的辉煌和近代的衰败,也可以集中研究近几十年来发生的变化;不仅研究的内容广泛,而且它的变化也对全球经济格局有所影响,所以对中国经济的研究兴趣在不断上升。

其中 Chow(1993) 比较早研究了中国经济增长的问题。他对中国 1952 年以来的经济增长做了定量分析。在做该项研究的时候,中国经济运行的数据比现在更为缺乏,而且可比性更差,所以他研究的一个重点是对经济数据进行整理。他测算了国民收入账户(数据),在此基础上再对农业、工业和服务业等行业和部门的生产函数进行估计和拟合。他的研究表明,新中国成立以来中国经济的经济增长速度(主要是截至 1990 年左右)平均为每年 6%,而其中的 4.5% 归结于资本的增加。不同于一般发达国家增长模式的是:技术进步对中国经济增长的贡献不明显。他的观点是:计划经济一般无法促进技术进步,随着改革的深入,寻求利润的企业家将可能会促进技术进步,认为这是一个有待研究的方向。应该说,他的研究主要是对新中国成立初期的经济增长模式进行了客观的评估,并得到了一些反思。

Young(2003) 的研究也显得相当有意思。他的研究区间是 1978—1998 年,也就是中国改革开放之后的经济增长。他的研究重点是要解释中国经济快速增长的原因,而且对中国官方的平均每年大概 8% 的增长速度进行再度衡量与修正,特别关注生产效率是否提高、提高的原因何在。整体看,他对中国经济的高速增长持有一种怀疑的观点。认为中国经济的高速增长可以从黄金(gold)般的辉煌转变成为一般金属(base metal)般的平常,而没有特别惊人之处,也就是认为并不值得特别骄傲。中国经济确实发生了很大的变化,但并没有什么惊人的地方。他主要尝试了对中国官方的统计数据进行调整,并用最简单的方法对多要素生产率(TFP)进行估算,所涉及的指标包括产出、人力资本、劳动力、物资资本和要素份额等。他所做的调整主要是分解官方 7.8% 的年均增长主要归结于哪些因素。他认为,很大部分要归结于物价因素,还包括社会的参与程度的提高、教育入学率、资本投资和劳动力从农业的转移等。实际上,他的分析也主要是针对非农业部门的核算。对数据进行调整后得出的结论是,中国经济的高速增长并没有表面数据那么令人吃惊,尽管取得了很大的进展。在最后对于潜在的研究方向中则提出了一个特别的观点:在中国这样的发展中国家,可能农业、土地和农民对经济增长做了更大的贡献。

在这些研究中大体上都反映了对中国经济增长的担忧,在高增长的背后找到了一些不容忽视的问题。事实上,这也体现了对中国经济增长势头保持谨慎乐观的评价。

确实地,应该在中国经济保持高速度增长的同时,保持谨慎和冷静。持有乐观的预期在于长期看,中国经济还有着很大的增长潜力,一个最为直观的原因是中国人具有比较高的智慧,而当前的发展水平还相对较低,所以类似于收敛假设,中国还远离其均衡水平,还能够有着比较长和强有力的增长过程;而应该保持谨慎的原因在于中国存在太多的问题,比如体制上转轨还存在一个过程、收入差距扩大、政府的宏观调控能力有限、金融业的脆弱、农业的落后、人口基数巨大等带来的就业压力、甚至是国家领土上的安定等因素都可能改变这个增长过程,而其中任何一个因素失控都会给增长带来不确定因素。特别应关注的是,就当前的经济增长模式看,也存在着不容乐观的因素,其中就包括在高的经济增长过程中技术进步贡献不足、创新能力差等问题,这表明当前高速度的经济增长在后劲上有所不足。如果说持久的增长过程应该是创造性破坏的过程,那么就可以考虑分析中国的经济增长的创造性破坏程度,从而判别增长的过程特征和发展空间。

2 创造性破坏与中国经济增长

中国经济增长应该也可以认为是创造性破坏的过程,但相对而言,这种创造性破坏的程度还不是很强。

中国经济的增长过程也同样有着新老更替的特征,新技术和产品不断出现是在现实生活中所能体验到的,而且不断地有新技术涌现,有更多的产品可供选择,可以说,这个过程也可以认为是创新的过程(尽管部分地更应该归结于技术的扩散);在新技术和产品的应用背后也可以看到有着相当多的技术和产品不再出现在经济系统之中,而只是留在人们的记忆之中,或者占据的市场越来越少,所以在技术和产品的创新的过程中破坏也是很重要的一方面。这可以很明显地体现在信息技术产品的更替过程之中,性能更高甚至是价格更低的产品占据着更广阔的市场,而且没有任何理由认为当前的产品不会被更有潜力的产品所替代,整个增长过程也就是这样一个创造性破坏的过程。尽管当前中国的经济增长在很大程度上可能归结于对外部技术的吸收和资本的积累,但创造性破坏的成分越来越大,也只有这种方式才能真正构筑长期和持久的经济增长。

这种创造性破坏的过程内在地包含在中国经济的增长过程当中。显然,这很难直接显现在平常的统计数据当中,就国民经济核算来看,GDP 和由此导出的增长速度很难反映出质量提高程度,也很难衡量出产品更替的过程,所以在对中国经济增长过程的数量评价中往往就会出现系统的偏差。但不容忽视的是,创造性破坏的程度还远远不足。在二十多年的高速经济增长过程中,更多的是通过资本积累、劳动力的转移等方式实现的,相比而言,技术进步的贡献和力度有所不足。这也恰好是值得关注的问题。在内生增长理论模型、特别是熊彼特增长模型中,所强调的是技术创新和创造性破坏,而这却没有构筑中国经济增长的内在动力,所以中国当前的增长模式下具有的潜力和后劲是值得注意的。客观地说,近代中国经济由于错失了很多发展机会,所以发展水平比较低,因此,也就能够像新古典模型所假设的那样——存在"收敛"趋势:由于初始发展水平较低,所以能有着更快的增长速度。但未必能有着持久的经济增长,原因在于可能更多的是"俱乐部收敛"或"条件收敛"。在这里,关键问题是,中国经济在收敛过程中是否有意识地在提高自身的增长空间和发展潜力,而这只有通过技术创新来实现,只有在吸收别国的先进技术的基础上加以创造,从而获得"创造性破坏"效应,才能获得持久的增长。这并不是否定通过资本积累方式获得增长的过程,客观地说,资本积累往往是经济增长的基础和准备阶段,通过这一过程,最终才能到达以创新和创造性破坏为主要特征的持久增长,这种观点也见于 Giersch(1984)和 Matsuyama(1999)。实际上,对东南亚的发展和增长过程的评价中也同样存在类似的观点。但必须注意的是,以资本积累为主要形式的增长未必必然导致熊彼特创造性破坏为特征的持久经济增长过程,前者在数学上说来只是必要条件,而不是充分条件。能否从简单的资本积累逐渐过渡到技术研发(创新)阶段是经济增长保持持久的关键,而且在初始阶段可能更多地采用技术引进模式,但必须从技术引进过渡到自身对原创性技术的开发,因为只有这样才能真正有拓展自身的潜力——提高所谓的"定点状态的水平",实际上也就是增长的空间。

这样一个直接的启示是,在经济高速增长的同时,要强化技术创新力度。即使在技术引进过程中,也同样需注意在技术吸收的同时要有所创造,否则只能获得一些扩散效应,而不足以造成"创造性破坏"效应,也就不足以真正提高中国经济发展的空间,更难以支撑中国经济在全球范围内确立自身地位的目标。更现实地看,如果无法实现从资本积累模式向技术创新方式跳跃,中国下一阶段的经济增长值得担忧。客观上说,中国的增长模式和东南亚国家的增长模式很相似,主要是通过资本积累达到增长的目的,而且在技术上主要是通过引进方式实现增长,而不是技术创新。中国要避免重走这些国家的老路就必须早日开始转换经济增长模式。市场换技术看来并不能算成功的模式,通过开放市场在短期内能够有着扩大就业和丰富市场等效应,但未必能够换得技术、特别是核心技术。应该更多地考虑提升自己的研发投入和技术创新能力。从中国的历史看,对于技术创新并没有得到很好的重视,就当前看也同样存在类似的问题。中国人的智力水平毫无疑问很高,但对商业的不重视、对企业家的排斥和制度上的缺陷使得整体创新能力不足。而这却是中国经济要获得持久增长所应该解决的,是关系到长期中是否能够获得进一步发展的全局性问题。

3 中国经济增长过程中的"破坏"效应与收入差距

由于增长过程是创造性破坏的过程,社会获得增长的收益的同时也是有代价的:有得必有失。获得收益的一方是充当"创造性"角色——创新的主体;而承担着负面后果的是被破坏的一方。这种得失的更替可以很明显地体现在中国近几十年来的增长过程当中:破产的企业和失去工作的劳动者。

破产的主要是中小企业,也不乏大企业。中小企业的破产并没有在多大程度上引起学术界的关注,部分的原因是没有很恰当的统计数据。而这个内在的原因是对中小企业的忽视和对主要是以私有经济为主的经济成分在潜在意识上的不屑。当然部分原因是客观的,中小企业繁多,难以直接衡量。但实际上,这些中小企业的破产是客观存在的,一个简单的例子是:在改革开放的前十几年中,乡镇企业(更多的应该归为小规模的私营经济)曾经在中国经济中占据了很大的份额和具备了相当的影响,虽然没有数据衡量这些企业的确切规模和技术水平,但在直观上,这些企业在改革过程中曾经有着自己的立足之地。但就当前看来,这些企业终究已成为历史,目前似乎很难认为这种经济在当前的经济体系中有多大的重要性。更客观地说,它们更多地被退化了。它们的技术程度、规模和机制等注定了它们只能在改革的过程中充当"夹缝丛生"的角色,而当前,它们更多地不再存在于经济体系之中。

同样的,破产的命运也存在于历来受到政府重视和保护的国有企业身上。国有企业的破产几乎是中国经济改革过程中无可回避和否定的现实。部分的原因是机制上的,部分是技术上的。在技术上,很难跟上技术的"创造性"步伐,所以在国门逐步开放的整体环境下,所拥有的技术和产品与外部的差距越拉越大。最终随着竞争越来越激烈,这些国有企业所能够占据的市场份额越来越少,生存空间降低,很大一部分企业只好被"退化"和破产。这是经济增长过程中的必然,同时也是代价。只不过国有企业似乎更多的是充当了被破坏和退化的角色,而没有担当创造性角色。

与此对应的,失去工作或既有的工作岗位和社会地位被破坏的也就主要是这两种群体了。对于这些曾经从事小规模的乡镇企业的创业者而言,如果没有在获得一定经济地位和基础之后,不断增强自身产品的竞争力,适当吸收和利用新的技术,那么在此后的中国经济增长过程中,属于他们的生存环境和空间确实会越来越小。更多的乡镇企业主丧失了自己的位置和生存空间,只有部分实现了自身的转换和升级。同样的,在经济生活中体会相当深刻的是原先在国有企业的工人。"待岗"和"下岗职工"是中国经济发展过程中独创的名词,而且也给整个经济生活带来了确实的冲击。其中最为痛苦的正是这些原先在国有企业工作的工人,随着企业的破产,他们最终丧失了工作机会。这些群体在高增长过程中所面临的困境,在一定程度上看似乎是很令人费解的:在中国经济有着"黄金"般的增长的同时却有如此多的群体处于不利的处境。应该说他们是改革过程中的牺牲品,原因包括客观和主观上的原因:客观上的原因是,国有企业机制和技术上的原因导致了企业破产;主观上的原因是,他们也在这种制度条件下,逐渐丧失了生存能力,无法很好地适应新的技能要求。

在这个"破坏"的过程中让人费解的是对农业和农民的关注越来越少,可能的原因是农业和农民在1984年联产承包责任制之后,已经逐步退出了经济生活的中心。当然不能说是农业和农民不重要或问题已经解决,只是可能因为他们是劣势群体。而且在农业内部,确实的,由于土地不可转移和农业领域机会相对缺乏,所以在农业领域的"破坏"效应不算很强。

相对应的是,该领域和该领域的主体——农民的增长幅度有限。似乎印证了这么一个规律:"得到的越多,失去的也越多"、"得到的越少,失去的也越少"。农业和农民实施创造性的机会和活动相对缺乏,所以收入差距的程度有限。但可以预料的是,随着经济的不断增长,农民之间的收入差距也将扩大。

引起各方关注更多的是区域之间的差距。无论从哪个角度看,中国改革开放高速增长的同时,区域之间的差距整体是扩大的,最为突出的是东部和中西部之间的差距。也可以说中西部是为东部的发展做出了贡献,主要包括东部在改革的进程中曾经获得了更优惠的政策,与此相对的,也吸引了更多的人力资本和天然资源等。但这也确实是难以更改的经济趋势,因为东部更多地拥有得天独厚的自然条件,可以看到东部地区靠近海,而世界的经济中心都具有近海的特点,因为与世界的接触更广泛和更容易,有着更好的发展条件。就中国的格局看来:东部更多地充当了"创造性"角色。随着整体经济的增长,可以预测到的是两者之间的差距也会扩大,除非东部自身原因而错失技术上的在位优势而不进行技术的研发和创新的努力。一般而言,这个振荡扩大的过程还将延续。

所以对于创造性破坏的过程中所存在的"破坏"效应,必须认识到,"创造性破坏"机制的存在必然会给一些个人、群体、行业和区域等带来不利的冲击。而对于政府的政策,似乎也不能指望太高,毕竟这是经济增长过程中的必然。对于政府而言,没有必要、也无法改变整个经济增长的内在过程。经济增长过程更多的是市场选择,所以政府所需要涉及的是保持宏观意义上的调控,在笔者看来,也就是维持一个公平的竞争环境。对于所存在的破坏效应,必须建立的是社会保障体系。保证被退化的个体的最低生活保障,这也是社会显现公平的一个途径,同样也是人道主义的体现。更为积极的措施是:为退化的群体提供继续学习和培训的机会,尽可能地提高这些群体的技能以满足新的技能需求。对于区域差距,更为关键的是应该提供给各区域以同样平等的机会。而对于当前比较落后的区域,救济或补偿也是必要的,但救济的群体主要应界定为年轻一代的教育和老年人的社会保障当中,前者体现效率,而后者更多体现公平。

4 创造性破坏与中国社会秩序的改进

中国社会有着很强的惯性及刚性,历史的幽灵在反复起作用。同时,中国在历史发展过程中,有着太多的剧烈变更,但实质性的良好规则并没有形成。过度重视竞争替代，而忽略了策略互补，从而导致基本的文明规则没有得到遵行，公共秩序一直没有得到恰当的建设。代际之间的环境保护问题、未来的发展问题、公共交通秩序及良好的文明习惯都没有得到真正的实施。

根本性改变先前的规则，显然会面临诸多压力。在理论模型中可以看到，如果先前规则一直如此，那么后来者很难有激励改变这种规则，而没有决策权的主体需要改变这种规则需要非常大的成本，也蕴含着很多的冲突与风险。从这个意义上说，历史存在着惯性，当前决策者更多的是在原先规则下进行延续，没有实质性改变的激励。

要尝试着实施创造性破坏的方式实现整体秩序的变更，需要更长远的眼光（改变时间偏好），需要克服对短期利益的过度关注，同样也需要强化信息的透明度。如果信息的透明度不够，很难界定相关主体的利益，因而可能会更多地关注彼此之间的竞争替代关系，而忽略策略互补关系，从而导致整体秩序和规则以竞争替代为主，整体效率相应地会较低。只有在信息透明度较高的基础上，对相关主体的利益进行协调，才有可能以创造性破坏的方式，使得重视策略互补的规则得以形成。

第16章 总论及进一步研究方向

"创造性破坏"强调的是动态竞争过程,这可以认为是对经济增长过程的恰当描述。在这个动态竞争过程中,技术的创造推动着经济不断增长,而推动技术创新的动力又在于创新所能获得的垄断势力和垄断利润。在动态竞争过程中,创新是建立在对既有的技术和产品的破坏基础之上的,厂商新创造的技术和产品能够获得的利润也直接破坏了在位垄断厂商的利润。厂商为了获得垄断优势所进行的研发努力会考虑对手的行为和活动,也正是这种研发努力和创新活动推动着经济增长。当然创造性破坏源于需求方面的原因是消费者总是追求更多的消费种类和更高质量的消费品,喜新厌旧也是人的本性。同时更高质量的中间产品由于有着垄断利润,所以企业家会不断谋求技术创新,从而获得垄断利润。

这样,创造性破坏过程也可以解释增长的动力和根源,同样也可以阐释收入的差距和增长的差异。具有"创造性破坏"能力的主体能够在动态竞争中获得更高的收益,对于单个个体而言,实现赶超相对容易;但对于一个拥有高端技术的企业而言,外部的竞争对手要实现替代存在难度;对于一个国家而言也是如此,获得创新成功的机会未必是均等的,在技术上具有垄断优势的企业和国家——企业的载体,往往有着成本和技术上的领先优势,除非是自身的失误而使得企业创新能力和"国家活力"丧失,被替代对于外部竞争者而言一般还是很难的。同样的,可以看到这个动态竞争过程未必是平稳过程,更多的是在振荡中实现的,对于由创造性破坏所拉动的增长过程,用周期性增长来描述更为恰当。可以看到,以"创造性破坏"为特征的动态竞争过程可以将经济学中的微观分析方法过渡到宏观经济学的研究之中;可以将增长理论中的增长的根源和增长的差异和微观意义上的收入差距有机地结合起来;同时在宏观经济学中将短期波动和长期增长连接为"周期性增长"。

将"创造性破坏"从需求和供给上分为消费导向和生产实现,对于生产实现又可以认为存在着最终产品的创造性破坏过程和中间产品实现过程。对于最终产品上的创造性破坏,很难认为有着直接的增长效应,但在这种设定中,创造性破坏过程伴随着既有产品价格下降过程,内在的机制是创造性破坏的破坏作用驱使厂商不断进行成本降低的努力和增长过程中的"边干边学"行为。而中间产品的创造性破坏则直接提高了生产能力和效率。

增长的差异是在振荡中扩大的。一旦创造性破坏的强度加大,作为创造性的实施主体,企业的垄断优势和利润会强化,这种优势所体现出来的经济上的地位就有着显著的不同;对于个体而言,不论是直接实施创造性破坏的主体——企业家,还是在创造性破坏中的作为适应者的工人或技术人员,能够适应新的技术的需要则处境一般不会被恶化,部分会有所提高,而对于部分个体往往可能由于无法适应新的变化和竞争要求而处于被"破坏"之中,这样个体和群体的差距会在新的机会中通过"创造性破坏"机制而有所放大。本研究用物理上的一个模型进行模拟,并用中国的数据大体上印证了差距在扩大的事实,并且这个过程是振荡的。

作为企业和个人的载体的国家,在动态过程中也存在着显著的增长差异。本研究用历史的分析方法阐述了领先国家的更替过程,也就是验证增长理论中的关键设定——在位的垄断者是否具有在位的成本优势。从长期看,领先国家是在更替的,成败几乎是由技术上的创造性破坏能力决定的,但在短期看,被替代的可能性并不大。领先国家在技术上具有难以替代的优势。对领先国变迁过程的历史分析认为取得领先优势或丧失领先优势都决定于技术的创新能力,外部因素只是加速或延缓这个过程。中国曾经有着领先优势,但由于在近代历史中没有形成创新机制,而远远落后于世界。同样值得注意的是,尽管在开放市场和以技术模仿为形式的增长过程中,增长速度很高,但技术的创新能力没有完全形成,技术创新能力相对较低,这不利于中国长期的经济增长。在生物技术上——下一阶段可能作为经济增长的驱动力的主要载体,全球的创新能力比较分析表明,当前在经济和技术创新能力占据领先地位的国家在该方面的竞争优势更加明显,而中国在生物技术上的创新能力与领先国家差距很大,竞争能力较差。

对创造性破坏所形成的经济增长过程进行考察可以发现,经济增长一般而言是在波动中实现的,很难认为是一般假设中的稳定或确定性的增长过程。本研究用生态学的一些结论探讨了技术的创造性破坏在推动增长过程中所具有的波动特征。既有的分析部分忽略了生态学中的根源,而其对于跨学科的研究无疑是很有帮助和有意义的。生态学研究强调了种群和物种之间的竞争关系,对竞争的类型做了详细分析,这在经济学中有所忽略。在多部门的熊彼特增长模型中,对技术之间做了简单的"互补"设定,本研究对"创造性破坏"的过程做了进一步分析。可以看到产品和技术之间也存在生态学上的复杂关联,新的技术和产品与既有的技术和产品不但存在"破坏"的替代作用,也同时存在"互补"、"寄生"和"共存"等多重关系,这些关系在既有的文献中有所忽略,而恰好是这些复杂的关系可以导致增长的周期过程。论文主要采用了数值模拟的方法考察创造性破坏所形成的周期增长过程,并用美国的数据大体上印证了增长过程中伴随着周期的结论。论文认为用周期性增长来描述这个动态过程更为恰当。这样可以看到,宏观经济学中的短期波动和长期增长的两分法可以在创造性破坏的思路中有机地融合起来。

创造性破坏思路也可以用以分析社会的动态变迁过程,比如交通秩序(事故)、代际之间的合作、保险市场的发展特征等。交通事故可能由于过度强调竞争替代,导致了事故率较高,而一旦发展到一定程度之后,秩序会有所好转。而可持续发展的实现同样需要每代个体有更长远的眼光。对于保险市场,目前竞争格局尚未形成,局部(少数保险公司)之间的竞争并没有真正意义上形成良好的竞争合作机制,从而导致了市场秩序的混乱及整个市场发展处于较低水平。

当然本研究也存在着一定的局限,我们尝试对经济社会动态过程进行研究,但不可避免地引入一些设定,对于这些设定,同样必须谨慎和小心:在模型中建立数量分析依赖于一些很强的设定,而一旦放松这些设定又会存在难以进一步分析的问题;同样的困难在计量分析中也存在,本研究尽量避免简单地运用回归分析,因为在很多时候,很难很确定或理由充分地选择函数的形式,同时既有的一些指标也不一定能够恰当地代表所研究的对象,"创造性破坏"是个机制,很难直接衡量这个机制的本身及强度。进一步的研究方向在于对创造性破坏的过程做更细致的考察,而且,因为这个过程一般是逐步实现的,所以要对逐步实现中的特征进行更恰当的描述。

主要参考文献

英文参考文献

[1] Alesiana, A., and D. Rodrik, "Distributive Politics and Economic Growth", *Quarterly Journal of Economics*, 1994, 109(2), 465—490.

[2] Acemoglu, D., "Cross-Country Inequality Trends", *Economic Journal*, 2003a, 113(4), 121—149.

[3] Acemoglu, D., "Patterns of Skill Premia", *Review of Economic Studies*, 2003b, 70(2), 199—230.

[4] Acemoglu, D., and J. Linn, "Market Size in Innovation, Theory and Evidence from the Pharmaceutical Industry", *Quarterly Journal of Economics*, 2004, 119(3), 1049—1090.

[5] Acemoglu, D., and V. Guerrieri, "Capital Deepening and Non-Balanced Economic Growth", *Journal of Political Economy*, 2008, 116(3), 467—498.

[6] Acemoglu, D., P. Aghion, and G. Violante, "Deunionization, Technical Change, and Inequality", Carnegie-Rochester Conference Series on Public Policy, 2001.

[7] Acemoglu, D., "A Note on Diversity and Technological Progress", MIT working paper, July 2009.

[8] Acemoglu, D., and J. A. Robinson, "Persistence of Power, Elites and Institutions", *American Economic Review*, 2008, 98(1), 267—293.

[9] Acemoglu, D., "Directed Technical Change", *Review of Economic Studies*, 2002, 69, 781—810.

[10] Acemoglu, D., "Equilibrium Bias of Technology", *Econometrica*, 2007, 175, 1371—1410.

[11] Acemoglu, D., "Labor-and Capital-Augmenting Technical Change", *Journal of European Economic Association*, 2003, 1, 1—37.

[12] Acemoglu, D., P. Aghion, and F. Zilibotti, "Distance to Frontier, Selection, and Economic Growth", *Journal of the European Economic Association*, 2006, 4(1), 37—74.

[13] Acemoglu, D., S. Johnson, and J. A. Robinson, "Institutions as the Fundamental Cause of Long-Run Growth", in Philippe Aghion and Stephen Durlauf(eds.), *Handbook of Economic Growth*, *Elsevier*, North Holland, 2005.

[14] Acemoglu, D., S. Johnson, and J. A. Robinson, "The Rise of Europe, Atlantic Trade, Institutional Change and Economic Growth", *American Economic Review*, 2005, 95(3), 546—579.

[15] Acemoglu, D., and R. Shimer, "Efficient Unemployment Insurance", *Journal of Political Economy*, 1999, 107, 893—928.

[16] Acemoglu, D., *Introduction to Modern Economic Growth*, Princeton University Press, 2008.

[17] Acemoglu, D., and M. O. Jackson, "History, Expectations, and Leadership in the Evolution of Social Norms", MIT working paper, http://economics.mit.edu/faculty/acemoglu/paper, July 2012

[18] Aghion, P., and P. Howitt, "A Model of Growth through Creative Destruction", *Econometrica*, 1992, 60(2), 323—351.

[19] Aghion, P., "Schumpeterican Growth and the Dynamics of Income Inequality", *Econometreica*, 2002, 70(3), 855—882.

[20] Aghion, P., and P. Howitt, *Endogenous Growth Theory*, Cambridge, MIT Press, 1998.

[21] Aghion, P., P. Howitt, and G. L. Violante, "General Purpose Technology and Wage Inequality", *Journal of Economic Growth*, 2002, 7(4), 315—345.

[22] Aghion, P., "Schumpeterian Growth and the Dynamics of Income Inequality", *Econometreica*, 2002, 70(3), 855—882.

[23] Anbarci, N., M. Escaleras, and C. A. Register, "Traffic fatalities, Does income inequality create a pure externality?", *Canadian Journal of Economics*, 2009, 42(1), 244—266.

[24] Anbarci, N., M. Escaleras, and C. A. Register, "Traffic Fatalities and Public Sector Corruption", *KYKLOS*, 2006(59), 327—344.

[25] Andreoni, J., "Cooperation in Public-Goods Experiments, Kindness or Confusion?", *American Economic Review*, 1995, 85, 891—904.

[26] Angeletos, G. M., and L. E. Calvet, "Idiosyncratic Production Risk, Growth and the Business Cycle", MIT and HIR Working Paper, 2003.

[27] Angeletos, G. M., and L. E. Calvet, "Incomplete Markets, Growth, and the Business Cycles", M. I. T working paper, 2001.

[28] Antonio, G., D. Aranzazu, and P. Pilar, "The Relationship Between Road Traffic Accidents and Real Economic Activity in Spain, Common Cycles and Health Issues", *Health Economics*, 2007(16), 603—626.

[29] Autor, D., H. Lawrence, F. Katz, and A. B. Krueger, "Computing Inequality, Have Computers Changed the Labor Market?", *Quarterly Journal of Economics*, 1998, 113(4), 1169—1204.

[30] Axelrod, R. M., *The Complexity of Cooperation, Agent-Based Models of Competi-*

tion and Collaboration, Princeton. NJ, Princeton University Press, 2001.

[31] Axelrod, R., and D. Dion, "The Further Evolution of Cooperation", *Science*, 1998, 242, 1385—1390.

[32] Axelrod, R., and W. Hamilton, "The Evolution of Cooperation", *Science*, 1981, 1390—1396.

[33] Barro, R. J., and X. Sala-I-Martin, *Economic Growth*, Cambridge, MA, MIT Press, 1995.

[34] Barro, R. J., "Long-Term Contracting, Sticky Prices, and Monetary Policy", *Journal of Monetary Economics*, 1977, 3, 305—316.

[35] Barro, R. J., "Economic Growth in a Cross Section of Countries", *Quarterly Journal of Economics*, 1991, 106(2), 407—444.

[36] Becker, G. S., "Crime and Punishment, an Economic Approach", *Journal of Political Economy*, 1974, 169—217.

[37] Beeck, E., F. V. Gerard, J. J. Borsboom, and J. P. Mackenbach, "Economic Development and Traffic Accident Mortality in the Industrialized World, 1962—1990", *International Journal of Epidemiology*, 2000(29), 503—509.

[38] Bergin, J., and B. Lipman, "Evolution with State-Dependent Mutations", *Econometrica*, 1996, 64, 943—956.

[39] Bergstrom, T., and O. Stark, "How Altruism Can Prevail in an Evolutionary Environment", *AEA Papers and Proceedings*, 1993, 83, 149—155.

[40] Bergstrom, T., "On the Evolution of Altruistic Ethical Rules for Siblings", *American Economic Review*, 1995, 85, 58—81.

[41] Besley, T., and M. Ghatak, "Government versus Private Ownership of Public Goods", *Quarterly Journal of Economics*, 2001, 116, 1343—1372.

[42] Bishai, D., A. Quresh, and P. James et al., "National Road Casualities Economic Development", *Health Economics*, 2006(15), 65—81.

[43] Bowles, S., "Group Competition, Reproductive Leveling, and the Evolution of Human Altruism", *Science*, 2006, 314, 1569—1572.

[44] Boyd, R., and S. Mathew, "A Narrow Road to Cooperation", *Science*, 2007, 316, 1858—1859.

[45] Brown, J. H., T. G. Whitham, S. K. Morgan Ernest, and C. A. Gehring, "Gehring Complex Species Interactions and the Dynamics of Ecological Systems: Long-Term Experiments", *Science*, 2001, 293, 643—650.

[46] Burgos, E., H. Ceva, and R. P. J. Pearazzo, "Order and Disorder in the Local Evolutionary Minority Game", *Physica*, 2005, 354, 518—538.

[47] Chang, M. H., and J. E. Harrington, "Centralization vs. Decentralization in Multi-Unit Organization, A Computational Model of a Retail Chain as a Multi-Agent Adaptive System", *Management Science*, 2000, 46(11), 1427—1440.

[48] Cheng, L. K., and E. Dinopoulos, "A Multisectoral General Model of Schumpeterican Growth and Fluctuations", *Journal of Economic Dynamics and Control*, 1996, 20, 905—923.

[49] Chow, G. C., "Capital Formation and Economic Growth", *Quarterly Journal of Economics*, 1993, 810—844.

[50] Dinopoulos, E., and P. Segerstorm, "A Schumpeterican Model of Protection and Relative Wage", *American Economic Review*, 1999, 89(3), 450—473.

[51] Dixit, A. K., and J. E. Stiglitz, "Monopolistic Competition and Optimal Diversity", *American Economic Review*, 1977, 67(3), 297—308.

[52] Dunbar, R. I. M., and S. Shultz, "Evolution in the Social Brain", *Science*, 2007, 317, 1344—1347.

[53] Eeckhout, J., N. Persico, and P. E. Todd, "A Theory of Optimal Random Crackdowns", *American Economic Review*, 2010, 6, 1104—1135.

[54] Erec, I. and A. E. Roth, "Predicting How People Play Games, Re-inforecement Learning in Experimental Games with Unique, Mixed Strategy Equilibrium", *American Economic Review*, 1998, 88, 848—881.

[55] Evans, G. W., S. Honkapohja, and P. Romer, "Growth Cycles", *American Economic Review*, 1998, 88(3), 495—516.

[56] Feltovich, N., "Reinforcement-based and Beliefe-based Learning Models in Experimental Asymmetric-information Games", *Econometrica*, 2000, 68, 605—641.

[57] Ferguson, T., "Optimal Stopping and Application", UCLA mimino, 2009.

[58] Fiedman, D., "Evolutionary Games in Economics", *Econometrica*, 1991, 59, 637—666.

[59] Foster, B. A., "Optimal Energy Use in a Polluted Environment", *Journal of Environmental Economics and Management*, 1980, 7, 321—333.

[60] Francois, P., and L. E. Huw, "Animal Spirits Through Creative Destruction", *American Economic Review*, 2003, 93(3), 530—550.

[61] Frederick, S., G. Loewenstein, and T. Odonoghue, "Time Discounting and Time Preference, A Critical Review", *Journal of Economic Literature*, 2002, 351—401.

[62] Fundenberg, D., and E. Maskin, "Evolution and Cooperation in Noisy Repeated Games", *AEA Papers and Proceedings*, 1990, 80, 274—279.

[63] Gary, A. D., "Possible Aggregation Biases in Road Safety Research and a Mechanism Approach to Accident Modeling", *Accident Analysis and Prevention*, 2004 (36), 1119—1127.

[64] Gerdtham, U. G., and C. J. Ruhm, "Deaths Rise in Good Economic Times, Evidence from the OECD", NBER Working Paper No. 9357, 2002.

[65] Giersch, H., "The Age of Schumpeter", *American Economic Review*, 1994, 74(2), 103—110.

[66] Goeree, J. K., and C. A. Holt, "Ten Little Treasure of Game Theory and Ten Intuitive Contradictions", *American Economic Review*, 2001, 91, 1402—1422.

[67] Gonzalez, F., and S. Shi, "An Equilibrium Theory of Learning, Search and Wages", *Econometrica*, 2009.

[68] Grossman, G. M., and E. Helpman, "*Innovation and Growth in Global Economy*", Cambridge MA, MIT Press, 1991.

[69] Grossman, G. M., and E. Helpman, "Quality Ladders and Product Cycles", *Quarterly Journal of Economics*, 1991, 106(2), 557—558.

[70] Hagedorn, M., and? I. Manovskii, "The Cyclical Behavior of Equilibrium Unemployment and Vacancies Revisited", *American Economic Review*, 2008, 98 (4), 1692—1706.

[71] Hall, R. E., "Employment Fluctuations with Equilibrium Wage Stickiness", *American Economic Review*, 2005, 95 (March), 50—65.

[72] Hall, R. E., "Reconciling Cyclical Movements in the Marginal Value of Time and the Marginal Product of Labor", *Journal of Political Economy*, 2009, 117 (2), 281—323.

[73] Hauert, C., A. Traulsen, H. Brandt, M. A., and K. S., Nowak, "Via Freedom to Coercion, The Emergence of Costly Punishment", *Science*, 2007, 316, 1905—1907.

[74] Hausman, J., B. Hall, and Z. Griliches, "Econometric Models for Count Data with an Application to the Patent-R&D Relationship", *Econmetrica*, 1984(52), 909—938.

[75] Heaton, J., and D. J. Lucas, "Evaluating the Effects of Incomplete Markets on Risk Sharing and Asset Pricing", *Journal of Political Economy*, 1996, 104(3), 443—488.

[76] Helpman, E., and T. Manuel, "A Time to Sow and a Timr to Reap, Growth Based on General Technologies", Centre for Economc Research Policy, Working Paper No. 1080, in Elhanan Helpman. ed., *General Purpose Technologies and Economic Growth*, MA, MIT Press, 1998, 55—83.

[77] Holland, J. H., *Emergence, from Chaos to Order*, Addison-Wesley, Redwood City, California, 1998.

[78] Houser, D., and R. Kurzban, "Revisting Kindness and Confusion in Public Goods Experiments", *American Economic Review*, 2002, 92, 1062—1069.

[79] Jaimovich, N., and H. E. Siu, "The Young, the Old, and the Restless, Demographics and Business Cycle Volatility", *American Economic Review*, 2009, 99 (3), 804—826.

[80] Jones, C. I., " R&D-Based Models of Economic Growth", *Journal of Political Economy*, 1995, 103(4), 759—785.

[81] Jovanovic, B., " Selection and the Evolution of Industry", *Econometrica*, 1982, 50(3), 649—670.

[82] Jovanovic, B., and C. Y. Tse, "Creative Destruction in Industries", 2006, NBER

Working Paper No. W12520.

[83] Jovanovic, B., and G. MacDonald, "The Life Cycle of a Competitive Industry", *Journal of Political Economy*, 1994, 102 (2), 322—347.

[84] Jovanovic, B, and S. Lach, "Entry, Exit, and Diffusion with Learning by Doing", *American Economic Review*, 1989, 79(4), 690—699.

[85] Jovanovic, B., and Y. Nyarko, "Learning by Doing and the Choice of Technology", *Econometrica*, 1996, 64(6), 1299—1310.

[86] Keeler, E., M. Spence, R. Zeckhauser, "The Optimal Control of Pollution", *Journal of Epidemiology*, 2000, 29, 503—509.

[87] Kopits, E, and M. Copper, "Traffic Fatalities and Economic Growth", *Accident Analysis and Prevention*, 2005(37), 167—178.

[88] Kort, P. M., G. Feichtinger, and R. F. Hartl et al., "Optimal Enforcement Policies (crackdowns) on an Illicit Drug Market", *Optimal Control Applications and Methods*, 1998, 19(3), 169—184.

[89] Krueger, A. B., and R. Hall, "Wage Formation between Newly Hired Workers and Employers, Survey Evidence", 2008, NBER Working Paper 14329.

[90] Kydland, F. E., and E. C. Prescot, "Time to Build and Aggregate Fluctuations", *Econometrica*, 1982, 50(6), 1345—1369.

[91] Kydland, F. E., and E. C. Prescot, "Rules Rather than Discretion, The Inconsistency of Optimal Plans", *Journal of Political Economy*, 1977, 473—490.

[92] Law, T. H., R. B. Noland, and A. W. Evans, "The Sources of the Kuznets Relationship Between Road Fatalities and Economic Growth", *Journal of Transport Geography*, 2010.

[93] Law, T. H., R. B. Noland, and A. W. Evans, "The Direct and Indirect Effects of Corruption on Motor Vehicle Crash Deaths", *Accident Analysis and Prevention*, 2010 (42), 1934—1942.

[94] Le Kama, A. D. A., "Sustainable Growth, Renewable Resources and Pollution", *Journal of Economic Dynamics and Control*, 2001, 25, 1911—1918.

[95] LeBaron, B., "Agent-based Financial Markets, Matching Stylized Facts with Style", In David Colander (ed.), *Post Walrasian Macroeconomics, Beyond the Dynamic Stochastic General Equilibrium Model*, Cambridge University Press, 2006.

[96] Lehere, E., and A. Pauzner, "Repeated Games with Differential Time Preferences", *Econometrica*, 1999, 67, 393—412.

[97] Lentz, R., and D. T. Mortensen, "An Empirical Model of Growth Through Product Innovation", *Econometrica*, 2008, 76(6), 1317—1373.

[98] Leonard, J. P., and W. R. George, "Economic Development's Effect on Road Transport-related Mortality among Different Types of Road Users, A Cross-sectional Study", *International Accident Analysis and Prevention*, 2007, 39, 606—617.

[99] Levitt, S. D., and J. Porter, "How Dangers are Drinking Drivers?", *Journal of Political Economy*, 2001, 109, 1198—1237.

[100] Levitt, S. D., "Evidence that Seat-belts Are as Effective as Child Safety Seats in Preventing Death for Children Aged Two and Up", NBER working paper, No. 11591, 2005.

[101] Levitt, S. D., "Juvenile Crime and Punishment", *Journal of Political Economy*, 1998, 106, 1156—1185.

[102] Lloyd-Ellis, H., " Endogenous Technological Change and Wage Inequality", *American Economic Review*, 1999, 89(1), 47—78.

[103] Lmhof, L., D. Fudenberg, and M. Nowak, "Evolutionary Cycles of Cooperation and Defection", *PNAS*, 2005, 102, 10797—10800.

[104] Lucas, R. E., "On the Mechanics of Economic Development", *Journal of Monetary Economics*, 1988, 22(1), 3—42.

[105] Matsuyama, K., "Growing Through Cycyles", *Econometrica*, 1999, 67(2), 335—347.

[106] Meghir, C., and L. Pistaferri, "Income Variance Dynamics and Heterogeneity", *Econometrica*, 2004, 72(1), 1—32.

[107] Mendez, R., "Creative Destruction and the Rise of Inequality", *Journal of Economic Growth*, 2002, 7(3), 259—281.

[108] Menzio, G., and S. Shi, "Efficient Search on the Job and the Business Cycle", NBER working paper 14905, 2009.

[109] Menzio, G., and S. Shi, "Block Recursive Equilibria for Stochastic Models of Search on the Job", *Journal of Economic Theory*, forthcoming, 2009.

[110] Menzio, G., "A Search Theory of Rigid Prices", University of Pennsylvania working paper, 2007.

[111] Morris, S., and H. S. Shin. "Global Games-theory and Applications", In Dewatripont, M., L. P. Hansen, and S. J. Turnovsky (eds.), *Advances in Economics and Econometrics: Theory and Applications*, Eighth World Congress. Cambridge University Press, Cambridge, UK, 56—114.

[112] Morris, S., and H. S. Shin. "Unique Equilibrium in a Model of Self-Fulfilling Currency Attacks", *American Economic Review*, 1998, 88(3), 587—597.

[113] Mortensen, D., and C. A. Pissarides, "Job Creation and Job Destruction in the Theory of Unemployment", *Review of Economic Studies*, 1994, 61, 397—415.

[114] Mortensen, D., and C. A. Pissarides, "Job Reallocation and Employment Fluctuations", in M. Woodford and J. B. Taylor(eds.), *Handbook of Macroeconomics*, vol. 1, 1171—1227. Amsterdam, Elsevier Science, 1999a.

[115] Mortensen, D., and C. A. Pissarides, "New Developments in Models of Search in the Labor Market", in O. Ashenfelter and D. Card(eds.), *Handbook of Labor Econom-*

ics, vol. 3, 2567—2627. Amsterdam, Elsevier Science, 199b.

[116] Mortensen, D., and E. Nagypal, "More on Unemployment and Vacancy Fluctuations", *Review of Economic Dynamics*, 2007, 10(3), 327—347.

[117] Nowak, M. A., and K. Simund, "Evolutionary Dynamics of Biological Games", *Science*, 2004, 303, 793—799.

[118] Nowak, M. A., A. Sasaki, C. Taylor, and D. Fudenberg, "Emergence of Co-operation and Evolutionary Stability in Finite Populations", *Nature*, 2004, 428, 646—650.

[119] Nordhaus, W., "Critical Assumptions in the Stern Review on Climate Change", *Science*, 2007, 317, 201—202.

[120] Nordhaus, W. D., "Alternative Approaches to the Political Business Cycle", *Brookings Papers on Economic Activity*, 1989(2), 1—68.

[121] Nordhaus, W. D., "The Political Business Cycle", *The Review of Economic Studies*, 1975, 42, 169—190.

[122] Nowak, M. A., and K. Sigmund, "Tit For Tat in Heterogeneous Populations", *Nature*, 1992, 355, 250—253.

[123] Nowak, M. A., and K. Sigmund, "Win-stay, Lose-shift Outperforms Tit-for-tat", *Nature*, 1993, 364, 56—58.

[124] Nowak, M. A., and K. Sigmund, "Evolution of Indirect Reciprocity", *Nature*, 2005, 437, 1291—1298.

[125] Nowak, M. A., and K. Sigmund, "Evolution of Indirect Reciprocity by Image Scoring", *Nature*, 1998, 393, 573—577.

[126] Nowak, M. A., and R. M. May, "Evolutionary Games and Spatial Chaos", *Nature*, 1992, 359, 826—829.

[127] Nowak, M. A., "Five Rules for the Evolution of Cooperation", *Science*, 2006, 314, 1560—1563.

[128] Nowak, M. A., and K. Sigmund, "The Alternating Prisoners Dilemma", *Journal of Theoretical Biology*, 1994, 168, 219—226.

[129] Nowak, M. A., and K. Simund, "Evolutionary Dynamics of Biological Games", *Science*, 2004, 303, 793—799.

[130] Nowak, M. A., A. Sasaki, C. Taylor, and D. Fudenberg, "Emergence of Co-operation and Evolutionary Stability in Finite Populations", *Nature*, 2004, 428, 646—650.

[131] Osborne, M. J. and A. Rubistein, "Games with Procedurally Rational Players", *American Economic Review*, 1998, 88(4), 848—881.

[132] Paulozzi, L., and G. W. Ryan et al., "Economic Development's Effect on Road Transport-related Mortality Among Different Types of Road Users, A Cross-sectional International Study", *Accident Analysis and Prevention*, 2007(39), 606—617.

[133] Pereau, J. C., and T. Tazdait, "Co-operation and Unilateral Commitment in the Presence of Global Environmental Problems", *Environmental and Resources Economics*,

2001, 20, 225—239.

[134] Perron, P., "The Great Crash, the Oil Price Shock, and the Unit Root Hypothesis", *Econometrica*, 1989, 57(6), 1361—1401.

[135] Petrongolo, B., and C. A. Pissarides, "Looking into the Black Box, A Survey of the Matching Function", *Journal of Economic Literature*, 2001, 39(2), 390—431.

[136] Pissarides, C., *Equilibrium Unemployment Theory*, 2nd ed., MIT Press, Cambridge, MA, 2001.

[137] Pissarides, C, "The Unemployment Volatility Puzzle, Is the Wage Stickiness the Answer?", *Econometrica*, 2009, 77(5), 1339—1369.

[138] Ray, D., and R. Vohra, "Coalitional Power and Public Goods", *Journal of Political Economy*, 2001, 109, 1355—1384.

[139] Ramon, F. O., and M. Giralt, "Competition and Cooperation Within a Multidivisional Firm", *The Journal of Industrial Economics*, 1995, 43(1), 77—99.

[140] Rial, J. A., "Abrupt Climate Change, Chaos and Order at Orbital and Millennial Scales", *Global and Planetary Change*, 2004, 41(2), 95—109.

[141] Rick, L., R. R. Axelrod, and M. D. Cohen, "Evolution of Cooperation Without Reciprocity", *Nature*, 2001, 414(22), 441—443.

[142] Rogers, A. R., "Evolution of Time Preference by Natural Selection", *The American Economic Review*, 1994, 84(3), 460—481.

[143] Rogerson, R., R. Shimer, and R. Wright, "Search Theoretic Models of the Labor Market", *Journal of Economic Literarture*, 2005, 43(4), 959—988.

[144] Rogerson, R., L. P. Visschers, and R. Wrigh, "Labor Market Fluctuations in the Small and in the Large", *International Journal of Economic Theory*, 2007, 5(1), 125—137.

[145] Romer, P., "Increasing Returns and Long-Run Growth", *Journal of Political Economy*, 1986, 94(5), 1002—1037.

[146] Romer, P., "Endogenous Technological Change", *Journal of Political Economy*, 1990, 5(2), 71—102.

[147] Ruxton, G. D., "Chaos in a Three-Species Food Chain with a Lower Bound on the Bottom Population", *Ecology*, 1996, 77(1), 317—319.

[148] Salmon, T., "An Evaluation of Econometric Model of Adaptive Learning", *Econometrica*, 2001, 69, 1597—1628.

[149] Schumpeter, J. A., *Business Cycles, A Theoretical, Historical, and Statistical Analysis of the Capital Process*, McGraw-Hill Book Company, Inc., New York and London, 1939.

[150] Schumpeter, J. A., *Capitalism, Socialism, and Democracy*, New York, 1942.

[151] Schumpeter, J. A., *The Theory of Economic Development*, Cambridge, MA, Harvard University Press, 1934. (中文版:约瑟夫·熊彼特著,《经济发展理论》,何畏等

译,商务印书馆,1990 年)

[152] Segerstrom, P. S., T. C. Anant, and E. Dinopoulos, "A Schumpeterian Model of the Product Life Cycle", *American Economic Review*, 1990, 80(5), 1077—1091.

[153] Sethi, S. P., "Quantitative Guidelines for Communicable Disease Control Program, a Complete Synthesis", *Biometrics*, 1974, 30, 681—691.

[154] Shapiro, C. and J. E. Stiglitz, "Equilibrium Unemployment as a Worker Discipline Device", *The American Economic Review*, 1984, 74(3), 433—444.

[155] Shi, S., "Directed Search for Equilibrium Wage-Tenure Contracts", *Econometrica*, 2009, 77, 561—584.

[156] Shi, S., "A Directed Search Model of Inequality with Heterogeneous Skills and Skill-Biased Technology", *Review of Economic Studies*, 2002, 69(2), 467—491.

[157] Shiefer, A., "Implementation Cycles", *Journal of Political Economy*, 1986, 94, 1163—1190.

[158] Shimer, R., and L. Smith, "Assortative Matching and Search", *Econometrica*, 2000, 68(2), 343—369.

[159] Shimer, R., "Convergence in Macroeconomics: The Labor Wedge", *American Economic Journal Macroeconomics*, 2009, 1(1), 280—297.

[160] Shimer, R., "The Cyclical Behavior of Equilibrium Unemployment and Vacancies", *American Economic Review*, 2005, 95 (March), 25—49.

[161] Shimer, R., "Reassessing the Ins and Outs of Unemployment", University of Chicago mimeo, 2005.

[162] Shimer, R., "On-the-Job Search and Strategic Bargaining", University of Chicago mimeo, 2005.

[163] Shimer, R., "Mismatch", *American Economic Review*, 2007, 97 (4), 1074—1101.

[164] Shimer, R., "Labor Market and Business Cycles", *Forthcoming Book*, 2009.

[165] Smeed, R. J., "Some Statistical Aspects of Road Safety Research", *Journal of the Royal Statistical Society*, 1949, 1, 1—23.

[166] Smeed, R. J., "Some Statistical Aspects of Road Safety Research", *Journal of the Royal Statistical Society*, Series A, 1949, 112(1), 1—23.

[167] Smith, V. L., "Control Theory Applied to Natural and Environmental Resources, an Exposition", *Journal of Environmental Economics and Management*, 1977, 4, 1—24.

[168] Stephens, D. W., C. M. McLinn, and J. R. Stevens, "Discounting and Reciprocity in an Iterated Prisoner's Dilemma", *Science*, 2002, 298(5601), 2216—2218.

[169] Teik, H. L., R. B. Noland, and A. W. Evans, "The Sources of the Kuznets Relationship between Road Fatalities and Economic Growth", *Journal of Transport Geography*, 2010, doi 10.1016/j.jtrangeo.2010.02.004.

[170] Tesfatsion, L., and K. Judd, *Handbook of Agent-Based Computational Economics*, Elsevier, 2006.

[171] Thompson, P., "The Microeconomics of an R&D-Based Model of Endogenous Growth", *Journal of Economic Growth*, 2001, 6(4), 263—283.

[172] Weitzman, M. L., "Gamma Discounting", *American Economic Review*, 2001, 91(1), 260—271.

[173] West, S., I. Pen, and A. Griffin, "Cooperation and Competition Between Relatives", *Science*, 2002, 296, 72—75.

[174] Wickwire, K., "Mathematical Models for the Control of Pests and Infectious Diseases, A Survey", *Theoretical Population Biology*, 1977, 11, 182—238.

[175] Xu, X., "Group Size and the Private Supply of a Best-shot Public Good Europe", *Journal of Political Economy*, 2001, 17, 897—904.

[176] Young, A., "Gold into Base Metals, Productivity Growth in the People's Republic of China during the Reform Period", *The Journal of Political Economy*, 2003, 111(6), 1220—1261.

[177] Young, H. P., "The Evolution of Conventions", *Econometrica*, 1993, 61(1), 57—84.

[178] Young, A., "Gold into Base Metals, Productivity Growth in the People's Republic of China during the Reform Period", *The Journal of Political Economy*, 2003, 111(6), 1220—1261.

[179] Zhang, W., O. Tsimhoni, and M. Sivak et al., "Road Safety in China, Analysis of Current Challengers", *Journal of Safety Research*, 2010, 41, 25—30.

中文参考文献

[1] 陈兰荪,《数学生态学模型与研究方法》,科学出版社,1988。

[2] 陈兰荪、陈键,《非线性生物动力系统》,科学出版社,1993。

[3] 陈禹,"复杂适应系统(CAS)理论及其应用——由来、内容与启示",《系统辩证学学报》,2001年第4期,第35—40页。

[4] 程德华,"有限理性下的企业合作竞争的进化博弈分析",《计算机与数字工程》,2005年第33卷,第5期,第44—47页。

[5] 戴汝为,"从基于逻辑的人工智能到社会智能的发展",《复杂系统与复杂性科学》,2006年第2期,第21—25页。

[6] 戴汝为、操龙兵,"一个开放的复杂巨系统",《系统工程学报》,2001年第5期,第376—381页。

[7] 范子英、孟令杰,"经济作物、食物获取权与饥荒:对森的理论的检验",《经济学》(季刊),2007年第6卷第2期,第487—509页。

[8] 顾珊珊、陈禹,"复杂适应性系统的仿真与研究——基于CAS理论的交通模拟",《复杂系统与复杂性科学》,2004年第1期,第82—88页。

[9] 哈耶克,《个人主义与经济秩序》,贾湛、文跃然等译,商务印书馆,1992年。

[10] 何丽红、景方、杜德生、景旭,"复杂适应系统中合作与竞争关系的涌现",《哈尔滨理工大学学报》,2003年第4期,第75—78页。

[11] 胡明东、赵小翔,"析保险市场无序竞争现象与规范发展问题",《金融研究》,1998年第10期,第25—29页。

[12] 黄代发,"民营金融机构与金融秩序",《金融研究》,1994年第2期,第36—38页。

[13] 纪宝成,"论市场秩序的本质与作用",《中国人民大学学报》,2004年第1期,第26—32页。

[14] 金吾伦、郭元林,"复杂性科学及其演变",《复杂系统与复杂性科学》,2004年第1期,第1—5页。

[15] 孔东民,"Lotka-Volterra系统下市场结构的演进",《管理工程学报》,2005年第3期,第77—81页。

[16] 李海波、刘则渊、丁堃,"基于复杂适应系统理论的组织知识系统主体研究",《科技管理研究》,2006年第7期,第99—203页。

[17] 李实,"中国个人收入分配研究回顾与展望",《经济学》(季刊),2002年第3卷第2期。

[18] 廖守亿、戴金海,"复杂适应系统及基于Agent的建模与仿真方法",《系统仿真学报》,2004年第1期,第113—117页。

[19] 刘晓光、刘晓峰,"计算经济学研究新进展——基于Agent的计算经济学透视",《经济学动态》,2003第11期,第58—61页。

[20] 培顿·杨,《个人策略与社会结构——制度的演化理论》,王勇等译,上海三联书店,2004年。

[21] 施永仁、高亮、张江和彭仲杆,"基于Agent的计算经济学及其在供应网络中的应用",《复杂系统与复杂性科学》,2006年第3卷第2期,第69—77页。

[22] 宋学锋,"复杂性、复杂系统与复杂性科学",《中国科学基金》,2003年第5期。

[23] 宋学锋,"复杂性科学研究现状与展望",《复杂系统与复杂性科学》,2005年第1期,第10—17页。

[24] 童鹰,《现代科学技术史》,武汉大学出版社,2000年。

[25] 托马斯·谢林,《微观动机与宏观行为》,谢静等译,中国人民大学,2005年。

[26] 王飞跃,"人工社会、计算实验、平行系统——关于复杂社会经济系统计算研究的讨论",《复杂系统与复杂性科学》,2004年第4期,第25—35页。

[27] 王永平、孟卫东,"供应链企业合作竞争机制的演化博弈分析",《管理工程学报》,2004年第18卷第2期,第96—99页。

[28] 威廉·H.格林,《计量经济分析》(第5版)。北京:中国人民大学出版社,2007年,第799—801页。

[29] 魏杰、赵俊超,"治理市场秩序与调整政府职能",《求是》,2002年第8期,第

41—43 页。

[30] 吴昊、杨梅英、陈良跃,"合作竞争博弈中的复杂性与演化均衡的稳定性分析",《系统工程理论与实践》,2004 年第 2 期,第 90—94 页。

[31] 伍德里奇,《横截面与面板数据的经济计量分析》,王忠玉译,中国人民大学出版社,2007 年,第 219—231 页。

[32] 谢识予,"航空保险市场的结构、秩序和效率",《经济研究》,1998 年第 2 期,第 26—31 页。

[33] 熊彼特,《社会主义、资本主义与民主》,吴良健译,商务印书馆,1992。

[34] 熊彼特,《经济发展理论》,何畏等译,商务印书馆,1990。

[35] 徐长生、钟春平,"领先者能否保持持久优势——大国变迁的历史分析",《江苏行政学院学报》,2005 年第 1 期。

[36] 许洪国、周立、鲁光泉,"中国道路交通安全现状、成因及其对策",《中国安全科学学报》,2004 年第 14 期,第 34—38 页。

[37] 杨海轮,"论从对抗性竞争到合作竞争",《财经科学》,2002 年第 6 期,第 11—14 页。

[38] 杨晓光、马超群,"金融系统的复杂性",《系统工程》,2003 年第 5 期,第 1—9 页。

[39] 张大勇、姜新华,"竞争理论",《理论生态学研究》,张大勇等著。高等教育出版社,施普林格出版社,2000。

[40] 张军、高远,"官员任期、异地交流与经济增长——来自省级经验的证据",《经济研究》,2007 年第 11 期,第 91—103 页。

[41] 张培刚,"懂得历史,才能更好地理解中国的发展",《江汉论坛》,2001 年第 11 期,第 1—4 页。

[42] 钟春平、徐长生,"技术(产品)替代、创造性破坏与周期性经济增长",《经济学(季刊)》,2005 年第 4 期,第 865—890 页。

[43] 钟春平、徐长生,"创造性破坏与收入差距的震荡式扩大",《经济研究》,2006 年第 8 期。

[44] 周炯、李孝忠,"试论我国金融秩序问题",《财金贸易》,2000 年第 5 期,第 25—28 页。

[45] 周钱、陆化普、徐微,交通事故规律及其模型,《交通运输工程学报》,2006 年第 4 期,第 112—115 页。

[46] 朱·弗登伯格、戴维·莱文,《博弈学习理论》,中国人民大学出版社,2004 年,肖争艳、侯成琪译。

附录　课题发表的主要阶段性成果

1. 钟春平、徐长生,"产品种类扩大、质量提升的创新及创造性破坏",《经济学》(季刊),2011 年第 11 卷第 1 期。

2. 钟春平、徐长生,"创造性破坏与收入差距的振荡式扩大",《经济研究》,2006 年第 8 期。

3. 钟春平、徐长生,"产品(技术)替代、创造性破坏与周期性经济增长",《经济学》(季刊),2005 年第 4 卷第 4 期。

4. 钟春平,"创造性破坏与收入差距的振荡扩大:基于中国行业工资的经验分析",《上海经济研究》,2004 年第 2 期。

5. 钟春平、徐长生,"长期经济增长与短期经济波动之间关联研究进展",《经济学动态》,2004 年第 10 期,人大复印资料《理论经济学》2004 年 12 期转载。

6. 钟春平,"失业波动之谜与搜寻匹配理论的进展",《经济学动态》,2010 年第 6 期,人大复印资料《理论经济学》2010 年 11 期转载。

7. 钟春平、张俊,"交通事故与经济发展水平是否存在着长期关系？基于中国省际面板数据的斯密德法则检验",第十一届中国经济学年会。

后　　记

这是一个为期超过十年的研究。十多年间围绕着创造性破坏不断地推进该项研究,终于有了本书的出版。人生中没有几个十年,因而回顾一下十来年的经历也是一个很重要的总结,对自己是个回顾,对他人则可能是个故事,或许有所启发。

该研究是在博士论文的基础上形成的,因而有必要回顾一下博士研究生阶段的生活和学习。在华中科技大学攻读博士学位期间,我坚持啃外文论文。经济学院在那几年邀请了国外的经济学教授讲授专题,客观上开阔了视野,同时,我也去武汉大学听国外教授讲课,对国外的研究有所了解。在二年级时,则主要在数学系听博士研究生的课程,成为数学系的常客。虽然我主要想研究长期经济增长问题,但我的习惯还是广泛阅读,时常把《美国经济评论》(AER)等期刊以"特权"的方式,借回宿舍,从头看到尾,泛泛而不专。这种状态一直延续到博士的第三年。最后担心三年时间到了之后没奖学金饿肚子,因而奋不顾身地选择了增长理论中较有挑战性的熊彼特增长模型,决定研究熊彼特创新理论基础上衍生出的"创造性破坏"思路。老师们都持保留意见,觉得太难,很难取得实质性的进展。但通过"每天一千字"的计划和半年的坚持,在2003年年底,终于把博士论文初步完成,交由张培刚先生和徐长生教授审阅,张老先生觉得有些意思,而徐长生教授觉得只是马马虎虎,离要求似乎还很遥远。又经过半年左右时间的修改,以"创造性破坏与周期性经济增长"为题的博士论文在5月份完成答辩。博士论文完成之后,感到更多的是无奈,对经济理论、计量方法,乃至统计和数学方法都产生了极大的怀疑,这点怀疑还导致了评审人的不快,在答辩的时候也要求修正。在博士论文后记中,这种情绪表露无遗,因而后来张建华教授告诉我,能够感觉到明显的"跌宕起伏"。或许年轻的时候,总是无知无畏,选择了庞大的目标,最后以迷失收场。

招商银行的两年。出于怀疑和困惑,我最终没有留在华中科技大学任教,转而去了招商银行从事博士后研究,试图更多地了解实际经济运行,同时,博士后既有研究又有实践机会,这样,企业博士后工作站为我提供了一种解脱方式。在招商银行期间,除了切身感受商业银行的运行外,主要影响我的还是曾康霖老先生,作为高校的合作导师,曾老先生刚开始对我"很不感冒"。估计"年少气盛"的特性不合老先生的要求,但曾老先生每次调研还是尽可能地把我带上,让我接触金融的实际问题,这对我后续的研究产生了不少影响,使我受益良多。我在招商银行从事的是商业银行业务结构问题研究,但究其根本,还是业务范围创新的问题,因而又重新回到创新的研究范畴。在2005年年底,我选择了银行保险业务进行大范围的调研,在调研中更多地发现了保险市场的混乱,这个事实一直困扰着我,曾经试图从理论层面深入研究,但却无从下手。不过在招商银行期间,我也没有放弃对创造性破坏的研究,更多地将博士期间的研究或加以修正,或加以应用。在此期间,获得了华中科技大学优秀博士论文,张培刚发展经济学博士论文等奖。基于博士论文的章节也在《经济学》(季刊)上快速刊发。尽管招商银行的待遇不错,工作轻松,但受张培刚先生和徐老师之邀,我在证明了自己能够适应企业要求之后,谢绝了招行之约,又回到了华中科技大学的校园。从银行回到华中科技大学,引起了很多人的好奇。

华中科技大学的任教生活。在2006年刚回到学校时,就已经在博士论文的章节上整理出了一篇文章,很快就刊发在《经济研究》上。从舒适的深圳,再回到校园,生活有所改变,同时,需要开始教书育人,因而大约有两年的时间处于迷失阶段。更多的时间和精力则是试图对竞争合作关系进行跨学科的研究,只是一直进展不大。在2007年年底,决定将博士论文的另外一个章节整理成一篇文章,再投送到《经济学》(季刊),由此开始了漫长的马拉松式的修改和再审过程。同时,2008年开始,依托国家留学基金委的项目,准备出国访问。在此期间,很大一部分精力用在农户信贷和农业补贴等问题的研究上。对农户信贷的研究兴趣源自跟随曾康霖先生的调研,而税收和补贴的研究则是在上高级宏观经济学的课程上受到的启发。

多伦多的访问学者生活。2009年3月,启程前往多伦多大学从事访问研究。尽管对国际经济学的研究有所耳闻,但百闻不如一见。国内外的研究整体上还是存在着很大的差距。因而我谨记教诲,首先跟随博士研究生学习微观、宏观和计量的知识;其次,每次研讨会都尽可能参加;再次,精度论文,不断聚焦问题。不过此时,季刊审稿意见不时地过来,"创造性破坏"这一问题一次又一次地折磨着我。要不是有这个修改的工作,我几乎将"创造性破坏"遗忘,而更多地关注宏观经济学的波动问题去了。由于多伦多大学的宏观经济学家更多地集中在搜寻匹配理论,因而我也跟着研究这个问题。不谦虚地说,我在多伦多大学期间应该算是非常用功的一个，每周一到周六都几乎在办公室。只是悟性不够，难以取得根本性突破。等到我习惯多伦多的生活时，又到了回国的时候了。在临近回国时，我回绝了一个去美国的工作机会。有时候总是非常偶然的事件会改变很多过程，换个时间点，说不定我就答应了。似乎总有什么在召唤着我。

再回华中科技大学。2010年2月，回国之后，生活习惯再度改变，大约有3个月到半年的适应过程。期间，创造性破坏的稿件依然在折磨着我，只是我在多伦多已经学会了如何更好地表达论文的思想。2011年年初，发现自己到了副教授5年后的正常晋升教授的时候了。于是赶紧刊发论文，抓紧申请课题。所幸，审稿人经过七八轮审稿之后也同意刊发创造性破坏的论文，国外的两篇论文也顺利发表了。同时，看到有国家社科基金的后期资助项目，因而直接以"创造性破坏及其动态效应"为题，由曾康霖教授、徐长生教授和张建华教授推荐，申请了该基金。很幸运，2011年7月份课题得以批准。年底，顺利地正常晋升教授。2012年暑期，在一个几乎与世隔绝的山村里，在一个只有一把桌子和椅子的乡村简陋办公室内，熬了将近两个月，终于把创造性破坏与秩序问题写了一篇几万字的文稿。由此，我终于将创造性破坏的研究告一段落，将整个文稿整理完毕，同时，提交社科规划办申请结项，年底完成。

离开华中科技大学。如同我当年从深圳回到校园，再次从校园离开，又引起了很大的好奇和一定的震动。离开华中科技大学到北京，加入中国社科院纯属偶然。此前跟中国社会科学院财经战略研究院（社科院财经院）毫无交集，跟其他所还稍有接触。只是在完成"创造性破坏及其动态效应"文稿后，2011年年底，无意中看到竞聘消息，同时，我自己也做了一些公共政策方面的研究，因而抱着瞧瞧看的态度发送简历，然后参与竞聘，没有想到一步一步往前走，最后在2013年离开了前后待了十年的喻园。此时，我也做了离开"创造性破坏"研究的准备，转而更多地了解政策决策过程并适度转入研究公共政策。离开华中科技大学的一个重要原因是，武汉的生活已经变得太过于平淡了，似乎已经看到了几十年后的退休状态。人生需要挑战，需要变化，因而最后选择了离开。当然，来到北京之后，生活再度改变，变得需要重新证明自己了——所谓的"再次创业"。不过很有意思的是，我在离开武汉三个月后，基于创造性破坏与技术进步的研究申请到了国家社科基金的重点课题。由于这个课题，我的研究依然以创新为主线，侧重宏观和创新方面的研究，而创造性破坏仍然是我研究的核心领域。人生和研究总是有很多意外，却又似乎又有水到渠成的意味。

回顾这十几年的历程，豁然发现，人生总是在不断地主动或者被动地前行,创造性破坏也恰好描述了我自己前行的过程。十多年的时光,每一次我想停留歇息的时候,总是能记住我自己的研究内容中很重要的一项是"创造性破坏",不断提醒自己,只有不断创新,不断前行,才能不被淘汰。人生就是创造性破坏的过程,而我的研究也将标记了很重的"创造性破坏"色彩。可以预见,在未来的研究中,创造性破坏仍然是重要主题,创造性破坏会不断延续。

钟春平
2016 年 1 月